MÉTODOS DE
ANÁLISE
ECONÔMICA

Conselho Acadêmico
Ataliba Teixeira de Castilho
Carlos Eduardo Lins da Silva
José Luiz Fiorin
Magda Soares
Pedro Paulo Funari
Rosângela Doin de Almeida
Tania Regina de Luca

Proibida a reprodução total ou parcial em qualquer mídia
sem a autorização escrita da editora.
Os infratores estão sujeitos às penas da lei.

A Editora não é responsável pelo conteúdo deste livro.
O Autor conhece os fatos narrados, pelos quais é responsável,
assim como se responsabiliza pelos juízos emitidos.

Consulte nosso catálogo completo e últimos lançamentos em **www.editoracontexto.com.br**.

FERNANDO NOGUEIRA DA COSTA

MÉTODOS DE ANÁLISE ECONÔMICA

editora**contexto**

Copyright © 2018 do Autor

Todos os direitos desta edição reservados à
Editora Contexto (Editora Pinsky Ltda.)

Montagem de capa e diagramação
Gustavo S. Vilas Boas

Preparação de textos
Lilian Aquino

Revisão
Ana Paula Luccisano

Dados Internacionais de Catalogação na Publicação (CIP)

Costa, Fernando Nogueira da
Métodos de análise econômica / Fernando Nogueira da Costa. –
São Paulo : Contexto, 2018.
288 p.

Bibliografia
ISBN 978-85-520-0078-5

1. Economia 2. Análise econômica – Metodologias
3. Economia política 4. Economia – Aspectos sociológicos
I. Título

18-1786   CDD 330

Angélica Ilacqua CRB-8/7057

Índices para catálogo sistemático:
1. Economia
2. Análise econômica

2018

Editora Contexto
Diretor editorial: *Jaime Pinsky*

Rua Dr. José Elias, 520 – Alto da Lapa
05083-030 – São Paulo – SP
PABX: (11) 3832 5838
contexto@editoracontexto.com.br
www.editoracontexto.com.br

Sumário

Apresentação 9

PARTE I
TEORIA PURA (O PENSAR)

O economista **15**
    O Brasileiro, O Mercado e O Governo 15
    Correntes de pensamento econômico 18
    Como classificar economistas 20
    Querelle des écoles 24
    ECO-nomista e Narciso 30
    Crise do economista 33

Método de análise equilibrista **37**
    O mundo idealizado com equilíbrio 37
    Sobre o processo cumulativo 41
    Fragmentação da direita econômica entre ultraliberais e neoliberais 44
    Razão do ódio neoliberal ao crédito 50

Método de análise neoliberal 53
Credo liberal: tratar desiguais com igualdade de oportunidades 53
A oposição ruidosa ou canalhas feitos honestos 57
Retórica da intransigência neoliberal 60

Método de análise da economia política 63
Empiristas *vs.* Racionalistas 63
Método dialético de análise da História 66
Capital improdutivo 68
Releitura de *O método da Economia Política* 72

Método de análise interdisciplinar 75
Homo sapiens e finanças comportamentais 75
Nova Economia Institucional e Economia Comportamental 78
Metodologia da Economia Comportamental e Complexa 81
Modelo de Economia Comportamental ou Psicologia Econômica 83
Sofisma da composição 86

PARTE II
TEORIA APLICADA COM OUTRAS ÁREAS DE CONHECIMENTO (O QUERER)

História Econômica ou Economia Evolucionária 93
Breve história da humanidade 93
Humanidade *vs.* Desumanidade 96
Estado, mercado e processo civilizador 98
Revolução Comunista ou Consumista 101
A esquerda e a propriedade 104
Capitalismo: surgimento tardio 106
Capitalismo já era! 110
Determinismo histórico 112
Re-evolução 115
Manifesto de esquerda democrática 118
Estado de Bem-Estar Social: aliança entre castas 121

Geopolítica e Geoeconomia..........127
Revolução Industrial e sociedade de consumo em massa..........127
Comparação entre indicadores geoeconômicos
e demográficos do G15..........129
Comparação entre graus de urbanização
e estruturas produtivas e ocupacionais do G15..........133
Paradoxo da parcimônia..........136

Economia política..........139
Mistura do parlamentarismo com o presidencialismo..........139
Corrupção, nomenclatura e meritocracia..........144
Reforma política: entre o poder e o desejo..........146

Sociologia econômica..........149
Estratificação social:
renda do capital financeiro *vs.* renda do trabalho..........149
A classe média não vai ao paraíso..........150
Direito à moradia *vs.* direito à casa própria..........156
Concentração da riqueza financeira *per capita*..........158
Perspectiva da aliança entre
castas de mercadores, oligarcas e justiceiros..........162
Castas por natureza de ocupação e em ocupações principais..........166
Advogado do diabo em favor da "financeirização"..........174
Advogado do diabo em defesa da "desindustrialização"..........178

Economia comportamental ou Psicologia econômica..........185
Demanda social *vs.* restrição orçamentária: conflito de interesses..........185
Intolerância com vida alternativa..........188
Nova direita no Brasil..........190

Engenharia econômica: projetos de país..........195
Programa neoliberal de governo: mistura paradoxal..........195
Projeto de país novo-desenvolvimentista..........200
Projeto de país social-desenvolvimentista..........205

PARTE III
ARTE DE TOMADA DE DECISÕES ECONÔMICAS PRÁTICAS (O JULGAR)

Escolha do regime de política econômica 217
   Seleção da equipe econômica ou programa governamental 217
   Política econômica e suas circunstâncias 220
   Estado da arte da política econômica 224
   Variáveis-metas e variáveis-instrumentos
      da política econômica em curto prazo 232

Instrumentos de política econômica 235
   Por que a taxa de juros é tão elevada no Brasil? 235
   Política de crédito de bancos públicos:
      instrumento de política econômica 253
   Política habitacional: redistribuição de riqueza 257
   Em defesa do social-desenvolvimentismo no BNDES 260
   Debate sobre política cambial e de controle de capital 266
   Globo para sorteio 270
   Carga tributária: o que é e o que deveria ser 273
   Déficits e endividamento público: o que é e o que deveria ser 275
   Relacionamento entre o Tesouro Nacional e o Banco Central:
      o que é e o que deveria ser 279

Bibliografia 285

O autor 287

Apresentação

Sou professor da disciplina obrigatória sobre Metodologia no último semestre da grade da graduação do curso de Economia há muitos anos. Cansei da repetição? Não. Em cada ano incorporei alguma inovação, seja no conteúdo, seja na forma de ministrá-lo.

Quando me convidou, a coordenadora da graduação me informou: sob este título – *Métodos de análise econômica* – se propõe um curso similar ao outrora chamado *Política e planejamento econômico*. Ora, pensei cá comigo, planejamento perdeu mesmo o prestígio a ponto de deixar de nomear uma disciplina para futuros economistas...

Então, propus aos alunos fazermos uma análise das políticas socioeconômicas e formas de intervenção governamental para regulação de economia de mercado. Usei como método didático, em uma aula, a apresentação de um documentário sobre temática socioeconômica brasileira para, na aula seguinte, referenciar e/ou motivar o debate de possíveis soluções de políticas públicas para os problemas abordados pelo filme.

A intuição e a criatividade dos alunos estiveram envolvidas nesse processo através da ação de pesquisar dados e informações sobre o problema, dimensionando-o, e em seguida analisando se as políticas públicas usadas foram as pertinentes. Assim estimulados, os alunos se moveram em direção à apropriação intelectual do tema apresentado. Resultou, na prática, na elaboração mental de *Métodos de análise econômica*.

E quem é o leitor desta obra?

O perfil ideal do economista profissional é aquele capaz de transitar em diferentes *níveis de abstração*, desde o conhecimento analítico dos fenômenos econômicos puros até a tomada de decisões práticas. Para tanto, necessita obter:

1. um *conhecimento plural* de todas as correntes de pensamento econômico, ortodoxas e heterodoxas;
2. um *conhecimento multidisciplinar* com a reincorporação dos métodos de todas as demais áreas de ciências afins antes abstraídas; e
3. um *conhecimento aplicado* capaz de datar e localizar o objeto de suas análises e sugestões, ou seja, um conhecimento histórico e geográfico para tratar das dimensões tempo e espaço.

Nesse sentido, é necessário ter tanto uma formação teórico-analítica para o domínio do *método abstrato-dedutivo*, quanto uma formação teórico-quantitativa para a prática do *método histórico-indutivo*. A capacidade de utilizar o instrumental matemático-estatístico e analisar situações históricas concretas leva o economista a contextualizar seus diagnósticos. Busca propor a solução racional de problemas referentes a conflitos de interesses individuais, sociais e nacionais.

Nesta obra, o estudante de graduação encontra capítulos acessíveis dentro desses três níveis de abstração, ideais para serem utilizados em sua formação.

Minha ideia é oferecer uma leitura sintética dos conteúdos encontrados em grandes livros. A atual geração universitária (e audiovisual), com "mil afazeres" em estágios, não costuma ler os imensos livros originais citados na bibliografia. Sintetizei seus conteúdos para os jovens acostumados a ler rapidamente em sites e blogs. Resumo o conhecimento essencial para ser lido e aprendido por conta própria, de maneira ligeira, mas reflexiva, sob forma de posts aqui reescritos como pequenas crônicas econômicas.

Essa leitura sintética, na área de Economia, embora tenha como pressuposto metodológico o breve conhecimento teórico e conceitual apresentado na Parte I, pode ser feita também em ordem escolhida pelo leitor. Seguindo o método de análise econômica recomendado, aplica o conhecimento multidisciplinar na Parte II. Depois data e localiza as intervenções na realidade com base em conhecimento prático na Parte III. O objetivo é interpretá-la com o propósito de transformá-la em um novo modo de vida com bem-estar social.

Apresento esse *Método de análise econômica* para os futuros economistas não se deixarem dominar pelo "vício ricardiano" – oriundo de David Ricardo (1772-1823). Cometeriam um suicídio da reputação profissional ao saltar do alto de um elevado edifício, construído por abstração, diretamente para o chão duro da realidade concreta. No nível mais elevado de abstração, encontra-se a teoria da consistência no uso dos instrumentos de política econômica. Seu conhecimento é pré-requisito preliminar, não é o fim do caminho profissional. *Teoria pura (O Pensar)* é o tema da Parte I desta trilogia metodológica.

É prudente descer da teoria pura para a aplicada. Nesta passagem pelo nível intermediário, o analista reincorpora os conflitos de interesse antes abstraídos. Estabelece contatos com outras áreas de conhecimento: Política, Sociologia, Psicologia, Filosofia, Direito etc. Nas eleições democráticas, há a escolha do regime macroeconômico pela maioria dos eleitores entre os interesses em disputa. Define então a característica estrutural do planejamento de desenvolvimento em longo prazo. Ele condiciona o manejo das políticas públicas. *Teoria aplicada com outras áreas de conhecimento (O Querer)* é o tema da Parte II.

No nível mais concreto, ao se aproximar da realidade, surge a necessidade de contextualizar, ou seja, datar e localizar os eventos. Só então o economista estará aparelhado para captar os imperativos de dada conjuntura. Demonstrará sua habilidade na arte de tomada de decisões práticas quanto ao uso dos instrumentos de política econômica em curto prazo. São eles: política monetária e de juros, política de crédito, política fiscal, política cambial e de controle de capital. *Arte de tomada de decisões econômicas práticas (O Julgar)* é o tema da Parte III.

Necessitamos estudar e trocar ideias entre várias áreas de conhecimento para entender o mundo contemporâneo através de seus diversos métodos de análise.

PARTE I
TEORIA PURA
(O PENSAR)

O economista

O Brasileiro, O Mercado e O Governo

Comentários de "sociólogos de botequim", na rede social, deitam falação, primeiro, contra O Brasileiro. *Quis? Quid? Ubi? Quibus auxilliis? Cur? Quomodo? Quando?* ("Quem? O quê? Onde? Por que meios? Por quê? Como? Quando?"). Gasto meu latim para circunstanciar a pessoa, o fato, o lugar, os meios, os motivos, o modo, o tempo. Inútil. Não consigo observar esse arquétipo. Desconheço cada uma das ideias preexistentes na mente de algum ser sobrenatural, a partir das quais o universo teria sido constituído. Particularmente, ignoro a razão da singularidade do habitante de *Terrae Brasilis*, tão plena de diferenças, desigualdades, disparidades...

Disse o dramaturgo e cronista "pó de arroz" (torcedor passional do Fluminense), Nelson Rodrigues:

> [...] por *"complexo de vira-lata"* entendo eu a inferioridade em que O Brasileiro se coloca, voluntariamente, em face do resto do mundo. [...] O Brasileiro é um narciso às avessas, que cospe na própria imagem. Eis a verdade: não encontramos pretextos pessoais ou históricos para a autoestima.

O jornalista inglês Alex Bellos, autor do livro *Futebol: o Brasil em campo* (2002), premiado em 2004, no Reino Unido, correspondente do jornal *The Guardian* no Rio de Janeiro entre 1998 e 2003, fez um comentário muito pertinente, típico de arguto observador estrangeiro sobre a cena brasileira:

> Quando eu estava fazendo pesquisas para o meu livro percebi diversos aspectos da literatura brasileira sobre futebol. Em primeiro lugar, os brasileiros são muito mais interessados em derrotas do que em

vitórias. As Copas sobre as quais mais se escreveu são as de 1950 e 1982, quando o Brasil perdeu tragicamente. Existem provavelmente mais páginas sobre a Copa de 1970 escritas em inglês do que em português! Eu também fui surpreendido pelo fato de que não exista uma biografia séria e definitiva sobre Pelé. E, em terceiro lugar, os brasileiros parecem muito mais interessados em escrever inesgotavelmente sobre rivalidades locais do que contar histórias épicas do esporte. O futebol é muito "bairrista" e isso se reflete na literatura. (*Valor*, Eu&Fim de Semana, 07/02/14)

Isso ele escreveu antes da derrota por 7 x 1...

Habituei-me a tratar com reverência (e ironia) O Mercado. Deste modo: com artigo definido e nome próprio em maiúscula, tal como merece *O Mercado como Deus*.

Harvey Cox, professor de Teologia da Universidade de Harvard, recebeu o conselho de que "se quisesse saber o que estava acontecendo no mundo real, deveria ler as páginas de Negócios". Embora o seu interesse ao longo da vida tenha sido o estudo da religião, sempre disposto a expandir seus horizontes, ele seguiu o conselho. Tinha medo de lidar com um novo e desconcertante vocabulário. Em vez disso, ficou surpreso ao descobrir que a maioria dos conceitos deparados eram bastante familiares!

Seu depoimento é impagável:

> Esperando uma terra incógnita, encontrei-me, em vez disso, na terra do *déjà vu*. O léxico do *The Wall Street Journal* e as seções de negócios da *Time* e *Newsweek* acabaram por ter uma semelhança impressionante com o Gênesis, a Epístola aos romanos e a *Cidade de Deus*, de autoria de Santo Agostinho. Atrás de descrições de reformas pró-mercado, a política monetária e as circunvoluções do Dow-Jones, eu gradualmente juntei as peças de uma grande narrativa sobre o significado mais profundo da História Humana, porque as coisas tinham corrido mal e elas diziam como colocá-las no rumo correto. Os teólogos chamam isso de *mitos de origem, lendas da paixão* e *doutrinas do pecado e da redenção*. Mas lá estavam todos eles, novamente, e apenas com leve disfarce: as crônicas sobre a criação de riqueza, as tentações sedutoras do estatismo, o cativeiro aos ciclos econômicos sem rosto e, por fim, a salvação através do advento de mercados livres, com uma pequena dose de cinto ascético apertado ao longo do caminho. ("The Market as God", *The Atlantic*, março de 1999)

A crítica contumaz dos liberais-conservadores incide, antes de tudo, sobre O Governo. Este é o desaguadouro dos importunos no dia a dia. No viés heurístico de autoatribuição, os "culpados" pelas mazelas pessoais são sempre "os outros" – ou a má sorte perseguidora. Quanto a eventuais sucessos, lógico, é responsabilidade do próprio sujeito. Ou por causa de quem pensa igual a ele.

Então, dado o caráter imoral dos "outros", o indivíduo extrapola ao designar: "todos (exceto si próprio e os amigos do peito) os habitantes do País são corruptos". É tal como sugere o irônico comentário: "o Brasil só tem pessoas honestas denunciantes de pessoas desonestas". Gente que se considera honesta simplesmente porque não sabe como ganhar dinheiro fácil... E daí veste camisa verde e amarela para protestar!

Critica de maneira generalizada a amoralidade particular de O Político, o pior representante de O Brasileiro. Ele está lá, obviamente, por culpa dos outros, pois ele próprio ou abomina A Política ou votou em... Ah, sei lá!

Mas quem é O Governo? É uma entidade cuja existência é considerada à parte, independentemente dos atributos de qualquer coisa. É um único ser humano, ente individual, indivisível?! Tratado dessa maneira vulgar, é tudo existente lá no Planalto Central, seja na realidade, seja na ficção.

A Presidenta podia apresentar qualidade de liderança excepcional, ter demonstrado ser uma pessoa de grande valor e ter assumido valentia na defesa da democracia no Brasil. Nada disso bastava ao cronista direitista e seus epígonos. Ela personificava uma instituição, uma sociedade, enfim, a realidade total do ser individual personificado em O Governo condenado. Essa entidade mística, unificada (mesmo em heterogênea coalizão-presidencialista), costuma ser tratada como um ser espiritual objeto de culto à esquerda e ódio à direita – ou vice-versa, em eventual alternância de poder.

A inteligibilidade dos sistemas complexos, como um Povo, uma Nação, um Estado, nunca é imediata. Há a aparência superficial contra a qual se dirigem as observações pseudomoralistas dos inconsequentes quanto ao abuso das liberdades democráticas. Mas há também a própria estrutura encontrada subjacente ou "escondida" em seus diversos componentes interagentes. Seus nexos internos devem ser investigados e refletidos. Essa estrutura está, inerentemente, formada por relações de oposição entre elementos ou grupos de elementos. As resultantes causais constituem as propriedades dinâmicas desses sistemas. Enfim, não cabe o reducionismo no tratamento de O Brasileiro, O Mercado e O Governo. É necessário um método de análise adequado.

Correntes de pensamento econômico

A sofisticação do público leitor quanto ao conhecimento de Economia coloca ao cronista um desafio crítico: ele não deve só concretizar as antecipações do público, para não correr o risco de causar confusão e desapontamentos, como também necessita concretizar sua expectativa por leitura inédita e inesperada, para não correr o risco de entediá-lo. Esse duplo truque é impossível sem conhecimento da matéria superior ao do público.

Para explicar um assunto complexo de maneira simples é preciso entendê-lo profundamente. A dificuldade de sintetizar o essencial ocorre porque, na verdade, ainda não se tem um domínio completo da matéria. Não a aprendeu – adquiriu conhecimento dela, seja a partir de estudo, seja por melhor compreensão adquirida com intuição, sensibilidade e vivência –, nem a apreendeu – assimilou mentalmente, abarcou-a com profundidade.

Como se sintetiza o *mainstream* ("corrente principal") da história do pensamento econômico? Pesquisando os elos comuns entre as premissas do neoclassicismo, monetarismo, novo-classicismo, novo-keynesianismo, finanças racionais e finanças comportamentais.

Elas, no fundo, são sutis variações de três premissas básicas da longa tradição do pensamento neoclássico.

A primeira é a *racionalidade*: os agentes econômicos maximizam suas funções de utilidade e lucro, isto é, agem racionalmente.

A segunda diz respeito ao *atomismo*: os mercados livres, inclusive o mercado de trabalho, tendem para o equilíbrio via flexibilidade de preços e salários.

Finalmente, a terceira se refere à *simetria de informações*: todos os agentes têm informação perfeita e jamais se enganam.

O monetarismo mantém a primeira premissa e altera as outras duas, substituindo-as, respectivamente, por *ilusão monetária* – com taxas de inflação crescentes, os salários reais estariam sempre atrás do crescimento dos preços – e *expectativas adaptativas*, formadas a partir da experiência passada, com ênfase maior para os períodos mais recentes.

O novo-classicismo também não questiona a *racionalidade* e focaliza a *desestabilização*, quando variações previstas na oferta da moeda não afetariam a produção, apenas as mudanças imprevistas o fariam. Adota as *expectativas racionais*. Para ele, todos os agentes, seja o capitalista, seja o trabalhador, têm o mesmo modo de entender a economia. Esta é correspondente à "lógica verdadeira de funcionamento", isto é, a sua.

Além de manter o suposto de *racionalidade*, as duas hipóteses do novo-keynesianismo são a *rigidez de preços* e a *descoordenação*. Essa corrente estuda os fundamentos microeconômicos (instituições, contratos, clientela etc.) para explicar a rigidez de salários e preços. Essa rigidez decorre de externalidades das decisões individuais e dos problemas de coordenação entre os agentes.

As finanças racionais apresentam três ideias capitais. A primeira diz respeito ao *fluxo de caixa descontado*. Traduz-se pelo provérbio "tempo é dinheiro": certa quantia de dinheiro, se recebida hoje, vale mais em comparação com a mesma quantia recebida no futuro. A segunda relaciona-se com a *diversificação de riscos* ou busca "não colocar todos os ovos na mesma cesta". O portfólio com ativos cujos preços serão afetados em direções opostas por eventos futuros é menos arriscado comparativamente ao risco de cada ativo. A terceira é a da *eficiência do mercado*. Como no mercado eficiente a informação está disponível para todos, o investidor teria de acertar o caminho aleatório do conteúdo da próxima notícia para superar o rendimento médio do mercado. Ninguém conseguiria isso, sistematicamente, durante longo período. Em outras palavras, "você não consegue enganar a todos durante todo o tempo".

Portanto, todas as principais correntes do pensamento econômico possuem em comum a premissa de *racionalidade dos agentes*. Apenas as finanças comportamentais partem do pressuposto de *irracionalidade* e/ou decisões emocionais equivocadas e incoerentes. Como os investidores baseiam suas decisões em regras de bolso, cuja maioria é inconsistente, eles têm *crenças enviesadas*.

Há também *dependência da forma*. Os investidores têm sua percepção sobre o risco e o retorno de investimento bastante influenciada pela forma como o problema é apresentado.

Destacam a *ineficiência do mercado*. Vieses heurísticos e dependência da forma desviam os preços de seus fundamentos microeconômicos, setoriais ou macroeconômicos determinantes. Esses desvios não são pequenas anomalias randômicas passíveis de serem corrigidas por arbitragem: comprar onde está barato e vender onde está caro.

Qual é a serventia desse conhecimento sintético sobre as principais correntes do pensamento econômico? Para o leitor identificar a linha de raciocínio dos autores a partir de seu *"parti pris"*. Em geral, sua opinião é assumida, antecipadamente, de maneira preconcebida ou tendenciosa. A conclusão é clichê: "é necessário estudar Economia para não ser enganado por economista".

Como classificar economistas

Em análise comparativa, esboço aqui uma tipologia de economistas. Apresento em seguida o resultado desse profundíssimo estudo, depois de muitos anos de (auto)análise. Está sob forma de classificação dos pesquisadores, baseada em tipos, ou seja, em um conjunto de traços distintivos.

Evitarei personificar, enquadrando renomados economistas em meros estereótipos, como se espécime tão diversa se adaptasse a um padrão fixo ou geral. Esse padrão pode ser (e geralmente é) formado de ideias preconcebidas. Talvez esteja alimentado pela falta de conhecimento real sobre a corporação. Não quero partir de convicção classificatória preconcebida sobre alguns colegas, resultante de hábitos de julgamento ou falsas generalizações. Isso estaria a um passo do preconceito. Vou me acautelar, portanto, sobre toda falta de originalidade, banalidade, lugar-comum, modelo ou padrão. Cada um vista a carapuça conforme lhe aprouver.

Mark Blaug (1993) me ajuda com o *Glossário das metodologias da economia* a classificar meus colegas. Há distintas "tribos". Um antropólogo poderia fazer um minucioso estudo descritivo das diversas etnias, de suas características antropológicas, sociais etc. Modestamente, tentarei fazer um registro descritivo da cultura metodológica de cada corrente de pensamento econômico.

- *Economista ortodoxo*: a abstração de fenômenos econômicos, em toda sua pureza, lhe permite a idealização de uma Economia cujo funcionamento é perfeito, em todos os lugares e os tempos, apenas à base do livre mercado. Daí, do alto desse edifício teórico, o ortodoxo sofre vertigem, perde o equilíbrio e cai sem paraquedas para o mundo real. Quando se estrebucha no concreto duro da realidade, por causa do chamado "vício ricardiano" de cair, diretamente, da elevada abstração para decisão prática, ele se surpreende. O dito-cujo não funciona de acordo com as leis econômicas pressupostas.

- *Economista heterodoxo:* é partidário da ideia de a economia brasileira obedecer a leis próprias, não previstas nas cartilhas teóricas do resto do mundo. Essa busca da singularidade do Brasil, da qual "a jabuticaba" (fruta nativa em *Terrae Brasilis*) oferece a mais conhecida expressão, é criticada por partidários da Ciência Econômica, aquela teoria abstrata e genérica, utilíssima para qualquer tempo e lugar. Estabelece-se, então, um "diálogo entre surdos". Cada qual defende com afinco um nível de abstração distinto do outro: *o ortodoxo*, a Economia Pura; *o heterodoxo*, a Economia Aplicada.

- *Economista essencialista:* adota ponto de vista metodológico de ser a descoberta da essência das coisas a tarefa central da Ciência Econômica. Designa essa essência como aquele elemento ou conjunto de elementos sem o(s) qual(ais) a coisa deixaria de existir. Supõe ter alcançado esse Santo Graal quando leu a *Teoria geral*, de John Maynard Keynes. Para ele, essa leitura é necessária e suficiente. Não necessita de mais nenhuma. Basta-lhe, até o fim do mundo, fazer sua louvação.

- *Economista historicista:* busca sempre contar histórias, adotando um método não científico juntador de fatos e fazedor de generalizações a partir de uma pequena amostra de caso único e mais algumas poucas teorias de alto nível abstrato. Adiciona ainda pitadas de julgamentos de valor em uma narrativa imaginada ser coerente. É um "vidente do passado". Faz profecia reversa. Pesquisa apenas os fatos confirmatórios de sua hipótese apriorística. Abandona todos os demais não justificadores de sua narrativa histórica. Esta é apresentada como uma sequência lógica de causas e efeitos. Desconhece os "cisnes negros" falseadores de sua hipótese.

- *Economista evolucionista*: pesquisa as Leis Gerais de Movimento Histórico, generalizações a partir do efeito de apenas uma determinada variável, embora sujeita a um conjunto de outras variáveis perturbadoras. Presume-as como constantes. Não aceita os agentes econômicos terem uma racionalidade limitada. Eles simplesmente não têm condições de obter todas as informações sobre as decisões dos outros, devido à inovação "destrutiva criadora" e à complexidade da vida econômica com empreendedorismo e crédito. Aí a incerteza assume papel decisivo em virtude do custo significativo na busca desse conhecimento geral. Aprecia ser chamado de pós-schumpeteriano. Seu enfoque é mais microeconômico, ao contrário do macro pós-keynesiano.
- *Economista holista*: para ele, as teorias sociais devem ser baseadas nos comportamentos de grupos irredutíveis de indivíduos, opondo-se ao "individualismo metodológico". Para esta visão, as teorias sociais devem ser fundamentadas em comportamentos individuais. O *princípio do holismo metodológico* procura compreender os fenômenos na sua totalidade como possuidor de funções próprias. A tendência da natureza e dos conjuntos sociais é, a partir da evolução criativa, "formar um todo que é distinto da soma de suas partes". Em contraposição, o *princípio do individualismo metodológico* só considera adequadas as explanações sobre os fenômenos macrossociais, políticos ou econômicos se colocadas em termos de crenças, atitudes e decisões dos indivíduos.
- *Economista institucionalista*: ao invés de manter uma lógica de identificação, esse economista busca a lógica da diferença. Procura desencadear rupturas em modos coagulados de experiências institucionais, contrapondo-as com a autonomia e a expressão da alteridade: *o que é outro, o que é distinto*. Em suas comparações internacionais, percebe uma concepção relacional do poder. Este é exercido por correlações de forças, redes que se instauram em um espaço com multiplicidade de pontos de resistência. Essa concepção relacional estabelece um poder difuso, sem lócus privilegiado, como o Estado nacional ou as classes dominantes. As formas de dominação não são naturais nem contratuais, mas determinadas historicamente como padrões coletivos de pensar

estratégias ou regras em face das ações dos outros. Novas economias nacionais, antes desconsideradas, emergem no cenário da economia mundial. Diferentes espaços econômicos estabelecem nova ordem de significados para suas instituições. Direito consuetudinário é o direito não escrito, fundado no uso, costume ou prática. Costumes são ações tidas como regras sociais a partir do repetitivo processo de suas práticas. Assim, por serem executadas ao longo de muito tempo, transformam-se em obrigações sob o ponto de vista de determinada sociedade, mesmo sendo instituições informais.

- *Economista descritivo*: adota uma forma degenerada de *convencionalismo*. Todas as teorias e hipóteses científicas seriam meras descrições condensadas de eventos. Não são verdadeiras nem falsas em si próprias. São simples convenções para se ordenar informações empíricas. Por vezes incorpora também o *instrumentalismo*. Este ponto de vista metodológico considera teorias e hipóteses científicas apenas instrumentos para fazer previsões. Considera as explanações científicas como descrições condensadas do passado e úteis para previsões do futuro, caso se mantenha a regularidade dos dados.
- *Economista ultraempirista*: as hipóteses ou as previsões elaboradas a partir das teorias devem ser testadas sempre contra fatos. Elas serão científicas se (e somente se) suas previsões forem, pelo menos em princípio, empiricamente verificáveis. Se não forem falseáveis, são *axiomas*. Essas premissas, consideradas necessariamente evidentes e verdadeiras, são fundamentos para uma demonstração, porém elas mesmas indemonstráveis. São originadas, segundo os racionalistas, de princípios inatos da consciência ou, de acordo com os empiristas, de generalizações da observação empírica.
- *Economista operacionalizador*: considera teorias e hipóteses como científicas se (e somente se) for possível especificar uma operação física ou materialista capaz de designar valores quantitativos a seus termos básicos. Ciência exige medição. Sem quantificação não há teste de hipótese. Contrapõe-se, então, à *tese da irrelevância das hipóteses*. Este ponto de vista pressupõe o grau de realismo

das hipóteses de uma teoria abstrata irrelevante para sua validade. Seu método é fazer inferências demonstrativas baseadas, exclusivamente, na lógica racional-dedutiva. Premissas verdadeiras sempre são seguidas de conclusões verdadeiras. Logicamente, enquanto essas conclusões não forem falseadas, suas hipóteses – mesmo reconhecidamente irrealistas – se mantêm válidas.

Depois de chegar a essa complexa classificação corporativa, resolvi testar meus conhecimentos, adquiridos ao longo de 44 anos de profissão, colocando-me uma questão simples e objetiva: qual das seguintes afirmações é a verdadeira?

a. É possível entender a economia.
b. É possível entender os economistas.
c. Ambas afirmativas anteriores são verdadeiras.
d. Nenhuma das afirmativas anteriores são verdadeiras.
e. Um economista se negaria a responder a esta questão por ser um mal-entendido, a verdadeira questão não é esta, absolutamente não se trata disso, eu não entendi nada...

Sem dúvida, taquei um **X** na última!

Querelle des écoles

"*Querelle des écoles*" é uma expressão francesa para debochar da discussão entre escolas de pensamento como mero diletantismo de acadêmicos. "*École*", em francês, designa também os partidários de um movimento, de uma doutrina. "*Faire école*" significa ter discípulos, adeptos.

Quando lemos artigos escritos ou entrevistas concedidas por representantes da nova geração de acadêmicos, temos a impressão de haver uma disputa fratricida entre economistas brasileiros. Cada qual defende sua escola "com unhas e dentes" tal como partidários sectários. Pior, os culturalmente colonizados defendem sua filiação norte-americana.

Analisem uma amostra típica de PhDeus. Avalia o governo da presidenta golpeada como se tivesse sido tocado por pós-keynesianos. Querendo distância da defenestrada "Nova Matriz Macroeconômica", se esquece de alguns fatos. O ministro e o ex-secretário de política econômica do Ministério da Fazenda eram seus colegas, isto é, professores de sua Escola, berço do novo-desenvolvimentismo. Eles implementaram, aliás, com relativo sucesso em relação a baixar a taxa de desemprego, a principal receita dessa corrente: uma maxidepreciação da moeda nacional sem mudar o patamar inflacionário. Em 2015, esse gradualismo foi abandonado. O tratamento de choque neoliberal resultou em choque tarifário – choque cambial – choque inflacionário – choque de juros. Daí levou ao maior enriquecimento das castas de mercadores-rentistas e empobrecimento da casta dos trabalhadores. Os desempregados se juntaram aos párias.

Mas o que importa para o PhDeus é a meia-verdade. Para ele, as interpretações heterodoxas de Keynes não são mais aceitas na comunidade internacional desde o advento do monetarismo, sua substituição por novo-classicismo, e deste por novo-keynesianismo ortodoxo. Diz: "Aí chego ao Brasil e aqui tem um pessoal que se define como 'pós-keynesiano'. E isso é uma parcela muito grande das pessoas que estão nas universidades federais e na Unicamp. Não tenho problema com isso. Só que tem uma tensão muito grande na academia brasileira porque é preciso avaliar os Departamentos e os recursos são escassos".

Fica claro: por trás da feroz crítica aos "concorrentes" está o mercenarismo. Esta é a qualidade, o caráter ou a atitude de quem age, trabalha ou serve apenas por interesse financeiro. Nos últimos 30 anos, a ética profissional do mundo acadêmico americano foi deteriorada, convertendo-se em atividades do tipo *"pay to play"*: pague para participar. Apresente seu parecer por encomenda – paga naturalmente. Os PhDeuses trouxeram também essa bugiganga para os tapuias.

Outra foi o *"publish or perish"*. "Publicar ou perecer" é uma expressão cunhada para descrever a pressão na academia para publicar, rápida e continuamente, artigos para sustentar a carreira através de pontinhos Qualis – e receber financiamentos de pesquisas, bolsas de estudo e verbas para viajar. A publicação frequente é um método meramente quantitativo à disposição para demonstrar suposto talento acadêmico.

"Publicações de sucesso" são aquelas submetidas por autores de maneira a serem aceitas e não censuradas como antagônicas às dos "cegos" (sic) emissores de pareceres. Na atual percepção acadêmica, excelência tem quem publica frequentemente em revistas internacionais *triple A*. A submissão ocorre tal como aos *rankings* de agências de avaliação de risco. Lógico, não se aceita "heterodoxia". É simples assim a regra do jogo em que está certo aquele submisso à linha de pensamento do avaliador e errado quem pensa diferente.

Os estudiosos se concentram em atividades docentes de ensino. Se forem plurais, não resultam em publicações. Se fazem pesquisa aplicada à economia brasileira, perdem na competição por publicação internacional. Esta é fundamental para obtenção de bolsas disponíveis para participações em congressos estrangeiros, onde estreitam laços de toma lá dá cá. A pressão para publicar tem sido responsável por inúmeros trabalhos em formatos academistas chatíssimos. Quase ninguém os lê. Coisa diferente ocorre com quem opta por escrever para colegas e leigos na rede social: é muito mais lido. E de imediato. Não necessita só escrever textos atemporais, abstratos ou genéricos. Publicações academistas levam anos. Não enfrenta o debate público presente.

Daí todo o mundo acadêmico busca seu nicho de mercado editorial. Cada qual só envia artigos à revista cujo editor oferece a garantia de não o vetar *a priori*. Há a troca de favores de citações mútuas e a exclusão da bibliografia de nomes dissidentes e/ou opositores. Generaliza-se o erro de pensamento conhecido como Viés da Prova Social: quanto mais pessoas acharem uma ideia correta, mais correta essa ideia será. Isso, naturalmente, é um absurdo.

Más consequências práticas já são visíveis. Novas gerações de economistas estão brotando com rótulos na testa. "Eu sou neoclássico da FGV-RJ." "Eu sou novo-keynesiano da PUC-RJ." "Eu sou pós-keynesiano da UFRJ." "Eu sou austríaco do Insper." "Eu sou novo-desenvolvimentista da EESP-FGV." "Eu sou social-desenvolvimentista do IE-Unicamp." "Eu sou eclético da FEA-USP." E assim por diante. Os professores não são tão homogêneos.

E os filiados a essas correntes teóricas misturam tudo, cometendo o "vício ricardiano" ao cair diretamente da mais alta abstração teórica para o mais baixo nível de preceitos práticos. Há inúmeros exemplos de o autor não dimensionar sua afirmativa. Esquecem-se da exigência da ciência por testes de falseamento de hipóteses com medição empírica.

Por exemplo, os *neoclássicos* diagnosticam o problema da economia brasileira como se fosse de carência da poupança – e não de falta de estímulos para o ritmo de crescimento da renda se tornar superior ao do fluxo de consumo. Receitam a pressuposta virtude no plano individual, que resulta no "paradoxo da parcimônia" no nível sistêmico. Ignoram o sofisma da composição: quando todos cortam gastos, a renda e a poupança *ex-post* caem.

Os *novos-keynesianos* diagnosticam sempre mais do mesmo. Há racionamento quantitativo da oferta de crédito bancário (e não carência da demanda por causa de juro alto) como efeito do contumaz trio assimetria de informações-seleção adversa-risco moral. Pregam os seguintes instrumentos para reduzir o problema do risco moral nos contratos de dívida: o comprometimento maior do patrimônio líquido, a transparência com o monitoramento pelo credor do projeto executado pelo devedor, a aplicação de cláusulas restritivas pelo cadastro não positivo e a fiscalização dos bancos. Só.

Ao contrário, os *pós-keynesianos* adotam ou a interpretação da crise pelo excesso de crédito ou o eterno diagnóstico da "armadilha da liquidez". Conseguem só enxergar preferência pela liquidez dos bancos. Não testam essa hipótese, empiricamente, para perceberem o fato de os bancos terem, sim, preferência pela rentabilidade com certa aversão ao risco. Não adianta mostrar evidência empírica. Por causa do custo de oportunidade, nenhum banco brasileiro retém moeda *stricto sensu*. Isso falsearia sua hipótese de que o desemprego tem como causa o armazenamento de moeda ociosa. Em economia de endividamento bancário, onde moeda é depósito à vista e lastro de carteiras de ativos?!

Esse fato não importa para os *pós-keynesianos*. Eles relativizam o conceito de liquidez *à la* Hicks. Dizem não haver contradição lógica em substituir *moeda* por *quase-moeda* sob forma de títulos de dívida pública. Porém, o carregamento desses ativos pagadores de juros mantém o emprego. Não se atentam para o corte de gastos públicos e o consequente desemprego, caso ocorresse um resgate maciço da dívida pública.

A *Escola Austríaca*, embora aqui seja tapuia, subjugada a economistas ultraliberais, perdeu alguns traços de sua própria civilização. Seus fiéis tomam como patronos Ludwig von Mises e Friedrich Hayek. Foram inspirados pelo ataque de Hayek ao "cientificismo" ou monismo metodológico.

Partem da admissão reducionista da ação individual, racional e propositada como pré-requisito absoluto para explicação de todo o comportamento econômico. Constitui um princípio *a priori*. Fala por si próprio.

Com esse apriorismo radical, são intransigentes quanto a não aceitar seus teoremas específicos estarem abertos à verificação ou à falsificação com base na experiência. Para eles, a medida de correção ou incorreção de uma teoria econômica é apenas a razão. Possuem a crença de se aprender mais por meio do estudo racional em vez de teste quantitativo da previsão de o mercado livre convergir para suposto equilíbrio. Essa atitude contra a evidência empírica é completamente estranha à exigência de medição existente em qualquer ciência.

Receita prática deles? Preços livres. Assim, os preços se movimentariam conforme as ações individuais racionais. Portanto, o sistema de preços relativos forneceria informações para o funcionamento de todo O Mercado. Isso exigiria um Livre Mercado. Os governos deveriam o proteger a todo custo. O argumento economicista simplório é essa atitude governamental resultar em uma sociedade livre de totalitarismo.

Como sintetizar o pensamento econômico da *Escola de Campinas*? Nela os professores adotam ideias de várias correntes consideradas heterodoxas. Essa pluralidade de pensamentos partiu da tradição cepalina de rechaço da tese monoeconômica. "Os campineiros" consideram os países de capitalismo tardio possuidores de características econômicas distintas dos países industrializados avançados. Sendo assim, a análise econômica ortodoxa, inspirada nesses países, deverá ser superada – em sentido hegeliano, isto é, com a manutenção do válido. Alguns conceitos "heterodoxos" a adequarão para que ela se aclimatize aos trópicos. Quando se aplicar teoria econômica à concepção de política socioeconômica, para os países atrasados, a receita não é a mesma de alhures.

Então, no plano metodológico, o conhecimento de todas as matrizes econômicas é imprescindível na formação pluralista de um economista. Antes, estudava-se mais Marx, Keynes e Schumpeter. Agora, Minsky, Kahneman, Veblen, Layard, Thaler, Shiller, Hodgson, Nelson & Winter, Mayr, Bowles, Bar-Yam, Mitchell, entre vários outros heterodoxos lidos, apresentam novas ideias fora da ortodoxia.

A contribuição específica da Escola de Campinas está em um nível de abstração menor do efetuado pela Ciência Pura, sendo este fundamento teórico pré-requisito para a Ciência Aplicada. Neste nível intermediário de abstração é onde se reincorpora as outras áreas de conhecimento antes abstraídas para a extração do fenômeno econômico puro. O nível mais baixo de abstração constitui a Arte das Decisões Práticas, por exemplo, as decisões financeiras e de política econômica.

Reconhece, então, o fenômeno de poder subjacente às relações econômicas. O comportamento das variáveis econômicas depende, em grande medida, de parâmetros não econômicos: conflitos de interesses individuais e sociais, ações pessoais e coletivas. Logo, é necessário, pós-tudo (neoclassicismos e keynesianismos), um conhecimento de Economia Comportamental, Institucionalista, Evolucionária e Complexa.

Supera o enfoque tradicional preocupado, essencialmente, em mostrar automatismos via livres forças do mercado. A Escola de Campinas retém-se na caracterização histórica das estruturas e/ou instituições, na identificação dos comportamentos psicológicos erráticos dos agentes significativos, na configuração de um padrão de ação coletiva. Esta, ao longo do tempo, torna-se uma *instituição*.

Instituição é constituída por um conjunto de hábitos, costumes e modos de pensar cristalizados em práticas aceitas e incorporadas pela comunidade. *Lógica de ação* é um conjunto de regras socialmente compartilhadas e recorrentes de pensamento e comportamento. No entanto, necessita-se de espaço teórico para contemplar as inovações e as rupturas.

A Teoria do Desenvolvimento deve concentrar-se nas interações entre determinadas categorias de decisões e as estruturas e/ou instituições. Das interações entre esses componentes emerge a Economia como um Sistema Complexo. Este pode (e deve) ser analisado em diferentes escalas, datadas e localizadas. A política socioeconômica tenta orientar ou regular a dependência de trajetória. Mas não se deve ter ilusão de a economia convergir para um equilíbrio estável. Ela tem de ser continuamente adequada ao seu tempo e lugar. Aqui e agora, o social-desenvolvimentismo prega a inclusão social ao mercado através de conquistas de direitos da cidadania: civis, políticos, sociais e econômicos. Além, é claro, do cumprimento de deveres, tais como a honestidade do trato da coisa pública e a não sonegação de impostos.

Ecletismo, passível de ser adotado pelos alunos e por uma escola apresentada como pluralista, é uma diretriz teórica originada na Antiguidade grega. É retomada ocasionalmente na história do pensamento. Ela se caracteriza pela justaposição de teses e argumentos oriundos de doutrinas filosóficas diversas, formando uma visão de mundo multifacetada.

O *sincretismo* nasce do ato ou fato de se coligarem partes inimigas – "ortodoxia e heterodoxia" – em uma vã tentativa de conciliação. Não parece ser válido o esforço de fusão de cultos ou doutrinas econômicas antagônicas, com reinterpretação de seus elementos. Não se alcança uma *síntese*, razoavelmente equilibrada, de elementos díspares, originários de diferentes visões do mundo ou doutrinas filosóficas.

O eclético adota a disposição de espírito caracterizada pela escolha do melhor entre várias doutrinas, métodos ou estilos. Ele segue um composto de elementos colhidos em diferentes fontes. Torna-se praticante de uma doutrina muitas vezes confusa e contraditória. A etimologia vem tanto do francês *éclectique*, referindo-se a "quem não é exclusivo em seus gostos", quanto do grego *eklektikós,ḗ,ón*, significando "apto a escolher". O problema é escolher, coerente e consistentemente, uma política econômica satisfatória, em simultâneo, a todos os interesses conflitivos existentes na sociedade brasileira.

Talvez, por isso, não seja incabível a expressão "*querelle des écoles*" referente à disputa entre os partidários de um movimento ou de uma doutrina. Os discípulos e os adeptos das Escolas de Economia brasileiras defendem interesses econômicos concretos, sejam individuais, corporativos ou mesmo sociais e políticos. E são antagônicos entre si. Em debate de fundo ideológico, parece não haver espaço para pressuposta neutralidade ou imparcialidade científica. Esta existe em Ciência Econômica?

ECO-nomista e Narciso

Havia um ortodoxo chamado Narciso. Sua Academia, ansiosa por saber o destino profissional do estudante, consultou a deusa Capes, via *double-blind peer review*:

– *Será ele reconhecido por revisão paritária ou arbitragem* (refereeing, em inglês)?
– *Se não ler só a si mesmo* – respondeu Capes.

Assim, a Academia providenciou um meio de o estudante dileto nunca ler seu texto publicado em português.

O jovem acreditou ter uma inteligência privilegiada – e sua Academia cuidou de divulgar essa autovalidação ilusória, possibilitando-o conversar com quem pensava igual. Ele passou a ser admirado por todos aqueles que encontrava. Embora nunca tivesse lido o próprio texto, pressentia, pelas reações dos seus pares, ser muito inteligente. Infelizmente, não conseguia ter certeza. Dependia de que lhe dissessem sempre quão inteligente ele era para se sentir confiante e seguro. Assim, tornou-se um profissional muito voltado para si mesmo.

Narciso adotou a ideia do isolamento acadêmico em relação aos seus conterrâneos tapuias. Passou dez anos fazendo doutorado em Yale e exercendo docência na London School of Economics. A essa altura, por receber tantos elogios a sua inteligência por parte de seus colegas ortodoxos, tinha começado a achar ninguém, em sua aldeia natal, digno de lê-lo.

No entanto, na Academia brasileira vivia uma heterodoxa chamada ECO-nomista. Ela desagradara a poderosa deusa Qualis por falar e escrever demais, em "blogs imundos", para tupiniquins. Exasperada, Qualis determinou que ela só poderia escrever em resposta a texto de outra pessoa ortodoxa. Mesmo assim, só podia repetir as últimas palavras ditas.

ECO-nomista, então, passou a admirar, compulsoriamente, Narciso. Ela o seguia pela Academia, na esperança de ele lhe escrever alguma coisa. De outro modo não podia escrever em revistas ranqueadas. Mas Narciso, tão absorto em si mesmo, não percebia que ela o seguia cegamente.

Um dia, por fim, o narcisista teve um artigo seu publicado no "Top 5" (leia-se *five*, não "cinco"). Depois de muito estudar e pesquisar, arduamente, defendeu o ajuste de preços ser, de fato, mais lento em relação ao anunciado pela teoria (ortodoxa, lógico). Só.

Era uma típica *descoberta do óbvio*. Quem lê e relê sempre os mesmos pares ortodoxos acaba por sofrer um certo retardamento em perceber as mudanças. Quando as percebe, crê ter feito uma descoberta. Mas é a descoberta do óbvio, ou seja, é uma redescoberta de coisas conhecidas pelo heterodoxo há muito tempo. Este se pasmava pelo motivo de os ortodoxos não as saberem.

ECO-nomista aproveitou a rara oportunidade para lê-lo, de modo a atrair sua atenção.

— *Quem está me lendo?* – perguntou Narciso.
— *... lendo?* – foi a resposta da ECO-nomista.

— *Vai-te embora!* – gritou Narciso, zangado. – *Não pode haver nenhum diálogo entre os de sua laia e o inteligente Narciso!*

— *Narciso!* – ecoou a heterodoxa, e se afastou envergonhada, murmurando à deusa Capes uma prece silenciosa no sentido daquele ortodoxo orgulhoso sentir, algum dia, a sina de escrever em vão. E Ela a ouviu.

Narciso voltou para sua Academia brasileira para divulgar seus feitos entre os alienígenas. Lendo-se, ele se achou diante do mais inteligente texto já lido na sua vida. Apaixonou-se à primeira vista pelo deslumbrante autor a sua frente. Buscou repetir a leitura, mas o texto não ressurgiu. A página ficou em branco. Tão logo se relia, em inglês, a bela autoimagem ressurgia. Quando tentava pensar e se expressar em português, para os tapuias, desaparecia.

— *Não me desprezes assim!* – suplicou Narciso aos heterodoxos. – *Sou aquele a quem todos admiram em vão.*

— *Em vão...* – lamentou-se ECO-nomista na rede social.

Inúmeras vezes Narciso se releu e tentou escrever, em língua pátria, para recuperar a autoimagem encantadora. Em todas elas, como estivesse a zombar dele, a autoimagem desapareceu. Narciso passou horas, dias, semanas, fitando a página em branco, sem ensinar nem debater, apenas cantarolando: "*Deus é um cara gozador, adora brincadeira/Pois pra me jogar no mundo, tinha o mundo inteiro/Mas achou muito engraçado me botar cabreiro/ Na barriga da miséria, eu nasci economista brasileiro*". Mas seus lamentos apenas lhe eram devolvidos pela heterodoxa ECO-nomista: – *Brasileiro...*

Por fim, seu coração magoado parou de bater e ele jazeu, improdutivo, entre os tapuias da rede social. Os deuses Capes e Qualis comoveram-se diante da visão de tão inteligente cadáver e o transformaram na flor hoje com seu nome: Narciso.

Quanto à infeliz heterodoxa ECO-nomista, invocadora de tamanho castigo para a ortodoxia, não ganhou nada senão tristeza com o atendimento de sua prece. Definhou até não restar nada senão sua voz. Até hoje ainda lhe é concedida *a última palavra*.

Moral da História: O diálogo só pode florescer em um ambiente saudável sem falsa vaidade. O mais importante é ter empatia – e não só escrever para não perecer. Empatia significa a capacidade de se identificar com outra pessoa, de sentir o que ela sente, de querer entender, de apreender o modo como ela aprende. Isso só acontece quando ambos os indivíduos – o ortodoxo e o heterodoxo – têm consciência de si e estão aptos e dispostos a se comunicar.

O termo "*narcisismo*" é usado na Psicologia para descrever a pessoa que é incapaz de se relacionar com outra senão falando de si mesma. Esse amor pela autoimagem resulta de um *ranking* Qualis em que a ortodoxia é mimada e paparicada, mas nunca aprende a se ver como é, isto é, a se enxergar. Quando não se avalia como uma pessoa real, jamais consegue confiar em heterodoxo e, menos ainda, oferecer e receber sabedoria.

Crise do economista

Pós-tudo (e neonada), o economista deitou no divã. Quando são dolorosos ou inapropriados demais para a mente consciente os suportar, as ideias, as memórias e os impulsos são reprimidos. Ficam armazenados no inconsciente, junto com os impulsos instintivos, no qual não são acessíveis pela consciência imediata.

O inconsciente dirige em silêncio os pensamentos e o comportamento do economista. Este só encontra alívio quando permite que as memórias científicas reprimidas venham à tona por meio da psicanálise. As diferenças entre seus pensamentos conscientes e inconscientes criaram uma tensão psíquica somente aliviada em encontros com o dr. Sigmund Freud (1856-1939).

O economista adotou a ideia de Isaac Newton (1642-1727) da força centrípeta. Alega qualquer movimento ser resultado de uma força agindo sobre ele. Por que a maçã sempre cai para baixo, nunca vai para o lado, nem para cima? Tem de haver uma atração ao centro da Terra. Será essa atração extensível além da maçã? Chega até a lua? Se sim, causa a órbita da lua. Nesse caso, a força da gravidade afeta tudo no universo. Até mesmo a "irrefreável" convergência da economia de mercado para o equilíbrio mais cedo ou mais tarde?

As Leis de Newton formam a base da Mecânica clássica. Forneceram um conjunto de equações usado para calcular os efeitos das forças do mercado em movimento. O economista, alegremente, incorporou tais ideias da Física do século XVII. Juntou ainda ideias de John Locke (1632-1704) e de Adam Smith (1723-1790) no mesmo caldeirão. Cozinha assim sua "poção mágica" iluminista.

Os seres humanos são agentes racionais e independentes com direitos naturais. Eles se juntam a uma sociedade política para serem protegidos pelo Estado de Direito. O objetivo da lei é preservar e aumentar a liberdade. O bom governo deve apenas desenvolver boas leis protetoras dos direitos do povo. Só pode as impor se o bem público estiver em mente.

Tal filosofia política de John Locke tornou-se, desde sua época, conhecida como *liberalismo clássico* – a crença nos princípios da liberdade e da igualdade. As revoluções burguesas (com base de apoio popular) na Inglaterra (1642-1689), nos Estados Unidos (1776-1783) e na França (1789-1799) tinham como base os *ideais liberais* – proteção da vida, liberdade e propriedade –, então *progressistas*. Porém, depois, os "liberais" não extinguiram a escravidão nem na América nem nas colônias francesas. Boicotaram a Revolução Haitiana (1791-1804), liderada por escravos.

O direito ao voto foi conquistado pelas mulheres nos EUA em 1920, na Inglaterra em 1928 (por algumas mulheres acima de 30 anos em 1918), no Brasil em 1932 e na França em 1944, pelos negros norte-americanos, depois de muita luta civil, há apenas meio século. Os partidos de origem sindical-trabalhista começaram a ser criados na Inglaterra um século depois das revoluções burguesas clássicas: industrial inglesa, independência norte-americana e republicana francesa.

O economista também herdou a ideia smithiana de "ordem espontânea" similar à causada por força da gravidade. Todo indivíduo age em interesse próprio. Isso pode levar a uma mistura caótica de produtos e preços. Pessoas interesseiras via competição tiram proveito da ganância alheia. Se um empregador paga salários abaixo do valor do mercado, outro vai contratar os empregados dele. Se um vendedor cobra caro demais, isto é, acima do valor do mercado, outros têm preços menores, e ele não venderá seus produtos. Logo, as empresas vão à falência se não pagarem os salários de mercado nem cobrarem por seus produtos a exigência do ser supremo: O Mercado. Ele valida o preço possível de os consumidores pagarem. A "mão invisível do mercado" impõe, espontaneamente, uma ordem de equilíbrio. A crença nesse imaginário foi inspirada em *A fábula das abelhas*, publicada em 1723 por Bernard Mandeville. A moral da história transformava os vícios (ganância, inveja, vaidade, orgulho, competição etc.) em virtudes públicas.

O economista recusou-se, talvez por preconceito religioso, a aceitar ideias de Charles Darwin (1809-1882), embora estas tivessem influência das ideias do colega Thomas Malthus (1766-1834). A maioria dos organismos produz progênies em número acima do possível sobreviver, dadas as restrições como escassez de alimento e espaço habitável. As progênies, variando entre si com pequenos desvios, afastam-se das condições iniciais em um processo caótico cumulativo durante milênios. A Lei do Crescimento Acumulado de pequenas variações torna algumas progênies mais compatíveis ou mais adaptáveis à luta pela sobrevivência. Se esses indivíduos repassam traços vantajosos às suas progênies, estas também sobrevivem. Darwin intitulou esse princípio de "seleção natural". Porém, o economista adotou o falso darwinismo social.

Thomas Piketty (1971-) também usa a Lei do Crescimento Acumulado. Através da análise de dados estatísticos, prova o capitalismo possuir uma tendência inerente de concentração de riqueza em algumas famílias e seus herdeiros. A taxa de acumulação de capital ou riqueza é superior à taxa de crescimento econômico da renda. Segundo Piketty, tal tendência é uma ameaça à democracia e deve ser combatida pela taxação de fortunas. Nesse sentido, ele é um economista evolucionário e/ou progressista, quase uma nova espécie ao se afastar daquelas condições ortodoxas. A herança para "a geração de filho único" tenderá a concentrar ainda mais a riqueza. É um alerta importante.

Finalmente, no século XXI, o economista encontra Albert Einstein (1879-1955). Se a velocidade da luz através de um vácuo é imutável e as leis da Física parecem ser as mesmas para todos os observadores, então não pode haver tempo ou espaço absolutos. Observadores em movimento relativo, uns aos outros, vivenciam o espaço e o tempo de forma diferente. Segundo a Teoria da Relatividade, não há simultaneidade absoluta entre eles.

Deitado no divã, em um processo de autoconhecimento, o economista pode entender como está por fora da ciência. Houve três estágios de evolução científica. Da hierárquica ciência aristotélica, na qual "tudo vai para seu lugar natural", evoluiu-se para a Física newtoniana e a Teoria Política Liberal, em que agentes se movem em uma estrutura fixa com noção absoluta de espaço e tempo. Daí saltou-se para a Teoria da Relatividade e para a Teoria Quântica, em que não existe nada fixo, nem espaço nem tempo absoluto. Tudo está em relação a outras coisas. Então, o economista em crise reconhece ter ficado *parado no tempo*. Por isso, sofre surpresas econômicas. Apenas a fácil sabedoria *ex-post* explica. Em crise, ele é apenas "um engenheiro de obra-feita".

O economista, teórico da ciência econômica, afinal, reconhece que esta não pode ficar tão desatualizada em relação às outras ciências do século XXI. Necessita integrar duas ideias fundamentais. A primeira se refere aos *modos relacionais* de pensar sobre o mundo. A segunda, os *modos evolucionários* de refletir sobre o mundo com auto-organização. Tanto o pensamento sobre espaço, tempo e cosmologia, quanto o sobre a evolução das espécies e a sociedade, ambos se deram em direção à união dessas duas grandes ideias advindas do *evolucionismo* e do *relacionismo*. A Economia da Complexidade busca integrá-las.

O economista tem o desafio intelectual de encarar a economia como um sistema complexo emergente de múltiplas interações entre seus diversos componentes. Os agentes econômicos em uma rede de relacionamentos não se reduzem às médias, mesmo ponderadas, em direção inelutável ao pressuposto equilíbrio. Por que não avaliar a hipótese de o sistema estar em uma dependência de trajetória caótica? Ele se afasta das condições iniciais? Aliás, quais são estas? É possível datá-las e localizá-las? Quem sabe?

A Economia, como a Medicina, é uma área de conhecimento para decisões práticas. Seu objetivo é tornar o mundo um lugar melhor para se viver. A Medicina parece a Economia: não cura, mas busca proporcionar bem-estar. Individual, uma. Social, outra.

Método de análise equilibrista

O mundo idealizado com equilíbrio

Nós, economistas, aprendemos nas cartilhas ortodoxas algo simplório. Parece dar-nos *status* científico, pois, inspirado no método de análise mecanicista da Física newtoniana, é lógico-racional, tipo causa e efeito. Seguimos em uma série sequencial de variáveis agregadas. Nesse método estático-comparativo, hipoteticamente, saltamos de um espaço a outro, isto é, pulamos entre equilíbrios, sem considerarmos o tempo processual dessas transições. Fechando a economia dentro de um modelo de equilíbrio geral, simplesmente abstraímos 50% das duas dimensões físicas: espaço e tempo!

Então, a Ciência Econômica ainda não chegou ao método da Teoria da Relatividade, ou seja, ao século xx. Einstein observou o deslocamento relativo, e deduziu o tempo e a posição como conceitos relativos. Observadores em movimento relativo, uns aos outros, vivenciam o espaço e o tempo de forma diferente. Não há simultaneidade absoluta. O universo é constituído por relações.

Hoje, a visão mecanicista do mundo adotada pela Ciência Econômica foi substituída por uma interpretação baseada nas interações entre diversos componentes de um sistema complexo. Economia como sistema complexo é muito difícil de ser reduzida a equações matemáticas. Logo, estas estão sendo substituídas por ferramentas computacionais de visualização de redes, cadeias e interconexões. Elas ajudam a desvendar sua complexidade. Em uma visão holística, observamos todo o sistema complexo e daí escolhemos os nódulos-chave da rede de relacionamentos e as esferas de influência mais importantes. Colocamos foco especial nesses determinantes.

A imprecisão dos dados iniciais e os eventos políticos e econômicos subsequentes e interdependentes se refletem na qualidade da previsão. Somos incapazes de prever sobre o estado futuro desse sistema complexo com absoluta exatidão. Fora os aleatórios "cisnes negros", na história não há eventos independentes. Sem o atendimento dessa precondição, não é possível o cálculo de probabilidades precisas a respeito do futuro incerto. Os cenários são diversos e imprecisos. Não há um tamanho amostral, dado *ex-ante*, com o qual podemos calcular chances precisas de ocorrências.

Em um mundo equilibrado, nós, economistas, éramos felizes... e não sabíamos. Em um modelo convencional de macroeconomia aberta, estudávamos apenas 16 situações possíveis de transitar para novo equilíbrio. Aconteceriam de acordo com a análise combinatória de duas políticas de controle de demanda agregada (monetária e fiscal), dois regimes cambiais (fixo ou flexível) e quatro graus de mobilidade de capital (autarquia, baixa, alta, abertura total). Ficávamos treinados para decidir em que situações seria necessário utilizar determinado instrumento de política econômica.

Em um país estruturalmente deficitário, enfrentávamos bravamente o dilema entre "equilíbrio interno ou externo": se adotássemos política econômica expansionista, agravaríamos o déficit no balanço de transações correntes, se optássemos por política recessiva, pioraríamos o desemprego. Logo, ou não fazíamos nada, ou buscávamos uma saída teórica para o dilema usando mais um instrumento relativo à busca do equilíbrio externo: ou taxa de câmbio ou políticas comerciais sob forma de tarifas, cotas etc.

A introdução de um segundo instrumento, por exemplo, abertura financeira, nos abria uma saída da contradição entre objetivos de equilíbrio interno e externo. Seja com política monetária contracionista, seja com política fiscal expansionista, qualquer uma delas elevaria a paridade dos juros e cobriria o déficit no balanço de transações correntes com a entrada registrada na Conta de Capital. Então, aprendíamos a prática regra de Tinbergen para lidar com o mundo real: dispor de número maior de instrumentos em relação ao de objetivos.

Tínhamos duas regras de combinação de instrumentos políticas econômicas. A *regra de Tinbergen* sugeria a condição necessária, mas não suficiente, para a política econômica ser eficaz, era a existência tanto de instrumentos independentes quanto de objetivos a atender. A *regra de Mundell* estabelecia a atribuição adequada dos instrumentos: era conveniente atribuir à política monetária a busca do equilíbrio externo, em situação de déficit do balanço de pagamentos, e à política fiscal a busca do equilíbrio interno em casos de inflação ou desemprego. Simples, assim, né?

Isso por causa de um detalhezinho geralmente esquecido: a regra de Mundell atribuía a cada instrumento a perseguição do objetivo para o qual ele tivesse a eficácia relativa mais forte. Ela seria válida apenas com câmbio fixo e plena abertura ao capital estrangeiro. Nada disso, porém, está próximo da realidade.

O efeito atração ou repulsão de juros sobre capital externo é pertinente apenas em curto prazo. A restrição externa permanece em médio ou longo prazo se não há, por exemplo, refinanciamento de dívida externa quando o déficit é na Conta Serviços. A solução mais definitiva é alcançada com um ajustamento cambial mais estrutural, fugindo da armadilha da dívida ("dívida para pagar dívida") ou mesmo da desnacionalização no caso dos Investimentos Diretos Estrangeiros (IDE). Nesse caso, haverá no futuro elevação da remessa de lucros e dividendos, ou seja, repatriamento do capital. Deixa de compensar, no longo prazo, surgindo um déficit permanente no balanço de transações correntes.

Enfim, na teoria keynesiana, atribuía-se papel essencial de regulação ao governo, enquanto nos modelos neoclássicos, o governo aparecia mais como fonte de instabilidade em vez de correção dos desequilíbrios. A questão-chave era: qual é a possibilidade de a política econômica evitar as flutuações econômicas decorrentes de choques econômicos?

A existência de defasagens é o argumento monetarista contra a tentativa keynesiana de os governos evitarem as flutuações econômicas. Uma vez identificado o choque, decidido o governo a intervir, identificado o instrumento adequado, quando a política econômica começar a surtir efeito, as condições econômicas poderão já estar completamente alteradas, tendo ela efeito desestabilizador ao invés de estabilizador.

No caso de uma perturbação temporária, os neoliberais creem o desvio de rota ser corrigido pelos rumos normais dos negócios. Nesse caso, melhor não fazer nada. Com perturbação permanente, tanto a análise da melhor política quanto sua implementação demandam tempo. Portanto, há dois tipos de problemas no mundo: os insolúveis ou aqueles capazes de o tempo resolver por si só... Nesse caso, resta só uma questão: *o que fazer com os economistas?*

Não à toa os homens de negócios se queixam: estudo de economista geralmente revela qual é a melhor época para comprar algo quando ela já passou. Existem tantas opiniões diferentes sobre o futuro da economia quanto existem economistas. O problema maior está não nas diferenças entre as diversas previsões econômicas, mas nas diferenças entre elas e os acontecimentos no futuro.

Sendo assim, temos de ser humildes nas nossas tentativas de reorientar uma dependência de trajetória caótica. Não há uma teoria das decisões de investimento sobre todos os aspectos da dinâmica da economia de mercado. Entre tantas limitadas, eu prefiro como orientação teórica a de Michael Kalecki. Ele considera a taxa de decisões de investimento, como primeira aproximação, função crescente da acumulação interna de capital, isto é, capacidade de autofinanciamento (ou decrescente em face do grau de endividamento das firmas), e da taxa de modificação do montante dos lucros obtidos com as vendas, e função decrescente da taxa de modificação do estoque de equipamentos, ou seja, o grau de utilização da capacidade produtiva ou capacidade ociosa. Supondo uma relação linear, a equação do investimento em capital fixo (com defasagem em relação à decisão) acrescenta a essas variáveis uma constante sujeita a modificações em longo prazo relacionada aos "fatores de desenvolvimento". Reflete, entre os quais, as inovações tecnológicas e os fatores demográficos.

As modificações em curto prazo na taxa de juros têm efeito oposto ao das modificações dos lucros. Não foram considerados por Kalecki como determinantes diretos das decisões de investir. Essa simplificação baseou-se no fato de a taxa de juros em longo prazo, tomando como medida os rendimentos dos títulos de dívida pública, não apresentar flutuações cíclicas pronunciadas. Portanto, esses rendimentos não podem explicar o mecanismo do ciclo econômico. Esse autor se insere na tradição de apresentar o ciclo econômico como resultado de mudanças inter-relacionadas (e defasadas) entre as encomendas de investimento, o efeito renda da produção de bens de investimento e o volume do equipamento em uso.

Não se reverte uma decisão crucial, como a de um investimento em andamento, em função de volatilidade de juros em curto prazo. Isso provocaria grande prejuízo. A taxa de juros em longo prazo modifica-se, de fato, em proporção menor se comparada à média das taxas em curto prazo projetadas para os próximos anos. A Selic não determina decisões de investimento!

Sobre o processo cumulativo

Nasci um século depois de Johan Gustaf Knut Wicksell (1851-1926). No entanto, ainda necessito apelar a ele – o mais revolucionário entre os pensadores neoclássicos –, até hoje, para entender o comportamento dos Bancos Centrais.

Wicksell usou a hipótese de "taxa de juros natural" a fim de explicar como se alcançaria o pressuposto equilíbrio em longo prazo via taxa de juros. Em sua tentativa de adequar a Teoria Quantitativa da Moeda para o mundo real da *economia de endividamento bancário*, ele desfez a relação direta entre a quantidade em circulação da moeda e os preços. Criou, então, a abordagem através da oferta e da demanda agregadas. Estas são desequilibradas quando há desajuste de "juro do mercado" em relação ao "juro natural". Esse é o ponto de partida para explicar os movimentos do nível geral dos preços.

A Teoria Quantitativa explicava o nível de preços para o caso de uma oferta de moeda exógena, isto é, estabelecida pela Autoridade Monetária, com ajustamento endógeno da taxa de juros, ou seja, pelas forças de mercado. Wicksell buscou explicar algo diferente: a taxa de variação dos preços para o caso de uma oferta de moeda endógena com taxa de juros exógena.

Ele desenvolve a Teoria Quantitativa da Moeda, inicialmente, para um *sistema de crédito puro*. Nele, todos os pagamentos são efetuados por transferências de crédito bancário. Neste sistema idealizado, não há controle da quantidade da moeda senão pela taxa de juros. Esta passa a ser a reguladora monetária efetiva. Os bancos fixam taxas de juros e atendem com oferta de moeda à demanda de crédito dos tomadores de empréstimos dispostos a pagar tais níveis dos juros.

Um sistema bancário desenvolvido em uma *economia contemporânea*, e não em uma *economia de feira de aldeias medievais*, funcionaria à base da troca direta (escambo) ou apenas com pagamentos à vista. Nesse caso, os distúrbios "reais", responsáveis por flutuações na renda, conduziriam às variações na demanda por moeda. Estas seriam passivamente suportadas por variações na oferta de crédito por parte dos bancos. Isso se eles não fossem de encontro à barreira estabelecida pela capacidade de empréstimos, dada por captação de recursos de terceiros e/ou alavancagem financeira sobre o capital próprio.

No caso de uma real *economia de endividamento bancário*, em que o mecanismo equilibrador endógeno por forças de livre mercado não atua, o Banco Central (BC) tem de manipular a taxa de juros com o intuito de estabilizar o nível de preços. A abordagem de Wicksell se distingue, portanto, da monetarista, pois não são as variações ativas na base monetária controlada pelo Banco Central as fontes de distúrbio. Ele enfoca variações no fluxo de crédito, impostas pelos bancos a partir da fixação do seu custo, em vez de variações no estoque da moeda central. Wicksell apresentou os fundamentos teóricos para a prática de um Regime de Meta de Inflação, estabelecida através da ação discricionária da Autoridade Monetária sobre a taxa de juros básica, anunciada periodicamente. Esta atinge, com um *mark-down*, o custo de captação bancária e, com um *mark-up* (parte do *spread*) sobre este, afeta a taxa de juro de empréstimos.

Segundo a interpretação de seus discípulos da Escola de Estocolmo, Wicksell, apesar de conceber seu Processo Cumulativo como um elo entre a Teoria Quantitativa e o mundo real, acabou por fornecer as bases teóricas para uma abordagem fundamentalmente distinta. Considerou a Teoria Quantitativa da Moeda não possuidora do atributo da generalidade, devido à sua inaplicabilidade a um sistema de crédito contemporâneo, com oferta de moeda creditícia endógena. Portanto, a reabilitação da Teoria Quantitativa da Moeda, realizada por Wicksell, acabou sendo sua destruição!

Os principais avanços do Processo Cumulativo, formulado por Wicksell, são:

1. contrapõe as noções de demanda monetária agregada por bens e de oferta agregada de bens para análise do nível geral de preços;
2. analisa o sistema fora de equilíbrio, criticando a Teoria Quantitativa da Moeda pela análise e comparação somente de estados de equilíbrio, deixando de fora o processo dinâmico entre eles; e
3. leva em conta o sistema bancário desenvolvido e o mecanismo indireto de transmissão monetária via taxa de juros.

O Processo Cumulativo descreve um sistema em que os movimentos no conjunto dos preços monetários não forçam necessariamente uma operação em direção ao equilíbrio. Wicksell considerou a natureza desse Equilíbrio Monetário – *indiferente* – fundamentalmente distinta da do Equilíbrio dos Preços Relativos, cuja tendência ao equilíbrio *estável* não é inerente. Uma vez perturbado, o Equilíbrio Monetário só poderia ser restaurado, supõe-se, por meio de uma taxa de equilíbrio especial, a chamada Taxa de Juros Normal sobre empréstimos.

Sob a mais realística premissa de um *Sistema Misto de Pagamento* (à vista e a prazo por crédito), as variações nos preços monetários, como ligações entre o mercado monetário e o mercado de bens e serviços, forçam a Autoridade Monetária a tentar estabelecer essa taxa em *processo experimental de tateio – ou tentativas e erros*.

Um ciclo monetário seria causado pela discrepância entre a Taxa de Juros de Mercado e a Taxa de Juros Natural. Para eliminar essa causa de instabilidade no nível geral dos preços, as duas taxas teriam de se igualar. Entretanto, a taxa natural de juros não é fixa. Flutua conjuntamente com todas as causas reais de flutuações econômicas. Uma coincidência das duas taxas (a de mercado e a natural) é, portanto, um acaso pouco provável.

Wicksell coloca a responsabilidade desse ajustamento recaindo sobre os bancos – "suas obrigações para com a sociedade são muito mais importantes em relação às suas obrigações privadas". No entanto, não há como os bancos conhecerem a Taxa Natural antes de fixarem suas próprias taxas de juros. Isso é impraticável, pois "a Taxa de Juros Natural é *hipotética*, correspondendo àquela suposta de equilíbrio do sistema".

Enquanto a Taxa de Mercado ficar abaixo da imaginada Taxa Natural equilibradora, haverá incentivo para a tomada de empréstimos para obter uma rentabilidade superior àquela obtida com investimento apenas de recursos próprios. A demanda monetizada por crédito pode se desequilibrar em relação ao ritmo de expansão da capacidade produtiva e/ou da oferta de bens e serviços. Então, na realidade, o nível corrente de preço dos bens, isto é, a taxa de inflação, fornece um indicador válido para concordância ou discordância das duas taxas, constatada somente *a posteriori*.

O procedimento prático adotado pela Autoridade Monetária é simplesmente o de seguir um "modelo mecânico ou hidráulico": enquanto os preços permanecerem inalterados, a taxa de juros bancários permanece no mesmo nível. Se os preços subirem, a taxa de juros deve ser elevada; se os preços caírem, a taxa de juros deve ser diminuída. A taxa de juros deve, assim, ser mantida nesse novo nível até ocorrer outro movimento de preços. A taxa de inflação exige nova mudança em um sentido ou em outro. Simples, não?

Na opinião de Wicksell, a causa principal da instabilidade nos preços está na incapacidade de os bancos por si sós seguirem essa regra, exceto em caso de esgotarem as reservas emprestáveis. Uma queda nas taxas de juros de empréstimos pode diminuir suas margens de lucro em vez de aumentar a escala de seus negócios. Nesse caso, ele não supõe uma inelasticidade da demanda ao preço do crédito? Haveria um limite de acordo com o grau de endividamento dos tomadores de empréstimos? Mas isso não é contraditório justamente com o apresentado por ele como a razão para detonar o Processo Cumulativo: o excesso de crédito em relação ao ritmo de expansão da capacidade produtiva?

Fragmentação da direita econômica entre ultraliberais e neoliberais

Friedrich Hayek (1899-1992), conjuntamente com Ludwig von Mises (1881-1973), os maiores expoentes da Escola Austríaca de pensamento econômico, prega: o livre mercado tem o monopólio da virtude. Estudiosos da Escola de Chicago, por sua vez, acham possível ele ser tão ineficiente quanto a intervenção do governo. No entanto, tanto uma quanto a outra compartilham o credo de os preços serem a chave para compreender a economia. Para elas, o livre mercado é preferível à intervenção governamental. Com isso, essas duas tradições, na verdade competitivas, são comumente avaliadas como aliadas. Nicholas Wapshott, no livro *Keynes x Hayek: a origem e a herança do maior duelo econômico da história* (2016), alerta a respeito.

Milton Friedman (1912-2006), quando pesquisou a Grande Crise de 1929, descobriu a ligação entre contrações desnecessárias na oferta de moeda e as consequentes recessões. Essa medição de causalidade mostrou como os economistas de Chicago podiam diferir profundamente da Escola Austríaca.

Hayek e Mises pensavam ser a atividade econômica demasiado complexa para ser quantificada. As médias eram vistas como indicadores enganosos de como os indivíduos fixavam preços. Diferentemente, a pesquisa de Friedman aceitou a proposta keynesiana de observar a economia como um todo e usar as médias para determinar a causa e o efeito das mudanças econômicas. Não foi dogmático nem sectário contra essa evolução da Ciência Econômica.

Na realidade, Friedman era um crítico de grande parte do trabalho de Hayek em Economia. Em contrapartida, sempre foi espontâneo em seu elogio a Keynes, por sua originalidade de pensamento e invenção da Macroeconomia.

Mas, fosse qual fosse seu pensamento sobre Hayek como economista, ele aceitou o desafio político-ideológico de Hayek. Conspirou com o intuito de reduzir o tamanho do governo. A tendência liberal de Friedman, inspirada no iluminismo clássico do século XVIII, respeitava as virtudes do individualismo e desconfiava dos poderes do Estado. Concordava plenamente com a desconfiança ideológica inata de Hayek do governo. Ambos economistas viam a inflação como uma calamidade mais odiosa em comparação ao desemprego.

A justificativa seria porque a inflação atingiria a todos, em especial o poder aquisitivo da riqueza líquida. O desemprego atingiria apenas aos "não competentes", ou seja, "os párias" perdedores no jogo da economia de mercado, supostamente, regida pela meritocracia. O individualismo metodológico vê assim o problema do desemprego, ao contrário dos macroeconomistas keynesianos, como se ele não fosse causado por carência de demanda efetiva. Na análise clássica da direita econômica, os próprios trabalhadores são os culpados por estarem desempregados, seja por seus sindicatos exigirem salário real acima da produtividade, seja devido à carência de "empregabilidade" por causa de suas deficiências educacionais.

Há fragmentação dos economistas norte-americanos entre conservadores-republicanos e liberais-democratas:

- ♦ de um lado, estão os "economistas de água doce", assim chamados porque suas universidades se agrupam em torno dos Grandes Lagos: consideram, como Hayek, a inflação ser a pior maldição de um país;

- do outro, os "economistas de água salgada" se formam nas faculdades das Costas Leste e Oeste: como Keynes, acham o desemprego o mais grave problema econômico.

O "grupo de água doce" (hayekiano) possui o seguinte credo dogmático:

1. a economia deve ser pensada como um organismo sensível, governado por decisões racionais dos participantes do mercado;
2. o governo deve assegurar apenas que o mercado seja livre e justo;
3. os gastos do governo e os impostos pervertem a ordem natural da economia;
4. os indivíduos tomam decisões racionais com base no entendimento teórico do futuro;
5. os empresários se abstêm de novos investimentos quando temem que os gastos do Estado com impostos mais altos impulsionem o crescimento econômico até gerar inflação;
6. a globalização e o aumento das comunicações eletrônicas levam a mercados mais eficientes e integrados, benéficos a todos;
7. as recessões são parte da rotina de um ciclo econômico e devem ser suportadas, não curadas por artifícios apressados, até o equilíbrio retornar;
8. os melhores remédios são "do lado da oferta", estimulantes para os empresários fornecerem bens mais baratos, cabendo assim a remoção de inibições governamentais, como regulações e impostos à empresa.

Hayek, prócer da Escola Austríaca, reduz o ponto principal de *The General Theory* a uma opinião casuística ao negar a preocupação fundamental dos economistas de confrontar o problema da escassez. Para ele, Keynes adotou, teoricamente, a pressuposição de uma economia da abundância, espécie de nirvana para os economistas.

Ao negar a operação do livre mercado, Keynes teria redefinido a escassez como um estado de coisas "artificial", criado pela determinação das pessoas de não vender seus serviços e produtos abaixo de certos preços arbitrariamente fixados. Keynes teria ignorado os preços de mercado segundo a crítica hayekiana. Eles entram em jogo apenas em raros intervalos, quando o "pleno emprego" é atingido, e aí então os diferentes bens começam sucessivamente a tornar-se escassos e ter elevação de seu preço. É a situação classificada como a de "inflação verdadeira".

A crença de Hayek prega os preços serem a chave para compreender o processo de produção. Este é a base para a compreensão do funcionamento de uma economia como um todo. Os preços estão baseados na escassez dos bens. Essa fé o leva a desconsiderar sem maior explicação a tradição do pensamento de Wicksell, reelaborado por Keynes. Para ele, os preços resultariam da relação entre o desequilíbrio entre poupança e investimento (e consequente desequilíbrio entre oferta e demanda agregada) e o custo real de produção.

Para Hayek, o dinheiro constitui uma espécie de "junta frouxa" do aparato autoequilibrante do mecanismo de preços, capaz de impedir seu funcionamento. "Há pouca base para acreditar em um sistema com a estrutura moderna e complexa de crédito trabalhar, tranquilamente, sem algum controle deliberado do mecanismo monetário", escreveu Hayek. Mas ele disse isso em referência ao autocontrole dos bancos por aversão ao risco e não à regulação por parte do Banco Central.

Em advertência aos monetaristas, como Friedman, dependentes da Teoria Quantitativa da Moeda como panaceia, Hayek sugeriu haver limites estritos a essa forma de administrar a economia. "Não podemos, como alguns escritores parecem pensar, fazer mais ou menos o que nos agrada com o sistema econômico jogando com o instrumento monetário."

A Escola Austríaca de pensamento econômico abomina a substituição de *métodos qualitativos* por *métodos quantitativos* de investigação. Hayek insiste em ver medições da Economia como não substitutas para a compreensão de como uma economia funciona. O *racionalismo* desdenha o *empirismo* – e se esquece: ciência exige medição.

A medida da atividade econômica, inspirada na macroeconomia keynesiana, torna-se plenamente reconhecida na profissão. A econometria permite aos planejadores calcular as dimensões de uma economia e fixar metas.

Hayek e os crentes de Von Mises acham tais métodos desapropriados porque a economia tem de ser compreendida apenas em termos "microeconômicos", isto é, olhando-se para cada componente da atividade econômica por vez e preservando a liberdade individual de escolhas refletidas no sistema de preços relativos. A macroeconomia, ao contrário, oferece uma perspectiva "de cima para baixo" da atividade econômica para permitir aos planejadores compreender melhor e, então, administrar a economia nacional. Os ultraliberais abominam essa intervenção governamental.

Criticam as tentativas para estabelecer conexões causais diretas entre a quantidade total de moeda, o nível ponderado médio de todos os preços e até o volume total de produção. O reducionismo de tudo isso em algumas funções matemáticas, como se a Economia fosse uma ciência não diferente da Física ou da Química, obscurece a chave verdadeira para compreender a atividade econômica. As escolhas individuais são tantas e tão diversificadas a ponto de não poderem ser facilmente mensuradas.

Daí os ultraliberais descartam suposições e/ou metas baseadas no nível geral de preços. Muito mais reveladoras são as miríades de preços diferentes acordadas em incontáveis transações individuais. Juntas, elas compõem a complexidade da economia.

A sabedoria comum reflete a respeito de um mercado por meio dos seus preços livres. Quando forças externas, como as do governo, interferem na fixação de preços, atrapalham os apreçamentos. Nem mesmo um "ditador onisciente" pode conhecer as mentes, os desejos e as expectativas de todos os agentes.

Dada a divisão do conhecimento, é impossível entender ou medir todo o peso das incontáveis decisões econômicas individuais feitas pelo vasto número de indivíduos. Eles compõem uma economia, cujas intenções se refletem nos preços sempre flutuantes em caso de livre mercado. O preço de um bem é uma atribuição de valor quando ao menos dois indivíduos concordam após uma negociação.

Qualquer tentativa de interferir no sistema de preços relativos altera o comportamento espontâneo das pessoas, cujas suposições ou vontades combinadas contribuem para a sua configuração. A inflação dos preços, se deliberada ou involuntariamente alimentada pela ação do governo, reflete a desconsideração do comando da economia pelas vontades de seus cidadãos, obrigados a pagar o preço fixado sem negociação.

Além dessa discordância entre a Escola Austríaca e a Escola de Chicago, há também fragmentação da direita econômica entre ultraliberais e neoliberais. A corrente principal supera tanto o ultraliberalíssimo pensamento hayekiano quanto o monetarismo, após a experiência ruinosa, para o endividamento geral, de Margareth Thatcher na Inglaterra e o *Reaganomics* nos Estados Unidos.

No início dos anos 1990, a regra de Taylor, mostrando o *trade-off* entre taxas de juros e a taxa de inflação, substitui a curva de Phillips, o *trade-off* entre emprego e inflação, como a equação de escolha básica para a administração da economia. Permanece a inteligência binária (tipo "2 neurônio" sem S) reducionista dos economistas ortodoxos. Eles não conseguem pensar a complexidade econômica emergente das interações de múltiplos e diversos componentes. Os novos-clássicos passam a conduzir a política monetária sob o critério de credibilidade com as informações, não contrariando as expectativas racionais.

Hayek ambiciona ver o poder de intervenção em O Mercado reduzido ao Estado mínimo. Defende até mesmo que a emissão de moeda fique em mãos privadas, desafiando o Estado soberano dotado do poder monopólico de emitir a moeda nacional. Outro monopólio define um Estado soberano: o da violência. Talvez ele ache prudente colocar também as armas em posse de mãos privadas, com guardas de segurança protegendo as propriedades particulares. Ou acha melhor a segurança pública ter somente essa proteção como missão?!

Esse radicalismo ultraliberal o coloca em oposição direta a Friedman. Embora este desejasse o governo ser minimizado, acreditava em a economia ser administrada para proporcionar crescimento sem inflação. O instrumento escolhido por Friedman, a política monetária, requer um Banco Central administrado pelo Estado.

Hayek compartilha a fé na emissão de moeda como a chave para entender o ciclo de negócios. Era preocupação comum dele e de Keynes. Em seu credo, se não fosse pela interferência do governo no sistema monetário-creditício, não haveria flutuações cíclicas ou períodos de depressão. Caso a emissão de moeda fosse colocada nas mãos de empresas, cujo negócio dependeria de seu sucesso em manter estável a moeda emitida, a situação mudaria completamente em relação à existência de um Banco Central. Em função desse despropósito, os anarcocapitalistas hayekianos defendem o *bitcoin* coexistindo com outras *criptomoedas* na rota do dinheiro sujo.

Razão do ódio neoliberal ao crédito

Eu não entendia bem por que na Era Neoliberal houve queda contínua na relação crédito/Produto Interno Bruto (PIB) de 32% em 1995 para 26,1% em 2002. Sempre temos dúvida se algo equivocado é fruto da ignorância ou da má-fé. Geralmente, tem as duas causas.

Podia ser então incompetência dos gestores dos bancos públicos no período. Mas talvez se somasse a essa nomenclatura a missão de aproveitar a oportunidade para privatização dos bancos estaduais e restruturação dos bancos públicos federais. Só não foi adiante a privatização desses bancos pela reação do movimento sindical e das corporações contra o Relatório Booz-Allen Hamilton-Fipe-USP publicado em 2000. Pregava esse desatino.

Essa dúvida entre "lei de mercado" ou "qualidade de gestão" como determinante-chave do desempenho dos bancos ficou esclarecida quando a relação crédito/PIB caiu de 54,5% em 2015 para 47,1% em 2017. Ficaram claros, então, os efeitos da volta da Velha Matriz Neoliberal: a *inação*, isto é, a falta de ação, de trabalho, indecisão, inércia, e a *inanição*, um estado de debilidade extrema provocado por falta de capital.

No governo neoliberal, o Tesouro Nacional – depois de exigir durante anos a fio quase a metade de seus lucros como pagamento de dividendos para a elevação do superávit primário – leva os bancos federais, dos quais detém o controle acionário, a consumirem as próprias reservas para se manterem vivos. Perdem poder de *alavancagem financeira*. Esse é o segredo do negócio capitalista: usar capital de terceiros para dar escala a seus negócios particulares, pagando juros menores em relação à rentabilidade obtida.

Ledo engano o meu: os neoliberais não tinham apenas o interesse pecuniário na "privataria". A má-fé envolvia também uma crença doutrinária – e religiosa.

Essa vem de longe. As ideias liberais clássicas nascem no século XVIII, quando os indivíduos se inspiravam no Iluminismo para lutarem contra as monarquias absolutistas. A Revolução Francesa de 1789 é ainda muito recente para os neoliberais incorporarem suas ideias republicanas...

O bê-a-bá da cartilha liberal se inspira no Adam Smith (1723-1790), ou seja, "no tempo de Adão". De acordo com o princípio do *laissez-faire, laissez-aller, laissez-passer, le monde va de lui-même* (deixai fazer, deixai ir, deixai passar, o mundo vai por si mesmo), a única intervenção do Estado deveria estar limitada a garantir a lei e a ordem, a defesa nacional e a oferta de alguns bens públicos. Estes não seriam de interesse do setor privado, como a saúde pública, a educação dos pobres, o saneamento básico etc. Quanto ao resto, O Estado deveria "deixar O Mercado fazer", sem interferir em seu livre funcionamento, protegendo os direitos (agora absolutistas) dos proprietários.

Uma famosa metáfora de Adam Smith faz a defesa individualista do autointeresse. Só na página 397 do capítulo II, do Livro Quarto, de *A riqueza das nações* lemos: "é levado como que por mão invisível a promover um objetivo que não fazia parte de suas intenções". Esse capítulo se intitula, de modo contrário ao credo neoliberal contemporâneo, "Restrições às importações de mercadorias estrangeiras que podem ser produzidas no próprio país".

No mesmo livro, há uma digressão sobre bancos de depósitos. O montante do lastro-ouro da moeda bancária é matéria de conjecturas por parte de teóricos da economia. Temem sempre o descolamento entre o crédito e o padrão-ouro.

Toda a economia é pensada de maneira a ser equilibrada como em um sistema de forças mecânicas *à la* Isaac Newton (1643-1727). Por isso, os neoclássicos/neoliberais insistem até hoje em defender a validade da Lei de Say, inclusive em uma economia monetária. Essa "lei" estabelece: "a oferta cria sua própria demanda". De acordo com ela, não há uma crise geral de superprodução.

Os praticantes do autoengano com a cega fé na convergência para um "equilíbrio macroeconômico" creem que a soma dos valores de todas as mercadorias produzidas é sempre equivalente à soma dos valores de todas as mercadorias compradas. Essa crença ideológica deduz que a economia de livre mercado é perfeitamente autorregulável, não exigindo a intervenção estatal.

Em termos abstratos, a também chamada Lei dos Mercados aplicar-se-ia tão somente a uma *economia baseada no escambo*, isto é, a uma economia não monetária de trocas diretas de mercadorias. Nas condições de *economia monetária de produção*, contudo, a intermediação da moeda cria a possibilidade de adiamento das decisões individuais de compra, interrompendo as vendas. Isso causa uma retração da demanda agregada, podendo resultar em depressão econômica. Há, nesse caso, uma capacidade produtiva não utilizada. Ficam máquinas ociosas e trabalhadores desempregados por deficiência de demanda efetiva. O produto potencial da oferta agregada não é atingido.

Os ultraliberais afirmam tudo isso – milhões de desempregados e excesso de liquidez nos bancos – ser mera questão de preços: quando os desocupados aceitarem menores salários serão empregados. O crédito socorreria os desocupados apenas temporariamente, adiando a solução. Esta exigiria negociações de preços ao longo de muito tempo. Um processo de deflação corrigiria o problema? Ora, nesse caso, os consumidores estariam sempre adiando o consumo enquanto aguardam preços menores no futuro.

Além de pregarem o adiamento do gasto monetário, os neoliberais abominam a concessão de crédito para antecipação de futura capacidade de pagamento. Em seu modelo abstrato, os bancos deveriam atuar só como intermediários financeiros de maneira neutra. Sua atividade restrita seria apenas transferir poupança de um indivíduo para outro gastar em seu lugar, concedendo então um crédito não inflacionário. Esse "sinal de mercado não artificial", pois sem nenhum excesso de crédito em relação a uma poupança preexistente, não confundiria os tomadores de decisões de investimento em suas alocações de capital.

Mas as coisas no mundo real não acontecem do modo como os crentes apregoam. O sistema de preços relativos não se equilibra de maneira estável. Então, eles acusam outras instituições de "intervirem no Livre Mercado". A ilusão monetária se deveria às distorções criadas seja por governos, via emissão de papel-moeda, seja por bancos, via crédito. Ambos são culpados pelo pecado do excesso de disponibilidade monetária e consequente crescimento insustentável e inflação.

Seguindo essa doutrina, o capitalismo sem alavancagem financeira, apenas com a poupança guardada "debaixo do colchão", não teria chegado nem ao estágio do século XIX. Foi quando se iniciou a expansão da *economia de endividamento bancário*. Pelo visto, na história posterior, a ética protestante da parcimônia não se impôs ao espírito consumista do capitalismo. A virtude individualista é vencida pela ganância coletiva amparada por crédito. A economia torna-se desequilibrada, mas dinâmica. Sem crédito, no Brasil, rasteja.

Método de análise neoliberal

Credo liberal: tratar desiguais com igualdade de oportunidades

Economistas neoliberais argumentam: "decorridos 65 anos desde a criação do BNDE em 1952, há hoje inúmeras instituições financeiras capacitadas tecnicamente a fomentar a emissão de ativos privados destinados ao financiamento de investimentos de longo prazo".

Sim, é possível aqui gerar um *funding* em longo prazo. Porém, é necessária a aprovação de um crédito direcionado contracíclico. Esse crédito é instrumento de planejamento indicativo para incentivar investimentos estratégicos para a nação. Obviamente, estes não atendem aos critérios curto-prazistas dos investidores.

Depois de desencadeado o processo de multiplicador de renda e monetário contra as expectativas pessimistas vigentes em O Mercado, mais adiante, estas se revertem. Em ciclo expansivo, torna-se possível captar, em condições então vigentes no mercado de capitais, o financiamento complementar via debêntures de infraestrutura ou mesmo lançamento primário de ações.

O mercado de capitais brasileiro é ainda incipiente na avaliação dos desenvolvimentistas. Os neoliberais, em contraponto, "forçam a barra" ao exigir o lançamento de ações mesmo em conjunturas com valor de mercado abaixo do valor patrimonial das empresas capitalizadas pelos sócios-fundadores.

Senão, sugerem tomar emprestados recursos externos. Uma brusca oscilação cambial, comprometedora do endividamento externo de empresas investidoras em infraestrutura, é parte das regras do jogo capitalista imaginado por eles. Criticam a socialização do prejuízo ao fazer a estatização da dívida privada.

Não se preocupam com o desemprego. É contumaz a proposta neoliberal de "deixar quebrar". Essa quebra periódica seria apenas o ônus de um saneamento saudável e exigível para manter o livre mercado sem intervenção estatal.

O direitismo, doença infantil do liberalismo, é expresso em seus artigos. Acima de tudo está a defesa do credo ideológico da "igualdade de oportunidade" em um país classificado entre os de maior desigualdade social no mundo. Em nome dessa crença, os neoliberais adotam o princípio do direito burguês: "tratar desiguais com igualdade". Essa postura só aguça a desigualdade ao deixar plenamente livres as forças mais controladoras do mercado. O poder de barganha de cada "força do mercado" não é igualitário, seja na negociação de indivíduos com corporações, seja na disputa competitiva entre pessoas físicas: a sorte do berço já escolheu um vencedor *a priori*.

Para neoliberais, não é tarefa do Estado oferecer às empresas nacionais condições subsidiadas de taxa de juro. Ele não obtém nem mesmo para si. No típico moralismo direitista, todas as virtudes estariam contidas em si próprio e todos os defeitos de caráter estariam nos outros diferentes de si. Criticam a "escolha de campeões nacionais" em sua denominação pejorativa da política pública de dar competitividade internacional a algumas empresas brasileiras capazes de enfrentar a concorrência no comércio exterior.

Em sua idealização, seria como se todas Micro, Pequenas e Médias Empresas (MPME) tivessem iguais condições de competitividade internacional. Adeptos de regras isonômicas, não distinguem as poucas grandes corporações exportadoras brasileiras.

Em vez de oferecer crédito em condições privilegiadas para um pequeno grupo de escolhidos, defendem como mais adequado cortar todo o crédito direcionado. Ou se atende a todos ou não se atende a ninguém.

Para os adeptos da Teoria dos Fundos de Empréstimos, bastariam reformas estruturais – previdenciária e trabalhista – para elevação da poupança doméstica, com resultante queda da taxa básica de juros. Sem dúvida, adotam a crença pregadora de um mundo abstrato com "condições iguais para todas as empresas, em uma concorrência verdadeiramente livre e sadia". Isso está de acordo com sua leitura de manuais ortodoxos de Economia. Não demonstram conhecer História, não analisam estatística, não tiveram atuação prática no mundo de negócios. Aliás, são contra os negócios ("impuros") do mundo real e só a favor do livre mercado idealizado. Atuam em defesa da preservação de uma espécie em extinção: a tradicional teoria econômica pura. Não conhecem a complexidade interdisciplinar.

Neoliberais gostam de citar as "expressões da hora" – *políticas pró-negócios* beneficiam empresas bem conectadas e setores escolhidos, ou seja, campeões nacionais; *políticas pró-mercado* criariam condições iguais para todas as empresas, em uma concorrência verdadeiramente sadia. São engraçadinhas essas imaginações apenas para os crentes neoliberais.

São mais apropriadas as expressões usadas por Daron Acemoglu e James Robinson no livro *Por que as nações fracassam* (2012). Eles destacam *instituições econômicas inclusivas*. São as desenvolvimentistas fomentadoras da atividade econômica empregadora. Já as *instituições econômicas extrativistas* são as neoliberais espoliadoras da renda da maioria em favor de uma minoria.

A arrogância dessa gente neoliberal é tão desmesurada a ponto de seu orgulho se manifestar por atitude de prepotência ou desprezo com relação aos outros. Demonstra falta de respeito com os desenvolvimentistas e uma liberdade desrespeitosa com os homens práticos. Na realidade, esse atrevimento revela apenas uma presunção de gente ostentadora da arrogância típica de novo-rico. Seus conceitos reducionistas e críticas contumazes se repetem.

Pior, ao misturarem "alhos com bugalhos" para dar uma "cor local", travam sua luta como fosse um *remake* do enfrentamento dos economistas neoliberais do Rio de Janeiro, defensores do mercado de capitais, contra industriais de São Paulo, defensores do mercado de bens. Na verdade, é um racha político entre gente golpista defensora do enriquecimento via livre mercado financeiro e gente golpista defensora de empreendimentos financiados pelo Estado com subsídios a seu favor.

Os descendentes de Eugênio Gudin, defensor da *vocação agrícola* do país contra os interesses protecionistas de industriais paulistas como os de Roberto Simonsen, hoje defendem a *vocação geológica*. A economia brasileira voltar a ser somente primário-exportadora e extrativista, desta feita, de petróleo.

A Universidade de Chicago é a matriz das crias tupiniquins colonizadas culturalmente. Esses defensores das instituições do capitalismo maduro norte-americano esquecem – ou nunca estudaram – a história dos Estados Unidos. No final do século XIX, depois da casta de guerreiros e da casta de mercadores conquistarem o imenso território costa a costa à força de genocídio de nativos, fossem eles índios, fossem mexicanos, a nação norte-americana entrou na *Era dos Barões-Ladrões*. Foram cerca de 20 anos para condenar o cartel de petróleo de lá.

Para o cartel de cá, estamos ainda vivenciando o início de investigação e julgamento primário. Promete ir até a casta dos trabalhadores ser criminalizada como "intrusa no Poder". Restará a tradicional aliança entre a casta dos oligarcas governantes, a casta dos mercadores e a casta dos guerreiros-militares, sob a crítica contumaz da casta dos sábios. Dissidência contemporânea desta compõe-se dos sacerdotes pregadores, em especial, a bancada evangélica em defesa de pautas conservadoras nos costumes.

De maneira anacrônica, os infelizes PhDeuses, habitantes dos Tristes Trópicos, se tornaram uma subcasta de sábios pregadores do livre mercado em escala planetária.

"Melhoria da qualidade do ambiente institucional", para neoliberais, significa o abandono (desmanche, privataria etc.) das instituições getulistas construídas na fase da indústria nascente. Em contrapartida, propõem a adoção tardia de instituições norte-americanas importadas sem a necessária adequação ao clima tropical de negócios. Desdenham a absorção crítica das "ideias de fora" como prática costumeira – e sábia – da Tropicalização Miscigenada Antropofágica.

Com o desconhecimento da História do Brasil, dada a leitura apenas de *papers* abstratos escritos alhures, continuam a vociferação como sábios pregadores do livre mercado. É simples assim: basta força de vontade ideológica para substituir o *capitalismo de Estado*, vigente em todos os países emergentes de *capitalismo tardio*, pelo admirável *capitalismo de livre mercado*, supostamente vigente nos Estados Unidos.

Porém, os desenvolvimentistas estruturalistas insistem em lembrar de um "detalhe" aos neoliberais defensores de "o que é bom para os *States* é bom para o Brasil". Esse detalhe dá ideia da disparidade econômica internacional: poucas companhias no mundo desfrutam hoje de uma situação tão privilegiada quanto as empresas da indústria bélica americana. Por exemplo, as vendas do setor alcançaram a estrondosa cifra equivalente a um PIB superior ao da Argentina. Há algo comparável fora do Império norte-americano?

Enfim, os sábios neoliberais são gente deslocada no tempo e no espaço. Triste. Lamentável.

A oposição ruidosa ou canalhas feitos honestos

Este subtítulo é uma paráfrase do título de um poema satírico publicado anonimamente, em 1705, com o nome de "A colmeia ruidosa ou canalhas feitos honestos". Em 1714, ele inspirou *A fábula das abelhas ou vícios privados, benefícios públicos,* cujo autor é Bernard Mandeville, médico holandês radicado na Inglaterra. Sua ideia de "ordem espontânea" aparece na história de uma colmeia. Esta prosperava mesmo com os "vícios", ou seja, os comportamentos egoístas das abelhas. Quando estas se tornaram virtuosas, não agindo mais em interesse próprio, mas pelo bem comum a todas, a colmeia desandou!

Qual seria, mais precisamente, a natureza do mecanismo – uma "mão invisível de O Mercado" ou uma "mão visível de O Estado" – responsável pela transformação do vício das partes no benefício do todo? Entre as respostas possíveis, existem duas linhas supostamente antagônicas de interpretação. Na visão estatista, é através da "administração engenhosa por políticos habilidosos". Como diversas vezes ressalta o autor da fábula, nessa ótica, os vícios privados se tornariam benefício público. De acordo com a visão ultraliberal, adotada entre outros por Friedrich Hayek (1899-1992), Mandeville é um precursor da ideia smithiana da "mão invisível". Através da liberdade econômica e de regras gerais de conduta justa, os vícios privados se transformarão, espontaneamente, no benefício público do equilíbrio estável.

Adam Smith (1723-1790), segundo a Escola Austríaca, teria se inspirado nessa parábola para imaginar como as ações de indivíduos livres resultavam em um mercado ordenado e estável. Nele se poderia produzir, comprar e vender o desejado, sem maiores desperdícios e carências. No ano da Declaração da Independência dos Estados Unidos (1776), Smith publicou *A riqueza das nações: investigação sobre sua natureza e suas causas.*

Entretanto, contrariamente ao propagado pelo credo liberal, foi o Estado também na nascente nação norte-americana o maior indutor de crescimento e inovação. A infraestrutura básica para o avanço – de ferrovias a universidades – partiu de políticas de governo estaduais e locais, além de gastos militares federais. Ela não teria sido erguida só pela via das forças privadas. O economista alemão Georg Friedrich List (1789-1846), viajando pela América do Norte, testemunhou a importância da intervenção estatal na construção nacional e na industrialização norte-americana.

List percebeu a tentativa de esconder suas políticas de desenvolvimento por parte da Inglaterra, berço da *industrialização original*, dos Estados Unidos e da Alemanha, orquestradores da *industrialização retardatária*. Dessa postura competitiva de "chutar a escada, depois de ter alcançado o topo", nasceu o senso comum neoliberal conservador de ressaltar só o "papel decisivo" da iniciativa privada no crescimento norte-americano. Essa corrente segue o pensador francês Alexis de Tocqueville (1805-1859). Ele enfatizou a força da sociedade civil nos Estados Unidos. O estágio histórico deste país no século XIX é similar à vivida na atualidade pelos países de *capitalismo tardio*, descritos hoje como emergentes, entre os quais, o Brasil.

A tese amoral de Mandeville é: as ações humanas não são apenas virtuosas. Esse reducionismo era uma ideologia difundida por filósofos moralistas, religiosos e governos, para controlar as relações violentamente competitivas da sociedade. De fato, qualquer ação econômica humana, inclusive ao contrário do impulso natural do homem, acaba por gerar benefício aos outros por efeitos multiplicadores. Para conquistar suas paixões pelo autocontrole exigido, o homem adota a ambição religiosa de se apresentar como naturalmente "bom".

Essa virtude moral, segundo Mandeville, ocorre em detrimento da sociedade, afetando seu comércio e seu progresso intelectual. Em sua fábula, é o *vício* liberado pelos instintos de competição e reprodução – e não a *virtude* produzida pelos instintos de proteção e sobrevivência – determinante do autointeresse dos homens. Daí a inovação e a reprodução ampliada do capital estimulam a sociedade rumo ao progresso econômico.

A ganância viciosa pela riqueza dos indivíduos leva a um todo virtuoso segundo essa crença. Sua ideia de busca individualista de autointeresses inspirou Smith quanto à atitude do *laissez-faire*. Para esse teólogo, seria a virtude autointeressada geradora de uma cooperação invisível. Mas Mandeville clamava aos políticos e aos governos assegurarem a liberdade para as paixões e os interesses dos homens gerarem benefícios públicos. Não omitia o papel do Estado regulador da competição.

Os neoliberais conservadores brasileiros não reconhecem a necessidade de um papel ativo para o Estado. Não cabe a ele se esforçar para o país "dar salto de etapa histórica" e "tirar o atraso socioeconômico". Defendem, aqui e agora, apenas O Livre Mercado!

Com ideias fora do lugar e do tempo, confundem os eleitores com a não distinção entre *livre natureza* e *livre mercado*. Por exemplo, os assessores diretos de candidata ambientalista e de candidato neoliberal convergem em tudo. São "farinha do mesmo saco".

Não percebem a civilização humana ter avançado, justamente quando conseguiu o autocontrole dos instintos selvagens de livre competição predominantes. Com eles os mais fortes exploravam os mais fracos. A civilização adotou a proteção social contra as livres forças da natureza. Reconheceu a herança natural e as intempéries da vida não partirem da *igualdade de oportunidades*, só nem levarem por si sós à *igualdade de resultados*. A direita vê essas desigualdades naturais como insuperáveis. A esquerda prega a solidariedade social contra essa competição desigual.

Em face *A fábula das abelhas*, de Mandeville, é oportuno lembrar da fábula *As abelhas e a pastora*, de Esopo. No oco de um carvalho, as abelhas fabricavam mel. Uma pastora messiânica decidiu, oportunisticamente, pegar uma porção do mel, mas as abelhas trabalhadoras reagiram e, com seus ferrões, a fizeram recuar. Justificou-se: "abandono o mel, se tenho de dar de cara com abelhas". A moral, para reflexão dos seguidores bem-intencionados do ambientalismo, aconselhados pelos adeptos de O Livre mercado, tal como A Livre Natureza, é: as más companhias são um perigo para quem persegue o bem.

Outra: *As abelhas e Zeus*. Enciumadas porque os homens usavam seu mel, as abelhas foram até Zeus pedir força para golpear com os ferrões quem chegasse perto das colmeias a fim de retirar os favos. Mas Zeus se irritou com elas por causa dessa perversidade e determinou que as abelhas, tão logo picassem alguém, perdessem o ferrão e, com ele, também a vida. Moral para os apoiadores mal-intencionados do neoliberalismo: essa fábula cai bem para homens de O Mercado. Ingratamente, preferem perder oportunidades de negócios em vez de reconhecer o poder dos verdadeiros produtores de mel.

Retórica da intransigência neoliberal

Intransigência tem dois significados. Por um lado, refere-se à falta de transigência, ou seja, intolerância com o pensamento alheio, por exemplo, a dos neoliberais em relação ao pensamento econômico social-desenvolvimentista. Por outro, em si, designa a austeridade, a rigidez no controle do gasto social, pregada pelo neoliberalismo tupiniquim.

Refletindo a respeito da sua intransigência, percebi por que a Ciência Econômica, defendida arduamente por adeptos do neoliberalismo, avançou em sua *purificação*. Houve a eliminação dos elementos de outras áreas de conhecimento das humanidades, como os políticos, os sociológicos, os psicológicos, os jurídicos etc. Essa depuração vem desde meados do século XIX com o *neoclassicismo* e chega até as últimas décadas do século seguinte com o *novo-classicismo*. Nesse período, as premissas iniciais de racionalismo, atomismo e informações perfeitas foram sendo questionadas e revistas.

Sem confirmação de suas previsões, distintas das deduzidas do *hardcore* do keynesianismo, seu núcleo rígido se mantém somente com emendas. São adotadas hipóteses *ad hoc* (adicionais) para explicar-se em face das "críticas perturbadoras". Revela sinais de fraquejar, quando evita uma revisão profunda nas premissas do seu *hardcore*.

De acordo com o *neoclassicismo*, todos os agentes econômicos têm informações perfeitas (e simétricas) e jamais se enganam. O *monetarismo* adotou a ideia de expectativas adaptativas formadas a partir de experiência passada, com ênfase maior nos períodos mais recentes. Como ele diferenciava entre a racionalidade dos capitalistas e a dos trabalhadores, ao aludir à ilusão monetária destes, o *novo-classicismo* lhe contrapôs a premissa de todos os agentes terem o mesmo modo de entender a economia, correspondente à lógica verdadeira de funcionamento. E qual é esta? Obviamente, a dos próprios novos-clássicos...

Essa hipótese seria falseada, evidentemente, pela existência de debate entre distintas correntes de pensamento econômico. No entanto, os ortodoxos abominam esse debate. Eles se consideram "donos da verdade". Como monopolistas da inteligência econômica, desprezam profundamente o conhecimento alheio.

No caso dos tapuias brasileiros, denominação dada pelos portugueses a indígenas dos grupos não falantes de línguas do tronco tupi e habitantes do interior do país, como os formados na Escola de Campinas, tratam-nos como caboclos mestiços, rudes, ignorantes. Na demonstração de intolerância de um neoliberal, tipicamente, ele ataca seus adversários social-desenvolvimentistas da seguinte forma:

> Hoje em dia existem alguns consensos na teoria econômica. Estão em todas as universidades americanas, em 98% das europeias, em 95% das asiáticas e 97% das brasileiras. Só uma universidade aqui não tem articulação internacional, não traz e não manda ninguém para o exterior: a de Campinas (Unicamp). Ela é endógena. Os economistas de Campinas não consideram todo o desenvolvimento da teoria econômica desde a década de 1960. Dilma pensa com a cabeça de Campinas. Hoje é um lugar isolado, fora do mundo. Uma ilha que parou no tempo.

Segundo essa opinião parcial, nos comportamos tal como a aldeia de Asterix na Gália resistente contra o avanço avassalador do Império Romano. O crítico toma partido contra uma instituição, sem lhe importar a injustiça ou a mentira. Bastaria entrar no portal do Instituto de Economia da Unicamp para verificar seu grau de internacionalização, tanto em alunos e professores-visitantes, quanto por suas publicações em inglês. O problema é que os ortodoxos não leem a heterodoxia.

Os energúmenos encasquetaram com essa "tese" como um mito fundador neoliberal. A "era de domínio do pensamento único" teria nascido em 1988. Foi quando um prócer de sua corrente assumiu o comando do desastroso Plano Verão. Segundo eles, durou 20 anos, perpassando o governo social-desenvolvimentista, até a crise mundial de 2008.

Naturalmente, esquecem-se da responsabilidade de sua ideologia de liberalização, desregulamentação e privatização na raiz dessa crise internacional. Optam também por esquecer o erro de seus colegas no Banco Central do Brasil: elevação dos juros em plena explosão da crise mundial em 2008. Foram demitidos e substituídos por servidores públicos logo após a eleição de 2010. Daí seus discursos de ódio contra a Presidenta, extrapolando a crítica à escola de sua pós-graduação, antes de golpeá-la.

Em termos de Metodologia da Análise Econômica, na ambição de acompanhar o *monismo metodológico*, mimetizando os modelos quantitativos e mecânicos das ciências exatas, especialmente da Física, acabam por depurar uma dimensão desta: o *Tempo*. Ficam apenas com o *Espaço*. Toda sua crítica se dirige à "jabuticaba" (algum pensamento original nosso), exacerbando o "complexo de vira-lata" brasileiro.

Eles só comparam os heterogêneos espaços geoeconômicos, comparando o Brasil com pequenos países. Com desonestidade intelectual, selecionam apenas os favoráveis para compor os desejados "grupos de controle" para a comparação entre "o desempenho macroeconômico superior deles" em face da economia brasileira no pós-crise. Quando são contrapostas evidências demonstrativas do fato de nossa economia ter se saído muito melhor se comparada às demais do grupo de dez maiores economias do mundo, na Era Social-Desenvolvimentista (2003-2014), ficando apenas abaixo da China e Índia em performance, mudam de assunto.

Quando são apresentadas todas as séries temporais de indicadores socioeconômicos, desde 1994 até 2014, mostrando significativas melhorias em todos eles, a partir de 2003, apelam para o argumento de a análise estatística ter saído da moda no *mainstream*! Ora, como avaliar a evolução econômica ou o progresso social? Pouco lhes importa, basta para eles o método dedutivo-racional. Os ultraliberais abandonam o método científico de testar suas hipóteses. As ortodoxas fraquejam no teste da realidade. Necessitariam ser substituídas por heterodoxas.

Desprezando o *tempo*, os neoliberais abandonam também a História. Importam-se apenas com o *presente*, esquecendo-se da comparação com o *passado* sob o governo deles. Não traçam nenhuma perspectiva econômica para o *futuro*. Deixam para O Livre Mercado cuidar de tudo. Por isso, a ênfase deles apenas na estabilização conjuntural e o menosprezo por desenvolvimento e planejamento. Basta, para eles, "a liberdade para as forças de O Mercado". Daí se alcançaria, espontaneamente, uma ordem equilibrada.

Método de análise da economia política

Empiristas *vs.* Racionalistas

Os *empiristas* são defensores da concepção de todo o conhecimento humano vir, direta ou indiretamente, da experiência do mundo adquirida por meio exclusivo dos sentidos. Isso contrasta com o pensamento dos *racionalistas*. Estes sustentam, ao menos em princípio, ser possível adquirir conhecimento unicamente com o uso da razão.

A divisão entre esses dois grupos não é tão bem definida como muitas vezes se presume. Os racionalistas admitem, na prática, o conhecimento do mundo originar-se essencialmente na experiência, em especial, da investigação científica.

John Locke elaborou suas concepções relativas à natureza do mundo ao aplicar um processo de conhecimento conhecido como *adução* – inferência da melhor explicação a partir da evidência disponível – aos fatos da experiência sensorial. Ele argumentou contra a teoria dos racionalistas, que explicava como o conhecimento pode ser adquirido sem experiência, segundo a chamada Teoria das Ideias Inatas.

Se os seres humanos nascem com ideias inatas, elas podem nos proporcionar conhecimento sobre a natureza do mundo, independentemente de qualquer coisa experimentada. Esse conceito baseia-se na ideia platônica de todo conhecimento genuíno estar essencialmente localizado em nós. A educação não é, portanto, aprender fatos novos, mas "não esquecer".

Muitos pensadores posteriores opuseram-se à teoria de Platão. Propuseram que o conhecimento não é *inato*, talvez só um número limitado de conceitos pudesse ser. Seria o caso do conceito adquirido sem qualquer experiência sensorial direta. Por exemplo, a criação de uma fórmula matemática recorre apenas aos poderes da razão e da lógica. Só pode ser trazida à mente consciente por um processo de raciocínio.

Locke refutava a ideia de seres humanos terem qualquer tipo de conhecimento inato. Para ele, a mente, no nascimento, é uma *tabula rasa* tal como uma folha de papel em branco na qual a experiência inscreve. Não acrescentamos nada ao processo, exceto a capacidade humana básica de aplicar a razão à informação reunida por meio dos sentidos. Podemos, então, racionalizar esse conhecimento para formular novas ideias. Considerou falsa qualquer doutrina em apoio à existência de ideias inatas.

Essa noção de ideias inatas seria incoerente. Para algo ser uma ideia, esse algo teria estado presente em algum lugar na mente de alguém. Qualquer ideia verdadeiramente inata também deveria preceder qualquer forma de experiência humana. Uma ideia pode existir tão profundamente arraigada na memória de uma pessoa por um tempo tal a ponto de ser difícil ou mesmo impossível relembrá-la. Ela não está acessível à mente consciente. Essa formulação contrapõe-se à concepção de as ideias inatas existirem de algum modo em algum lugar sobrenatural, antes da presença de qualquer tipo de mecanismo capaz de concebê-las e trazê-las à consciência.

Os economistas partidários da existência de ideias inatas em cérebros dos teóricos do Primeiro Mundo têm de argumentar também sobre como tais ideias racionais e abstratas não estão presentes em todos os seres humanos no nascimento. Elas deveriam ser universais por natureza. Estariam presentes em todas as sociedades humanas e em todos os momentos da história. Todo o mundo, potencialmente, tem acesso ao mesmo corpo básico de conhecimento. Nesse aspecto, não há qualquer diferença entre metropolitanos e colonizados.

No passado, quando predominava a concepção religiosa, essa teoria era apresentada como se as ideias inatas só pudessem ser dadas por um deus. Logo, deveriam ser universais, porque ele não seria injusto a ponto de distribuí-las somente a um grupo seleto de pessoas.

Os *materialistas* atacaram o argumento a favor das ideias universais, pois um simples exame do mundo mostra facilmente que elas não existiram. Se existissem conceitos rigorosamente comuns a todos os seres humanos, os *empiristas* argumentam não termos uma base sólida para chegar à conclusão de que eles também são inatos. Seria sempre possível descobrir outras explicações para sua universalidade. Por exemplo, o fato de se originarem dos modos mais básicos por meio dos quais o ser humano conhece o mundo. É algo compartilhado por toda a espécie.

As ideias sobre o desenvolvimento de países de capitalismo tardio ocasionaram o *rechaço da tese monoeconômica* ao se adotar a concepção de que os países subdesenvolvidos possuem características econômicas distintas dos países industrializados avançados. Então, a teoria econômica ortodoxa, inspirada nesses países centrais, deveria modificar-se em alguns aspectos importantes, quando fosse aplicada aos países subdesenvolvidos.

Em termos da teoria abstrata do valor-trabalho, o próprio Marx, intérprete do capitalismo central com o sentido de revolucioná-lo, aceita a afirmação da *monoeconomia*. Ele, ao contrário de Adam Smith, descreve o regime de escravidão e o processo da exploração colonial sobre a periferia durante o período da acumulação primitiva no centro. Porém, cita o provérbio latino: *de te fabula narratur* ("de ti falará a história"). Esta é a sentença de Marx a respeito dos países de industrialização retardatária.

Assim, o futuro desses países atrasados estaria espelhado no presente das economias mais avançadas. Marx, quando esboça "a imagem do futuro" dos países de capitalismo tardio, não diferencia as "leis de movimento" desses países das leis aplicáveis aos países industrialmente avançados. A Teoria do Valor-Trabalho seria abstrata e, portanto, universal.

Segundo a concepção baseada no *método dedutivo-abstrato*, a Ciência Econômica está integrada por vários teoremas de validez universal. Só há, em consequência, uma única Ciência Econômica. Já a intepretação fundamentada no *método histórico-indutivo* argumenta, como resultado do prolongado processo de exploração colonial e o escravismo, que a estrutura social, política e econômica dos países periféricos é muito diferente de tudo experimentado pelo centro. Logo, seu desenvolvimento não pode seguir a mesma experiência de industrialização originária sob auspícios do capitalismo.

A construção de uma estrutura industrial sob condições de *atraso histórico* – ou "chegada tarde", quando o capitalismo já era monopolista – era, empiricamente, uma tarefa com o enorme desafio de superar barreiras tecnológicas (obtenção de patentes) e financeiras (disponibilidade de mercado de capitais). Isso levou ao questionamento da doutrina de livre mercado recebida dos professores norte-americanos ou europeus. Segundo esse liberalismo, as empresas industriais adequadas para qualquer país seriam rapidamente iniciadas por empreendedores inovadores e atrairiam o financiamento requerido graças ao funcionamento regular dos mercados de capitais.

A desconfiança de não bastar esse "espírito empresarial" levou ao alastramento da convicção empirista de que, nas regiões subdesenvolvidas, a industrialização requer um esforço deliberado, intenso e orientado pelo Estado. Esse esforço foi descrito como "a grande arrancada", "a decolagem", "o grande salto" (de etapas históricas), "o mínimo esforço crítico", "a criação dos encadeamentos para trás (*backward linkage*) – ou efeito de arrasto – e para frente (*forward linkage*) – ou efeito de propulsão".

Método dialético de análise da História

O desafio para muitos economistas é explicar como se supera (ou superou-se) o atraso histórico de países de "capitalismo tardio". Alguns já respondem à questão na própria definição deste. Como esses países se industrializaram na fase monopolista do capitalismo dos países de industrialização originária (Inglaterra) e de industrialização retardatária (Estados Unidos, Alemanha e Japão), então, o caminho único e inevitável, destino da humanidade, seria a industrialização.

Essa é uma visão parcial e determinista do futuro predominante na mente de muitos economistas desenvolvimentistas. O antirrentismo leva ao esquecimento de algo fundamental. Conjuntamente com o capitalismo industrial, há a necessidade da plena implantação do capitalismo financeiro, para se alcançar certa autonomia relativa. E buscar evolução científico-tecnológica.

A partir da razão pura, os adeptos do Método Dedutivo-Lógico deixam-se dominar pelo "vício ricardiano" e deduzem diretamente da Ciência Abstrata uma Economia Normativa: "*o que deveria ser*". Os adeptos neoclássicos pregam um equilíbrio geral dos preços relativos. E os marxistas? Eles não se afastam de sua metodologia dialética ao pregar sempre "a Revolução Socialista aqui e agora"?!

A visão de O Todo é necessária para enxergar e encaminhar uma solução a um problema. Hegel dizia: "a verdade é O Todo". Não o enxergando, pode-se atribuir valores exagerados a verdades limitadas, prejudicando a compreensão de uma verdade geral. Esta é sempre provisória, nunca é uma verdade definitiva e acabada, caso contrário a dialética estaria negando a si própria. *Efeito Halo* é um erro de pensamento. Ocorre quando nos deixamos ofuscar por um aspecto e, a partir dele, deduzimos a imagem completa.

Nunca temos a certeza se estamos trabalhando com a totalidade correta. Porém, a teoria dialética chama a atenção para as sínteses, identificando as contradições concretas e as mediações específicas. Elas constituem os elementos componentes de cada totalidade complexa. Os conflitos entre opostos são reconhecidos pela dialética como o princípio básico do movimento do sistema complexo.

Karl Marx e Engels defenderam o caráter materialista da dialética. Engels resumiu a dialética em três leis. A primeira lei é sobre *a passagem da quantidade à qualidade*. Varia no ritmo e/ou no período. A segunda é *a lei da interpenetração dos contrários*. Trata-se da ideia de "tudo tem a ver com tudo". Os lados opostos são, na verdade, uma unidade, na qual um dos lados prevalece. A terceira lei é *a negação da negação*. Nela, a afirmação e a negação são superadas. Porém, a dialética não se deixa reduzir a essas três leis.

Lenin dizia ter aplicado esses conhecimentos na prática da estratégia de vanguarda que liderou a tomada do poder na Rússia. Isso não é "mito fundador"? Esse salto de etapas entre modos de produção do feudalismo russo para o do Socialismo Realmente Existente, totalitário e não utópico, não foi uma total deformação da concepção marxista da história?

O método dialético incita a rever o passado à luz dos acontecimentos atuais. Ele questiona o presente em nome do futuro: o que está sendo feito em nome de "o que ainda não é" ou de "o que deveria ser". Com isso não se abandona o Método Histórico-Indutivo? Não se esquece de praticar a Economia Positiva, primeiro, detectar "o que é"? As pesquisas de dados e fatos, fornecidos pela experiência sensível, não seriam os instrumentos adequados para a tentativa da descoberta da verdade? Os historiadores marxistas não passaram a investigar "o que deveria ter acontecido" em vez de "o que de fato aconteceu"?

Alternativamente, podemos enxergar as interações de todos os direitos e deveres da cidadania como condicionantes do crescimento econômico sustentado com inclusão social em um ambiente de plenas liberdades democráticas. Defendemos a hipótese de as interações entre esses componentes de um Sistema Complexo se alterarem ao longo do tempo. Propiciam a emergência da democracia socioeconômica e política.

Propiciarão uma transição para um novo *modo de vida*, não apenas outro *modo de produção*, as interações entre:

- *direitos civis* – garantia da liberdade religiosa e de pensamento, o direito de ir e vir, o direito à propriedade, à liberdade contratual e de escolher o trabalho, à justiça para salvaguardar todos os direitos;
- *direitos políticos* – direitos eleitorais ou possibilidade de votar e ser votado, direito de livre associação em partidos, sindicatos etc., e direito de protestar;
- *direitos sociais* – direito à educação básica, à saúde pública, a programas habitacionais, ao transporte coletivo, à previdência, ao lazer, a julgamento imparcial etc.;
- *direitos das minorias* – direito dos consumidores, dos idosos, dos adolescentes, das crianças, dos deficientes, dos homossexuais, das diversas etnias, dos animais, da ecologia ou meio ambiente etc.; e
- *direitos econômicos* – direito ao salário mínimo com poder aquisitivo real, à estabilidade no emprego, ao acesso a bancos e crédito pela cidadania financeira, à aposentadoria digna, à tributação progressiva etc.

Por exemplo, o direito à diminuição da jornada de trabalho para quatro dias por semana com a manutenção dos direitos trabalhistas. Com essa conquista social, não viveríamos à espera do tempo vazio do lazer passivo e da aposentadoria, mas usufruiríamos do tempo liberado de trabalho alienante para uma vida ativa de outra natureza.

Em termos marxistas, a ideia é dividir a mais-valia relativa. Ela aumenta durante a quarta Revolução Industrial. Senão, apenas os acionistas estariam se apropriando dela. Os verdadeiros produtores nada receberiam do aumento da produtividade. Os empregados trabalhariam mais anos com a elevação da idade mínima para aposentadoria, para elevação da contribuição previdenciária, mas com menor jornada semanal.

Capital improdutivo

É comum, a todos os capitalistas, seu capital propiciar mais valor ao explorar a força do trabalho. Eles se apropriam, direta ou indiretamente, da mais-valia – valor do trabalho não pago ao trabalhador – no processo capitalista de produção.

Por isso, segundo Roman Rosdolsky (2001), a análise do "capital em geral" deve começar pela investigação do processo de produção. Deve demonstrar como o dinheiro "ultrapassa sua simples determinação como dinheiro" e se converte em capital empregando força do trabalho. Também como o consumo de trabalho humano engendra mais-valia. Finalmente, como a produção dessa mais-valia permite a reprodução do capital e a própria relação de produção capitalista.

Tudo isso pode ser estudado, inicialmente, sem ser necessário levar em conta a existência de diversos capitais ou as diferenças entre essas frações capitalistas, como faz Karl Marx no Livro I de *O capital*. Isso porque qualquer que seja a forma como os diversos capitais individuais distribuem entre si a mais-valia criada no processo de produção, esses capitais nunca podem repartir mais além da mais-valia total.

Tal repartição – objeto de análise nos demais Livros (II e III) de *O capital* – não pode explicar a origem da mais-valia, pelo contrário, só pode obscurecê-la. No lucro, por exemplo, a mais-valia aparece como se fosse criada igualmente por todas as frações do capital e o próprio capital, em geral, aparece como se fosse fonte de riqueza independente do trabalho.

Por isso, Rosdolsky justifica a metodologia de Marx. Se compreendemos a premissa fundamental da relação capital-trabalho e o papel da extração da mais-valia, devemos partir não da pluralidade de capitais, mas do capital em geral. Só assim é possível desenvolver o conceito mais abstrato de capital.

Mas o ciclo de vida do capital não se limita ao processo direto de produção. Para o capital se renovar, o produto do capital deve se transformar em dinheiro. Por isso, o processo de produção deve ser complementado pelo processo de circulação.

O movimento do capital se converte, portanto, em um circuito no qual aparecem formas novas. Elas se tornam modos de existência dele. Essas formas devem ser entendidas como diferenciações internas à abstração do capital em geral, conforme o Livro I de *O capital*. Em nível inferior de abstração, Marx as apresenta como características particulares de todos os tipos de capital (Livros II e III).

Trata-se da interação recíproca da pluralidade de capitais no percurso do capital pelas diversas fases da circulação. Nesse ponto costuma estar o equívoco da leitura preconceituosa contra os juros. Ela vê o capital circulante (não materialista) como uma "barreira à produção". A circulação exige um tempo para o capital apenas realizar os valores. Nele não se cria mais-valia. Mas é imprescindível ao capitalismo, destacadamente com a diminuição do trabalho empregado no processo de produção robótico e a elevação do trabalho ocupado no processo de circulação.

Para entender o significado de capital improdutivo e fazer uma reflexão sobre gastos com intermediação, vale a releitura da Teoria do Valor-Trabalho de Marx. Ele se refere ao comércio, caracterizando-o como capital improdutivo.

O critério fundamental para definir trabalho improdutivo repousa na conceituação de capital improdutivo. Segundo a teoria do Livro II de *O capital* – "As metamorfoses do capital e seu ciclo" –, o capital passa por três fases em seu processo de reprodução: capital monetário, capital produtivo e capital mercadoria. Veja o esquema a seguir:

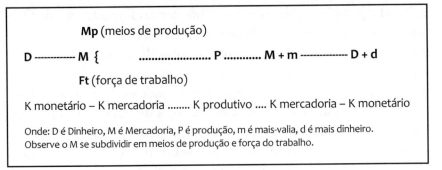

A primeira e a terceira fases representam o processo de circulação do capital. Referem-se à transferência dos direitos de propriedade sobre os produtos ou "metamorfose formal do valor". A segunda fase do processo de produção do capital se refere à criação de bens materiais ou não materiais e à adaptação desses bens aos fins de consumo.

Nesse esquema, o capital produtivo não se opõe ao improdutivo, mas sim ao capital no processo de circulação. O capital produtivo organiza, diretamente, o processo de criação de bens e serviços. Esse processo inclui todo trabalho necessário para a adaptação de bens aos fins do consumo, por exemplo, o armazenamento, o transporte, o empacotamento etc. O capital no processo de circulação organiza a "circulação genuína", a compra e a venda, ou seja, a transferência do direito de propriedade sobre os produtos.

Essa é a base da distinção entre o trabalho empregado na produção e o empregado na circulação. Essa divisão nada tem a ver com uma divisão do trabalho entre mudanças nos bens materiais e o trabalho não possuidor dessa propriedade. Não se trata das diferenças entre os bens materiais agrícolas e industriais e os produtos não materiais de serviços, aqueles fornecidos pelo produtor direto em presença com o consumidor.

Marx distingue o trabalho explorado pelo capital produtivo ou, mais precisamente, pelo capital na fase da produção, e o trabalho explorado pelo capital-mercadoria ou o capital-monetário ou, mais precisamente, pelo capital na fase da circulação. Só o primeiro tipo de trabalho é o produtivo, não pelo fato de produzir bens materiais, mas porque é explorado pelo capital produtivo, isto é, o capital na fase da produção.

Portanto, o caráter produtivo do trabalho é expressão do caráter produtivo do capital. Deduz-se dessa teoria do valor-trabalho marxista o trabalho do vendedor e/ou comerciário não ser produtivo porque é contratado pelo capital comercial, isto é, capital na fase da circulação.

A função da circulação do capital consiste em transferir o direito de propriedade sobre determinado produto; só é transformação da forma mercadoria à forma dinheiro ou, inversamente, só é a realização do valor adicionado, originalmente, no processo de produção. É transição ideal ou formal, porém não real, ou seja, não inclui os processos do transporte, o armazenamento, o empacotamento etc.

Para Marx, então, a lei geral é todos os gastos de circulação responderem simplesmente à mudança da forma da mercadoria – metamorfose formal. Não acrescenta a essa mercadoria nenhum valor. Ele considerou todas as funções reais – transporte, armazenamento etc. – como processos de produção persistentes dentro do processo de circulação. Assim, o trabalho aplicado a esses "processos de produção" é trabalho produtivo criador de valor e mais-valia.

Se o trabalho do vendedor ou do comerciário consiste em levar a cabo funções reais, ele é produtivo. O trabalho do mesmo empregado é improdutivo se serve, exclusivamente, às metamorfoses formais do valor, à sua realização, à transferência do direito de propriedade sobre o produto a certo comprador.

Os gastos com equipamentos para sua loja, a manutenção dos empregados, a contabilidade etc. são utilizados para a transferência do direito de propriedade. Por dedução lógica, são todos gastos típicos de circulação, só relacionados com a metamorfose formal do valor. Esta exige gastos do comerciante e o emprego de trabalho. Nesse caso, é improdutivo, segundo essa argumentação.

Marx, logicamente, não negava a necessidade da fase de circulação, no processo de reprodução do capital. Segundo ele, as fases de produção e de circulação são igualmente necessárias, no processo de reprodução do capital. Porém, isso não elimina as propriedades distintas dessas duas fases do movimento do capital. O trabalho contratado pelo capital na fase da produção e o contratado na fase da circulação são ambos necessários, mas Marx só considerava produtivo o primeiro.

Enfim, a concepção de Marx é diferente das concepções dominantes na Ciência Econômica. Estas se baseiam na "indispensabilidade", "utilidade", o caráter "material" do trabalho etc. Ele dirigiu sua atenção a outro aspecto dos fenômenos. Em vez de utilizar o termo "produtivo", em seu enfoque, talvez o mais adequado teria sido classificar, simplesmente, como "trabalho na produção".

Dessa Teoria do Valor-Trabalho se depreendem alguns princípios:

1. Trabalho de idêntico conteúdo pode ser *produtivo* ou *improdutivo*.
2. O próprio trabalho assalariado, se não é empregado para gerar mais-valia, no processo de produção, não é produtivo, no sentido da definição dada: *todo trabalhador produtivo é assalariado, mas nem todo assalariado é produtivo*.
3. O trabalho produtivo, assim definido, também abrange *a produção "não material" de serviços*.
4. Não se pode falar em trabalho produtivo quando se trata de relação social em que o *trabalho autônomo* por conta própria, por exemplo, se subordina ao capital comercial, ou seja, ocorre a exploração do capital comercial sobre produção pré-capitalista, não em sentido histórico, mas informal, isto é, *não formalmente capitalista*.
5. O trabalho do funcionário público (empregado do governo) *não é produtivo*, porque está organizado sobre Princípios de Direito Público e não em forma de empresas capitalistas privadas.

Não se pode classificar Marx como neoliberal pelo reconhecimento do governo como improdutivo...

Releitura de *O método da Economia Política*

Desde o primeiro parágrafo de *O método da Economia Política*, Karl Marx destaca a divisão da população em classes sociais e não em indivíduos e seus comportamentos. Contrasta com a *boutade* de Jorge Luis Borges: "existem somente os indivíduos: tudo o mais – as nacionalidades e as classes sociais – é mera comodidade intelectual".

Para Marx, "se começasse pela população, haveria de início uma representação caótica do todo, e só através de determinação mais precisa se chegaria analiticamente, cada vez mais, a conceitos mais simples". Hoje, com a Teoria do Caos, não teríamos melhores condições teóricas de analisar essa representação caótica do todo, partindo das interações sinergéticas dos comportamentos individuais?

Gentil Corazza, ao apresentar *Uma introdução ao Método da Economia Política* (1996), afirma:

> [...] partindo do concreto representado, chegaria a abstratos sempre mais tênues, até alcançar, por fim, as determinações mais simples. Dali, a viagem recomeçaria pelo caminho de volta, até que reencontrasse finalmente a população, não já como a representação caótica de um todo, e sim como uma rica totalidade de muitas determinações e relações.

Não é possível a inversão: quando os marxistas "estarem indo", os comportamentalistas "estarem vindo"? Em outros termos, partir da experimentação com indivíduos, catalogação de seus vieses heurísticos, formulação de hipótese de interação e/ou comportamento mimético, observação da sinergia, e deduzir, então, a complexidade ou o caos determinístico. Essa trajetória se afasta das condições iniciais.

Dois passos são distinguidos por Marx. O primeiro sai do todo concreto e chega ao conhecimento abstrato de suas partes. O segundo vai das abstrações feitas pelo pensamento para retornar ao todo concreto, agora reconstruído pelo pensamento.

Em resumo, a *abstração* é o caminho pelo qual o pensamento se apropria da realidade. Mas o conhecimento abstrato é insuficiente para captar toda a realidade, pois é apenas conhecimento de partes, isto é, dos fenômenos isolados. Seria apenas o conhecimento da aparência da realidade e não da essência de seu todo. A abstração é só um meio, não é o fim do conhecimento. O conhecimento analítico da realidade, de acordo com Marx, só é possível se as partes, abstraídas do todo pelo pensamento, forem rearticuladas ao todo concreto.

Nesse sentido, à Economia Comportamental, composta de Teorias das Decisões, falta justamente a análise macroeconômica da resultante dessas decisões individuais interagindo entre si. O Método da Economia Política sugere esse movimento: o caminho de volta. E a

Economia da Complexidade lhe dá a visão holística capaz de lhe guiar na rede de relacionamentos.

O destino do método científico dialético, em sua última passagem, parte do abstrato para chegar ao concreto pensado. Na verdade, o verdadeiro ponto de partida é a realidade sensível. Marx está se referindo ao último momento da exposição, quando foi precedido por todo um trabalho de investigação, momento em que são feitas as abstrações. É também o ponto de partida das investigações a respeito dos vieses heurísticos dos indivíduos, realizadas pelas Finanças Comportamentais.

A *hipótese* (abstração) e a *síntese* (concretude) formam um único método de conhecimento. Ir *do abstrato ao concreto* sem ir, no mesmo conjunto de reflexões, anteriormente, *do concreto ao abstrato*, fazendo a crítica das abstrações, levaria a um conjunto puramente racionalista e idealista de abstrações. Por sua vez, ir *do concreto ao abstrato*, sem levantar nenhuma hipótese, não constrói uma teoria, mas simplesmente um conjunto de abstrações desordenadas. Por esse motivo, salienta Corazza, "as abstrações devem ser feitas a partir de um Princípio Unificador, uma pressuposição da existência e uma determinada concepção de *O Todo*".

Logo, cada passo da análise e da abstração deve ter em conta, desde o início, esse Todo. Ele ultrapassa a intuição e a representação. No caso da Macroeconomia Comportamental, O Todo não seria uma realidade complexa e caótica, cujo percurso dinâmico passa por inflar e estourar bolhas de ativos?

Evidentemente, não é uma situação de permanente equilíbrio estável. Um pensamento sistêmico não se permitiria interpretar as interações sinergéticas entre "átomos" (indivíduos heterogêneos) dotados de "alma" (e mentes cerebrais) plena de vieses heurísticos, incapazes de interpretar e antecipar esse Todo complexo e caótico. Seus comportamentos os levam a cometer erros, recorrentemente, produzindo eufóricos (e maníacos) "efeitos-riqueza" seguidos de dramáticos (em seus pânicos) "efeitos-pobreza".

Martin Wolf (*Financial Times*, 21/03/18) resumiu bem a questão:

> Talvez nunca entendamos como tais sistemas complexos – animados, como são, por desejos humanos e por mal-entendidos – funcionam de fato. Isso não significa que tentar melhorar a compreensão seja um exercício fútil. Ao contrário, isso é importante. Mais importante, porém, é nos concentrarmos em duas outras tarefas. A primeira é como tornar o corpo econômico mais resistente às consequências de manias e pânicos. A segunda é como restaurar sua saúde o mais rápido possível.

Método de análise interdisciplinar

Homo sapiens e finanças comportamentais

"O *postulado da racionalidade* é, provavelmente, falso [...]. Os psicólogos experimentais demonstraram que o comportamento individual, sistematicamente, viola a racionalidade", afirmou Mark Blaug, em seu clássico livro, *Metodologia da economia* (1993: 319). Esse autor dá como exemplo de tais "anomalias" a subavaliação sistemática dos custos de oportunidade por parte dos indivíduos. Não se contabiliza, precisamente, o dinheiro perdido em oportunidades passadas.

Os economistas ortodoxos reagem muitas vezes mal com relação à evidência de tais anomalias. Por exemplo, quanto ao comportamento individual, as anomalias são explicadas por eles como resultado da natureza artificial da evidência laboratorial. O motivo da divergência entre psicólogos e economistas a respeito da ação econômica racional das pessoas estaria, provavelmente, no procedimento científico negligente dos primeiros. Eles enganam os participantes da pesquisa ao não lhes explicar a verdadeira intenção do experimento.

Os psicólogos observam um comportamento apenas uma vez. Dispensam novas medições com o mesmo grupo de pessoas. Com isso, não enxergam como elas são capazes de aprender com a repetição dos eventos. Agir irracionalmente na primeira vez não implica se comportar da mesma forma em outras vezes, afirmam os economistas racionalistas.

Os psicólogos consideram essas críticas injustificadas. Alguns temas simplesmente não poderiam ser estudados sem omissões. Não seria possível checar, por exemplo, posturas encobertas se os pesquisadores revelassem seus reais motivos como experimentadores. O método de investigação adequado seria algo similar ao teste de reação a medicamentos com o uso de placebos.

Seria também razoável deixar os participantes decidirem apenas uma única vez em seus experimentos. A vida é composta de inúmeras "oportunidades únicas". Nem sempre há a chance de repetir tudo várias vezes até aprender com os erros. "Cavalo selado não passa duas vezes."

Quando a evidência empírica se refere não a experimentos de laboratórios de psicologia, mas a comportamento coletivo ou agregado do mundo real, o argumento ortodoxo é as anomalias serem distribuídas ao acaso. Hipoteticamente, os mercados competitivos tendem a eliminá-las ao longo do tempo via arbitragem. Aproveitam as oportunidades das más precificações.

É comum se pensar na expressão "sobrevivência do mais apto" como parte da teoria de seleção natural de Charles Darwin (1809-1882). Contudo, ela não é originária dela, mas sim de seus divulgadores. Eles a vulgarizaram como a forma mais simples de explicar suas ideias ao público. Em 1852, Herbert Spencer (1820-1903) começou a tratar a sociedade humana de maneira sujeita ao processo de seleção natural, assim como as espécies selvagens. Em sua opinião, a sociedade e o mundo natural podiam ser vistos através da mesma ótica científica.

Afirmou Robert Winston (2006: 225), em seu livro *Instinto humano*:

> Para Darwin, o "mais apto" era o organismo biologicamente adequado a seu ambiente em qualquer tempo. Spencer, estendendo o modelo para a civilização humana, acreditava que o mais apto era aquele mais adequado à sua sociedade, o que para ele significava ter qualidades mentais, morais e físicas mais desenvolvidas. [...] Ele dizia, se a seleção natural não fosse limitada por regras, os membros "mais inaptos" da sociedade seriam eliminados na competição por recursos. Quem não tivesse dinheiro, educação, força de vontade ou talento seria eventualmente ultrapassado por membros mais férteis e bem-sucedidos da sociedade.

Na realidade social e demográfica, no entanto, os cidadãos mais férteis não pertenciam às classes mais altas. Os membros da chamada elite moral e intelectual casavam cada vez mais tarde e tinham relativamente menos filhos. Logo, suas riquezas materiais, intelectuais e físicas não se espalhavam pela população. Pelo contrário, os menos dotados estavam se reproduzindo de modo desproporcional à sua "adequação". Em desespero para defender sua "tese", Spencer lutava contra quaisquer tentativas de o governo (ou de alguém mais) ajudar as classes mais pobres, pois, se as deixassem sem proteção social, elas se extinguiriam naturalmente:

> Suas ideias se adequavam a uma sociedade empreendedora e iam ao encontro das necessidades dos novos capitalistas norte-americanos. [...] Graças a Spencer, ninguém precisava se sentir culpado por sua boa sorte pessoal. O homem rico era o beneficiário inocente de sua própria superioridade. A riqueza pessoal devia ser protegida e nenhum governo poderia interferir sem inibir o processo pelo qual a raça humana estava progredindo. (Winston, 2006: 226-7)

Pior ainda, esse "darwinismo social" canhestro desembocou, em 1883, na fundação por Francis Galton (1822-1911), primo de Charles Darwin, do *movimento eugênico* dedicado à purificação genética da sociedade e ao aperfeiçoamento da raça humana. A Teoria da Seleção Natural foi subvertida para apoiar preconceitos sociais extremos: racismo, esnobismo intelectual e nacionalismo mal dirigido estavam na base da *eugenia*, uma mixórdia pseudocientífica:

> Os darwinistas sociais também estavam errados ao sugerir que a seleção natural deveria agir como um guia para a forma como deveríamos viver. Esse é um exemplo da chamada "*falácia naturalista*". Não há qualquer razão lógica que indique que há algo moralmente válido no processo de seleção natural; este é, por natureza, um processo biológico baseado em mutações aleatórias, moralmente neutro. (Winston, 2006: 232)

Os pesquisadores das finanças comportamentais já acumularam observações empíricas suficientes para criticar a crença ortodoxa. A concorrência, nem mesmo em mercados financeiros, não consegue eliminar todas as anomalias observadas no nível dos indivíduos quando interagem no âmbito do sistema complexo. Os preços dos ativos financeiros não convergem para seus valores fundamentais, instantaneamente, em função da arbitragem. O mercado está distante da perfeição suposta pela Hipótese do Mercado Eficiente.

Os investidores não se comportam sempre como seres racionais e sem nenhuma influência emocional. Tomam decisões sob o *stress* de escolher os melhores ativos para alocar sua sobra de renda em busca de retorno em um futuro incerto. Não conseguem aplicar a teoria das probabilidades de forma calculista e fria às suas escolhas financeiras. Como poderiam fazer isso se a amostra probabilística de eventos aleatórios e interdependentes no futuro não é dada ou conhecida no presente?!

As decisões costumam ocorrer sob condições complexas, desconcertantes ou indistintas, sem tempo para calcular, objetivamente, as probabilidades. Os seres humanos costumam se ver, pessoalmente, acima da média em habilidade, inteligência, visão, experiência, refinamento, iniciativa e capacidade de cálculo. No entanto, por definição, todos não podem estar acima da média.

Nova Economia Institucional e Economia Comportamental

Mais diálogo e maior integração são necessários, tanto dentro da Ciência Econômica, quanto entre diferentes disciplinas das ciências sociais, para levantar explicações para a conformidade dos agentes com regras institucionais existentes na vida econômica. A Nova Economia Institucional (NEI) tenta adicionar contribuições de diferentes vertentes da Economia, bem como de outras disciplinas. A principal questão, cuja resposta é discutida por ela, é: o que leva os agentes individuais ou coletivos, inclusive aqueles em busca de um ganho pecuniário, a seguir uma regra institucional econômica existente?

Diante dessa questão, a NEI enfoca as instituições. Elas não são necessariamente organizações formais, embora muitas instituições estejam dentro dessas organizações. As instituições, incluindo as informais, são muito mais generalizadas e importantes nos mercados do que a percepção costumeira dos economistas. Eles não reconhecem os mercados como conjuntos de instituições.

Instituições, por um lado, emergem através do aumento do número de adeptos de uma determinada regra, embora institucionalização e difusão não sejam as mesmas coisas. Por outro, a conformidade com uma instituição pode ser mero resultado de um hábito socialmente difundido. Não se trata, muitas vezes, de uma decisão consciente de agir ou pensar de maneira particular.

Não devemos negligenciar o papel de hábitos e processos subconscientes. Eles se manifestam em muitos casos de conformidade com as instituições. Nem todos os agentes econômicos, nem alguns durante todo o tempo são "escravos de hábitos". Hábitos não são apenas frutos de pensamentos automáticos, pois muitas vezes resultam da repetição de pensamento e ação consciente. Logo, embora os hábitos possam ser, de fato, um fator conservador, eles também podem liberar a atenção para ser utilizada em escolhas conscientes, seja para desviar-se, seja para conformar-se.

Assim, as pessoas costumam seguir algumas instituições de forma consciente. Mas, em muitos casos, seguem sem ter consciência do caráter institucional de seu comportamento e de suas regras mentais. A lógica da ação é um conjunto de regras socialmente compartilhadas e recorrentes de pensamento e comportamento, ou seja, os modelos mentais e as regras de comportamento.

Nesse ponto, o conceito psicológico de vieses heurísticos, adotado pela Psicologia Econômica ou Economia Comportamental, pode completar o raciocínio anterior. Os investidores confiam em regras simplificadoras, baseadas em falsas generalizações, para tomar suas decisões práticas. A maioria dessas "regras de bolso" é inconsistente. Por isso, têm crenças enviesadas. Eles têm sua percepção sobre o risco e sobre o retorno de investimento bastante dependente da forma como o problema é apresentado. Portanto, o viés heurístico e a dependência da forma podem tornar o mercado ineficiente. Nesse caso, o apreçamento se distingue do valor fundamental de cada ativo esperado pela sabedoria convencional dos economistas.

A partir dos anos 1960, a Psicologia Cognitiva estudou o processo mental por trás do comportamento habitual dos agentes econômicos. Teceu críticas ao pressuposto da racionalidade completa e destacou a importância dos fatores emocionais nas tomadas de decisão. Nos anos 1970, os psicólogos Daniel Kahneman e Amos Tvesky explicaram as anomalias, devido à racionalidade limitada, contrapondo-se desta forma aos axiomas da Teoria da Escolha Racional.

Criei um mnemônico útil para facilitar a memorização dos dez vieses heurísticos: ERRADO PSDA. Um tucano confirmaria: "está errado mesmo!" Um petista retrucaria: "Tanto faz, está errado seja como PSDA, seja como PSDB". A maioria silenciosa acharia "ser este um falso problema". O importante é todos se lembrarem de maneira fácil das primeiras letras dos vieses:

1. **E**xcesso de confiança – sempre acertar em comprar antes da alta e vender antes da baixa;
2. **R**eação exagerada – euforia pela nova era, pânico na fuga do *crash*;
3. **R**epresentatividade – avaliação de probabilidade baseada em uma única opinião alheia de suposta "autoridade" não representativa;
4. **A**ncoragem – "valor do investimento inicial a gente nunca esquece";
5. **D**isponibilidade – "a memória é curta e seletiva", logo, imagina-se a disponível de imediato na mente ser a relevante;
6. **O**timismo – "todos se consideram acima da média";
7. **P**erseverança – validação ilusória através de "confirmação exclusiva com quem pensa igual" leva a perseverar no erro de avaliação;
8. **S**imilaridade – "semelhança com a verdade não é o mesmo que verdade";
9. **D**iversificação ingênua – preferência pelo familiar ou conhecido e seleção da carteira de ativos baseada na "regra 1/n";
10. **A**versão à ambiguidade: evitar a responsabilidade de tomar decisões arriscadas apoiando-se em um "bode expiatório ou *recall* psicológico".

Pequenas diferenças no código genético resultam em comportamentos humanos instáveis e imprevisíveis. As possibilidades de comportamento diárias são infinitas, pois ele está sujeito às ações de muitas forças biológicas, cognitivas e culturais. Algumas se anulam, outras se reforçam na mesma direção. Possuímos *mecanismo adaptativo* ao ambiente natural e social.

É possível ter um modelo para predizer comportamento se há muitos fatores envolvidos? Humanos, aparentemente, têm livre-arbítrio. Sem limites, a explicação de grande parte do comportamento humano torna-se um processo extraordinariamente complexo. É produto de muitos fatores diferentes – instintivos, psicológicos, racionais ou emocionais – e a predição se torna impossível. A aleatoriedade é parte intrínseca de nossas características neurais.

Lógicas de ação são instrumentos úteis para o estudo do comportamento individual e coletivo. Circunscrevem as múltiplas ações individuais.

Os economistas não devem só focar na lógica do mercado, mas sim devem abrir a sua disciplina para outros tipos de consideração referentes às demais lógicas – familiar, cívica, religiosa, militar etc. São relevantes para a compreensão de questões econômicas. Pesquisa sobre este tema é essencialmente multidisciplinar. Há vários domínios de ação, envolvidos em uma dada situação social, aos quais a noção de lógica pode aplicar.

Metodologia da Economia Comportamental e Complexa

Se as Finanças Comportamentais compõem uma Teoria das Decisões, ela é microeconômica. Qual seria a Macroeconomia resultante dessa Economia Comportamental? Esse é um desafio teórico. Em sistemas dinâmicos complexos, determinados resultados emergentes, em função de suas múltiplas variáveis interagentes, podem ser instáveis quanto à evolução temporal. Resultados incertos são causados pela ação e pela iteração de elementos constituintes de forma praticamente aleatória.

Essa instabilidade dos resultados ocorre mesmo em sistemas determinísticos, os quais têm resultados determinados por leis de evolução bem definidas. Eles apresentam uma grande sensibilidade a perturbações ("ruídos") e erros. Isso leva, na prática, a resultados imprevisíveis ou aleatórios, ocorrendo ao acaso. Mesmo em sistemas nos quais não há ruído, pequenos desvios entre a condição inicial e o estado atual do sistema podem ser amplificados pela não linearidade ou pelo grande número de interações entre os componentes, levando a resultado aleatório. É o chamado Caos Determinístico do "efeito borboleta".

Sistemas complexos criados pelo homem tendem a desenvolver cadeias descontroladas de reações. Elas eliminam a previsibilidade.

Os sistemas complexos estão cheios de interdependências – difíceis de se detectar – e de respostas não lineares. Não se percebe como esses sistemas funcionam observando apenas suas partes isoladas. Não devemos extrapolar da microeconomia os fenômenos macroeconômicos. Há sério risco de recair no sofisma da composição: a macroeconomia não é uma mera agregação do observado no nível dos indivíduos e/ou das empresas.

Tem-se sinergia com a associação concomitante de vários agentes executores de ações de maneira mimetizada. Mesmo não sendo coletivamente racional, tal como a camuflada em um comportamento de manada, o somatório de esforços contribui em prol do mesmo fim: a maximização de ganho de capital seguindo a tendência de alta da cotação ou "o líder". O efeito da retroalimentação resultante da atuação conjunta desses agentes, em geral, é um valor de mercado superior ao valor observado se cada qual atuasse, individualmente, na precificação. A cotação descola dos fundamentos em situações de "bolhas". Novamente, "o todo supera a soma das partes".

Análise macroeconômica consiste no exame detalhado sobre determinado fenômeno sistêmico. Observa todos os pormenores de cada parte de um todo. A análise combinatória se refere a um conjunto de possibilidades, passível de contagem. Ultrapassa largamente uma soma simples das unidades. Determina o número total de possibilidades de um evento ocorrer pelo produto – e não pela soma.

Em uma permutação simples, os componentes do agrupamento mudam de ordem, ou seja, de posição. Ao mudar os elementos de posição, isso causa diferenciação entre os agrupamentos. Pode haver também permutação entre alguns elementos componentes do evento experimental ao ser repetido.

As propriedades de um sistema, inclusive os agrupamentos sociais compostos por seres humanos, não podem ser explicadas apenas pela soma dos seus componentes. Segundo o holismo, o sistema complexo como um todo emerge das interações entre suas partes.

Esse método de análise interdisciplinar vê o mundo como um todo integrado, como um organismo. O holismo é contrário ao reducionismo do pensamento cartesiano. Também é o oposto do atomismo ou mesmo do materialismo.

A abordagem sistêmica foi desenvolvida a partir da necessidade de explicações complexas exigidas pela ciência. Visão sistemática é a capacidade de identificar as ligações de fatos particulares do sistema como um todo.

O pensamento sistêmico não nega a racionalidade científica, mas acredita que ela não oferece todos os parâmetros necessários e suficientes para o desenvolvimento humano. Por isso, deve ser desenvolvida conjuntamente com a subjetividade das artes e das diversas tradições culturais. Exige a interdisciplinaridade de ciências exatas, naturais, sociais e humanas.

Ontologias são utilizadas como uma forma de representação de conhecimento sobre o mundo ou alguma parte deste. Geralmente, descrevem indivíduos, classes, atributos e relacionamentos. Uma Macroeconomia Comportamental não pode ser apenas holística, pois exige construir sua ontologia. Por exemplo, em Sociologia, quando um indivíduo busca se diferenciar do grupo ao qual ele pertence, chama-se *individualização*.

Por isso é difícil deduzir uma macroeconomia diretamente de fundamentos microeconômicos estabelecidos nas descobertas da Neuroeconomia. Entre outras, os agentes para suas tomadas de decisões levam em conta a contextualização e/ou o enquadramento. Nem sempre eles seguem uma única racionalidade para análise do mesmo problema. Eles analisam o cenário macroeconômico esperado em dependência das circunstâncias vivenciadas. Certamente, em crise, não esperam a reversão para um equilíbrio geral. Vislumbram a evolução se aproximar mais de uma dependência de trajetória caótica, afastando-se cada vez mais das condições atuais. O conhecimento da Teoria do Caos seria mais oportuno em lugar do Modelo de Equilíbrio Geral.

Reconhecer o contexto social e o caráter institucional da economia, juntamente com suas transformações pelos indivíduos, extrapola tanto a microeconomia quanto a macroeconomia. Ao mesmo tempo, esse reconhecimento é fundamental para um melhor tratamento de ambas.

O relacionamento entre essas partes se dá em uma espécie de "via de mão dupla", tanto com "causação para cima", quanto com "causação para baixo". O todo é a Economia Comportamental, ou melhor, devemos tratar a Economia como um Sistema Complexo.

Modelo de Economia Comportamental ou Psicologia Econômica

Um desafio para os economistas é: como passar da diversidade comportamental microeconômica dos agentes econômicos para uma visão de resultante sistêmica macroeconômica? Qual é o significado desta, representada uma média ponderada comportamental? Nenhum, pois raramente há uma predominância sistêmica tipo "equilíbrio entre comportamentos ponderados compensatórios".

Há quase sempre dinâmica conflituosa de comportamentos, gostos, preferências, interesses etc., não? Há, evidentemente, *viés de alta* e *viés de baixa*. Isso não permite dizer sempre: "a manada se comporta de maneira homogênea seguindo atrás de um líder". Cabe em raro caso de "estouro da boiada" e daí confirmação do risco sistêmico. Este é aquele cuja diversificação de portfólio não mitiga. Inflam e desinflam em simultâneo os valores de mercado de todos os ativos – formas diversas de manter riqueza.

Os economistas não chegam a lugar algum ao procurar um equilíbrio, fruto de uma média ponderada entre comportamentos distintos. Há uma quase uniformidade nos comportamentos apenas em estados de euforia ou de pânico. Fora isso, existe uma heterogeneidade móvel de vieses, preferências etc. O desafio está em analisar uma macroeconomia dinâmica e não uma economia de equilíbrio estável.

Esse equilíbrio geral e estável é uma idealização metodológica. Parte de três premissas: racionalidade do *homo economicus*, atomismo dos agentes econômicos (incapazes de fixar preços, ou melhor, de impedir a flexibilidade de preços) e informações perfeitas acessíveis a todos. Não há nenhuma vantagem informativa ou assimetria de informações em função da divisão de trabalho ou especialização setorial. Supõe-se então, em situação de livre mercado, alcançar esse nirvana.

São realistas essas premissas? Em abstração teórica, não se trata do realismo das hipóteses. Todas elas, por definição, fazem uma repartição da realidade. Nesse sentido, são todas abstratas ou não realistas. Importante, *ex-post*, após os fatos transcorridos, é se o teste das hipóteses através de suas derivações teóricas obtém satisfatória aderência estatística à realidade.

Dentro dessa metodologia, a idealização do Modelo de Equilíbrio Geral por um teórico neoclássico, no final do século XIX, é usada até hoje e em todos os lugares por tributários desse *mainstream* de pensamento econômico. Serve para uma denúncia ideológica poderosa entre seus adeptos: os fatores políticos e institucionais, impedindo o livre funcionamento do mercado, obstaculizam o equilíbrio geral. Nessa condição hipotética, haveria uma compatibilização do sistema de forças antagônicas atuantes na produção, troca e circulação de bens e serviços.

Como a moeda entra nesse modelo de maneira neutra, apenas para facilitar as trocas, tal como um óleo lubrificante das engrenagens econômicas, a oferta monetária, validando o equilíbrio entre a demanda agregada monetizada e a oferta agregada de bens e serviços, não seria inflacionária. Seriam as condições exógenas ao âmbito dessa modelização, tais como os conflitos sociais e políticos e suas respostas institucionais sob forma de sindicatos e partidos, via suas mediações por O Governo, os obstáculos interventores naquela atuação ótima de O Mercado.

A visão mundana, evidentemente, conflita com essa visão idílica. Os vieses heurísticos dos agentes econômicos e sua dependência da forma de apresentação das decisões financeiras levam à ineficiência do mercado. Os preços dos ativos não se ajustam, eficientemente, nem no longo prazo, ao esperado pela análise fundamentalista. As Finanças Comportamentais, no entanto, mostram ser possível criar um modelo teórico coerente, fundamentado firmemente em Psicologia e Economia. Ele pode explicar o padrão complexo de resultados empíricos na área de Finanças.

Levantemos a hipótese de o mercado de câmbio ter apenas dois tipos de investidores:

1. os investidores *racionais*, que se comportam como o *homo economicus* idealizado; e
2. os investidores *quase-racionais*, isto é, pessoas comuns em busca de tomar boas decisões práticas, mas cometem muitos erros previsíveis, portanto, evitáveis.

Suponhamos também a existência só de duas moedas, dólar e real. Elas teriam determinados valores de mercado bem fundamentados em termos de:

1. paridade entre o juro interno e o externo;
2. o saldo das transações correntes do balanço de pagamentos; e
3. a paridade entre poderes de compra doméstico e em país estrangeiro.

Alterando as circunstâncias exógenas, por exemplo, com súbita expectativa de mudança da política monetária nos Estados Unidos, os *quase-racionais* antecipam a expectativa de o dólar ter, desde logo, valor superior ao do real. Essa opinião pode mudar, pois eles mudam suas mentes volúveis. Enquanto isso, os *racionais* esperam o dólar e o real manter a paridade bem fundamentada.

Quais condições são necessárias para assegurar os preços dessas moedas serem os mesmos, como deveriam ser, caso o mercado de câmbio tivesse apenas investidores racionais?

Essa questão é complexa, mas algumas dessas condições essenciais são as seguintes.

Primeiro, em termos de valor predominante, tal mercado não poderia ter muitos *quase-racionais*, senão os *racionais* ficariam marginais.

Segundo, o mercado deveria permitir a venda em curto prazo sem dificuldade. Então, se os preços estivessem muito elevados, os *racionais* poderiam trazê-los para baixo.

Terceiro, somente os investidores *racionais* poderiam vender em curto prazo. Senão, os *quase-racionais* venderiam o real, quando os dois preços estivessem se aproximando da antiga paridade. Eles acreditam ser o dólar agora mais valioso em relação ao real. O resultado não alcançaria o equilíbrio fundamentado.

Quarto, em alguma data futura, a verdadeira relação entre dólar e real deverá tornar-se clara para todos os investidores.

Quinto, os *racionais* deverão ter horizonte longo o suficiente para aguardar essa data.

Entretanto, a dedução desse modelo é que essas condições para convergência a um equilíbrio do mercado resistem em ser alcançadas na realidade.

Pesquisadores em Economia Comportamental (ou Psicologia Econômica) apontam essa influência dos fatores individuais, abandonando a uniformidade comportamental, suposta pela "racionalidade genérica" do *homo economicus*, no momento de escolher. Há fatores variantes também entre grupos sociais no tocante à capacidade de suportar frustrações, ao tamanho das ambições e à visão de curto ou de longo prazo. Por isso, os elementos psicológicos, assim como os filosóficos e os sociológicos, fazem parte dos estudos contemporâneos de Economia Comportamental.

Sofisma da composição

O criador do Bradesco, Amador Aguiar, segundo reza a lenda bancária, se vangloriava de nunca ter lido um livro de Economia. Justificava-se: "Para não cometer erros".

Um homem de negócios pode aprender Economia sem estudá-la? Pode, sim, aprender, na "escola da vida", a fazer negócios. Quando faz um, se dá certo, repete a decisão, se dá errado, lembra-se do lugar-comum: "repetir erro não é humano". Exceto no caso do segundo casamento, quando acontece a vitória da esperança sobre a experiência, uma decisão movida pela paixão cega.

Autores das Finanças Comportamentais aplicaram as descobertas das neurociências em investigações das mentes dos investidores. Essa "escola da vida" ensina apenas "regras de bolso". Estas constituem *vieses heurísticos*, levando-os a cometer (e repetir) erros.

São comportamentos equivocados, tais como ter excesso de confiança em si próprio, reagir exageradamente, utilizar regras intuitivas de probabilidades sem perceber que sua experiência não é representativa, perseverar em defesa de hipótese equivocada ao confirmá-la só com validações ilusórias, acreditar conhecer um evento por ser parecido com alguma experiência prévia vivida, arbitrar algum valor qualquer de referência para realizar suas avaliações, buscar na memória a disponibilidade imediata de alguma informação relevante, não considerando a memória curta.

Um conhecimento específico dos economistas é contraintuitivo e adquirido apenas com o estudo sistemático: a *Macroeconomia*. Esta é a resultante sistêmica incerta da pluralidade de decisões descentralizadas, descoordenadas e desinformadas umas das outras. Ao longo do último quarto de milênio, os teóricos do funcionamento do sistema capitalista buscaram interpretar alguns eventos macrossociais. Só observando o conjunto podem ser percebidos.

Os multiplicadores, tanto o de renda, quanto o monetário, são exemplos de fenômenos macroeconômicos. Geralmente, os homens de negócios os desconhecem. O multiplicador de renda é um tipo de multiplicador de gastos. Segundo esse conceito macroeconômico, uma variação nos gastos autônomos (investimento, gasto governamental ou exportações líquidas) induz a uma variação no valor agregado (renda composta de salário, lucro, juro e aluguel) superior à variação inicial nos gastos. Por sua vez, o sistema bancário como um todo (não o banco isoladamente) multiplica a quantidade de moeda à medida da concessão de diversas rodadas de empréstimos com a progressiva captação do lastro monetário. O suprimento de moeda cresce com o uso, ou seja, as fontes de financiamento expandem-se por meio do endividamento.

Uma revolução de John Maynard Keynes no pensamento econômico foi sua descoberta do "paradoxo da parcimônia". A frugalidade, pregada como virtude individual, se for generalizada, provocará queda das vendas, capacidade produtiva ociosa, queda dos investimentos e, afinal, uma diminuição da renda agregada, ou seja, contraditoriamente, queda da própria poupança macroeconômica constatada *ex-post*.

Outra observação revolucionária dele foi a de o desemprego surgir quando o impulso para os gastos dos contratantes de mão de obra não for suficiente para justificar a contratação de toda a população economicamente ativa em busca de emprego. Isso ocorre quando a demanda efetiva é deficiente. Se ela não é suficientemente grande para capacitar os empreendedores a obter lucro através da potencial utilização do trabalho dos desempregados há desocupação. Em termos macroeconômicos, o desemprego não depende da flexibilidade dos trabalhadores em aceitar redução dos salários ou de eles se capacitarem profissionalmente. O emprego depende de decisões de gasto dos capitalistas.

O "sofisma da composição" é uma espécie de vício de pensamento no qual a nossa mente foca um aspecto do conjunto em detrimento de todo o resto desse conjunto. A imagem na qual o sentido visual informa à mente é, em princípio, o que ela própria quer ver. A mente humana sempre formata suas representações da realidade segundo suas crenças, valores, desejos etc. Em Macroeconomia, o sofisma da composição designa um falso raciocínio em que o todo é "julgado" quando se vê apenas uma de suas partes.

Um exemplo contemporâneo disso, quando se generaliza ao todo a verdade para apenas uma parte, pode ser o diagnóstico do grande desemprego de jovens na Espanha. Um conservador, certamente, responsabiliza as conquistas sociais do *Welfare State*. Denuncia-as por, quando um trabalhador for desempregado, ele ter garantido a receber salário durante 36 meses. Se for um grupo de trabalhadores, a empresa tem de negociar com o sindicato quais serão os mecanismos de compensação. Segundo o neoliberal, com esse "risco trabalhista", em crise, dificilmente, contratam-se novos empregados.

Nem sempre um princípio considerado válido para um agente econômico, individualmente, será válido também para a economia como um todo. No caso citado, durante a bolha imobiliária na Espanha, os direitos sociais não foram considerados obstáculos às contratações de mão de obra. Agora, quando ela explodiu, a indústria de construção civil e seus fornecedores de insumos estão com capacidade produtiva ociosa e dizem ter dificuldade para demitir gente. Não se ajustam e, portanto, não têm previsão de tão cedo contratar jovens que buscam emprego.

As decisões capitalistas de investimento dependem de incentivos, como a plena utilização da capacidade produtiva e a expectativa otimista de lucros. Um desemprego massivo e o corte de direitos sociais, certamente, agravarão a queda da demanda efetiva. Salário é, ao mesmo tempo, custo e demanda. Se as empresas ganharem pelo lado do corte de custos, perderão pelo lado da queda da demanda agregada.

Enfim, se fosse fácil, lógico e racional, sem nenhum conflito de interesses, a crise europeia já teria se resolvido na ótica neoliberal. Mas o impasse entre a preservação ou a derrubada de conquistas sociais permanecerá enquanto não se definir clara hegemonia política entre os sociais-democratas e os neoliberais. Há resistência social contra estes.

PARTE II
TEORIA APLICADA COM OUTRAS ÁREAS DE CONHECIMENTO (O QUERER)

História Econômica ou Economia Evolucionária

Breve história da humanidade

Minha *memória literal* (capacidade de recordar nomes e datas) está diminuindo, mas o cérebro na minha faixa etária mantém a *memória de essência*. Tem a capacidade de compreender e recordar os grandes temas subjacentes à visão sistêmica, enquadrando-os dentro de um panorama geral. Para as células do cérebro não desaparecerem no processo normal de envelhecimento, precisamos exercitá-lo sempre. Bom exercício consiste na análise e na memorização relacional de datas-chave da breve história da humanidade.

A data da indicação de Júlio César como ditador perpétuo (44 a.C.) encerrou os 500 anos de existência da República Romana. Demarcou a transição da República para o Império Romano, o primeiro Ocidental. Em 395, o Império foi dividido pela última vez. O Império Romano do Ocidente acabou em 476, quando Rômulo Augusto foi forçado a se render ao chefe militar germânico Odoacro. O Império Romano do Oriente, conhecido como Império Bizantino, chegou ao fim em 1453, cerca de mil anos depois, com a invasão da cidade de Constantinopla pelos turcos otomanos.

Enquanto isso, na China, o forte sentimento popular hostil ao governo estrangeiro levou a rebeliões camponesas. Terminaram por repelir os mongóis de volta às estepes e a instituir a Dinastia Ming em 1368. Durante o governo mongol, a população chinesa havia sido reduzida em 40%, para um total estimado em 60 milhões de pessoas. Dois séculos depois, a população dobrara de tamanho, resultando em maior urbanização e divisão do trabalho.

A China do início da Dinastia Ming não se isolou. O comércio exterior e outros contatos com o mundo externo cresceram bastante. Mercadores chineses exploraram todo o Oceano Índico e atingiram a África Oriental com as viagens de Zheng He. Isso ocorreu muito antes de Vasco da Gama dobrar o Cabo da Boa Esperança.

O Imperador Yongle foi o terceiro da Dinastia Ming da China, reinando entre 1402 e 1424. Seu nome significa "felicidade perpétua". Ele é até hoje largamente reconhecido como o maior imperador da Dinastia Ming. É um dos mais bem quistos imperadores da história chinesa. Ele mudou a capital de Nanquim para Pequim, onde construiu a Cidade Proibida e foi completada a monumental Enciclopédia Yongle. Também comissionou as viagens exploratórias de Zheng He.

Durante todo o seu reinado, a expansão chinesa baseou-se na exploração marítima, negociação com portos em toda a Ásia e manipulação de regentes locais para governantes favoráveis aos interesses comerciais chineses. Depois, a China fechou-se e extinguiu sua Marinha. A autossuficiência, a xenofobia e a introspecção intelectual, característica do neoconfucionismo, pensamento dominante, retrocedem a Civilização Oriental. Daí surgem as condições para os 500 anos de predominância da Civilização Ocidental, desde a conquista das Américas, próximo de 1500 – precisamente em 1492. Depois desse "breve intervalo histórico" (1/2 milênio), a China está agora retomando seu posto de potência hegemônica.

As reformas implementadas por Deng Xiaoping entre 1979 e 1989, adotando o socialismo de mercado com Investimento Direto Estrangeiro (IDE), tendo como contrapartida a transferência de tecnologia, levaram ao ressurgimento da antiga potência econômica. As aspirações dessas reformas não se colocam mais em termos da visão utópica da revolução contínua de Mao Tsé-tung. Seu objetivo é construir uma sociedade "harmoniosa moderadamente próspera" – expressão com conotações confucionistas.

Houve um renascimento do estudo de Confúcio nas escolas chinesas e uma celebração de seu legado. Requisitaram-no como uma fonte de poder brando chinês no palco mundial. Essa reabilitação do antigo filósofo moral não se deu mais com autossuficiência, xenofobia e introspecção intelectual, muito pelo contrário: com abertura externa *à la* Imperador Yongle e seu Almirante Zheng He.

Após uma longa "Era das Trevas", vivenciada no Ocidente pelo feudalismo e o obscurantismo da Igreja inquisitorial, há o Renascimento e o Iluminismo na Europa. Esse período da História da Europa, entre fins do século XIV e meados do século XVI, é marcado por transformações na sociedade, na economia, na política, na religião e na cultura, com efeitos nas artes, na Filosofia e nas ciências. Caracteriza a transição do feudalismo para o capitalismo. Significa a ruptura com as estruturas medievais.

A Guerra Civil Inglesa, primeiro episódio da Revolução Inglesa, se dá entre os partidários da monarquia absolutista e o Parlamento, liderado por Oliver Cromwell. Iniciada em 1642, acaba com a condenação à morte de Carlos I em 1649. A Revolução Gloriosa (1688-89), no longo processo de transferência dos poderes da Coroa Britânica para o Parlamento do Reino Unido, implica a aprovação pelo Parlamento da *Bill of Rights* [Declaração de Direitos]. Torna impossível o retorno de um católico à monarquia inglesa. Encerra as tentativas de reinstalação do absolutismo monárquico, nas ilhas britânicas, ao circunscrever os poderes do rei. O rei (ou a rainha) reina, mas não governa; quem governa é o primeiro-ministro, através do Parlamento.

As origens do Iluminismo estão no início do século XVIII, conhecido como Século das Luzes. O término do período coincide com o início das Guerras Napoleônicas (1804-15). A Revolução Inglesa, no século XVII tardio, permitiu maior grau de liberdade aos colonos britânicos na América do Norte. Quando a metrópole volta à exploração da colônia norte-americana, a Guerra da Independência (1775-83) resulta na *Declaração de Independência* de uma nova nação soberana, os Estados Unidos da América, em 4 de julho de 1776. Os pensamentos iluministas a influenciaram. O envolvimento francês foi decisivo. Contudo, o custo foi alto em termos financeiros, arruinando a economia francesa e dando origem à enorme dívida. A vitória da aliança republicana influencia a Revolução Francesa (1789), seis anos depois, e as subsequentes independências nacionais.

Com um século de atraso em relação às conquistas norte-americanas e francesas no século XVIII, e dois séculos adiante da Revolução Inglesa no século XVII, se tornar cidadão brasileiro exigiu a conquista de *direitos civis*, como ter direito à vida, à liberdade, à propriedade, à igualdade perante a lei. A *extinção da escravidão* em 1888 e a *proclamação da República* em 1889 foram tardias, assim como foi a implantação plena do capitalismo industrial-financeiro no Brasil.

Um século depois, com a *Constituinte* de 1988, após longas *ditaduras* (1930-45 e 1964-85), verdadeiramente, conquistamos *direitos políticos*: eleger o destino da sociedade, votar, ser votado, associar-se em sindicatos e partidos. Na transição do século XX para o XXI, começamos a conquistar *direitos sociais* à educação, à saúde, à aposentadoria, à segurança pública. No século XXI, nosso grande desafio está sendo conquistar *direitos econômicos*: ao trabalho, ao salário justo, a uma renda mínima, acesso aos bancos, isto é, a crédito e produtos financeiros. Esse acesso popular representa a cidadania financeira.

Humanidade vs. Desumanidade

Parece ser impossível contar a longa história da humanidade em poucas palavras. A desumanidade aparenta ter sido dominante ao longo dos tempos idos. Na ausência de humanidade, predominam a atrocidade, a crueldade, o ato bárbaro e desumano, enfim, a selvageria. Homem primata, capitalismo selvagem...

A humanidade se refere ao conjunto de características específicas à natureza humana. Aparece no conjunto dos seres humanos se estes compartilham sentimentos de bondade e benevolência em relação aos semelhantes. Significa compaixão e piedade em relação aos desfavorecidos. Humanista é a qualidade de quem realiza plenamente o melhor da natureza humana.

À esquerda, busca-se valorizar a igualdade entre os seres humanos, capaz de os colocar em uma irmandade ou comunidade fraterna. À direita, destacam-se as diferenças negativas existentes entre os seres humanos. O direitista defende o individualismo competitivo contra a cooperação solidária. O egocentrismo contra o altruísmo. Desacredita deste amor desinteressado ao próximo, da filantropia, da abnegação. Desconfia da tendência ou inclinação de natureza instintiva de um ser humano ter preocupação com outro.

Esse altruísmo, não obstante sua atuação espontânea, deve ser aprimorado pela educação. Evita-se com ela a ação antagônica dos instintos primários do egoísmo. Não fosse esse longo esforço, ao longo da civilização humana, não teríamos ainda nenhuma capacidade de controle das forças cegas da natureza. Menos de nós teríamos nascido. E a maioria ainda seria composta de escravos.

Escravidão foi uma prática social desde a Antiguidade. Nela, um ser humano assumiu direitos de propriedade sobre outro, designado por escravo, por meio da força. O dono ou comerciante podia o comprar, vender, dar ou trocar por uma dívida. O escravo, tratado como mercadoria, não podia exercer qualquer objeção pessoal ou legal. Não detinha nenhum direito de cidadania. Esta é a "palavrinha-chave" da liberdade: a conquista de Direitos Universais do Homem.

Desde os 500 anos de existência da República Romana, precedente ao Império Romano, até o do Ocidente acabar em 476, os escravos não eram considerados cidadãos romanos. Cerca de mil anos depois, o Império Romano do Oriente, conhecido como Império Bizantino, chegou ao fim em 1453, com a invasão da cidade de Constantinopla pelos turcos otomanos; pouco mudou para os escravos.

A servidão feudal foi espécie de escravidão mais branda. Embora os servos não fossem vendidos, eles e seus descendentes estavam obrigados por toda a vida a entregarem produtos e prestarem serviços a seus senhores. Após essa Era de Trevas (cerca de um milênio), caracterizada no Ocidente pelo feudalismo e o obscurantismo da Igreja inquisitorial, houve o Renascimento, entre fins do século XIV e meados do século XVI, e, depois, no século XVIII, o Iluminismo.

Antes, ocorreram muitas eras de conflitos armados na Europa. Na *Era das Dinastias* (1400-1559), as "casas" reais ou coalizões estendidas, baseadas em parentesco de clãs ou dinastias, competiram pelo controle de territórios na Europa.

A *Era das Religiões* (1559-1648) foi uma série de guerras internacionais e civis. Coalizões religiosas e dinásticas rivais, aliadas a governantes, lutaram pelo controle de cidades e Estados. Negociações para a pacificação eram tratadas como heresia e traição.

A *Era da Soberania* (1648-1789) viu a consolidação gradual dos Estados soberanos. Ainda eram ligados a dinastias e religiões. Dependiam de seus territórios coloniais e impérios comerciais. Houve declínio numérico das guerras, inclusive civis, pela diminuição do número de unidades políticas capazes de lutar entre si. Pausaram a competição no jogo de poder geopolítico e redirecionaram suas energias para as conquistas do comércio. A divisão de trabalho internacional elevava a produtividade.

Esse período relativamente menos violento fez parte da Revolução Humanitária ligada à *Era da Razão*, ao *Iluminismo* e ao nascimento do *Liberalismo* clássico. O abrandamento do fervor religioso permitiu aos líderes firmar tratados políticos em vez de lutar até morrer o último homem. O comércio exigia empatia: se colocar no lugar do parceiro comercial para fazer a melhor proposta para ambos. Visto como fornecedor, não se podia matá-lo.

Na *Era do Nacionalismo* (1789-1917), Estados-nações competiam pela predominância. Anseios nacionalistas desencadearam guerras de independência na Europa e também inspiraram as guerras de unificação nacional. Os povos da Ásia e da África, devido ao racismo eurocêntrico, não eram considerados dignos de autoexpressão nacional. Os Estados-nações europeus acabaram os colonizando. A Primeira Guerra Mundial é a culminância desses anseios nacionalistas.

O mundo entrou na *Era da Ideologia* (1917-1989) quando os Estados Unidos entraram na Primeira Guerra Mundial – e a redefiniram como uma luta da democracia contra a autocracia. No mesmo ano, a Revolução Russa criou o primeiro Estado autodenominado comunista. A democracia e o comunismo lutaram contra o nazismo na Segunda Guerra Mundial, e um contra o outro durante a Guerra Fria.

Forças político-ideológicas – o humanismo esclarecido, o conservadorismo, o fundamentalismo religioso, o nacionalismo e as ideologias utópicas – continuam se digladiando. O movimento político em defesa da abolição da escravatura e do tráfico de escravos teve suas origens, na Inglaterra, durante o Iluminismo no século XVIII. O abolicionismo ainda é uma das formas mais representativas de ativismo político.

O último país a abolir a escravidão foi a Mauritânia em 1981. Práticas desumanas análogas à escravidão, vinculadas ao pagamento de dívidas, casamento de crianças, tráfico de pessoas para prostituição e trabalho forçado etc., continuam em muitos países, inclusive no Brasil.

Estado, mercado e processo civilizador

O debate ideológico, quando fica extremamente polarizado, acaba caindo em caracterização caricatural das ideias do adversário. Os neoliberais acusam os desenvolvimentistas de verem tudo como responsabilidade de O Estado. Por sua vez, estes criticam aqueles por tratar O Mercado como um deus.

O livro *O processo civilizador*, de autoria de Norbert Elias, é considerado "a mais importante peça de sociologia histórica escrita desde a época de Max Weber". Integra a História, a Teoria Social e a Psicanálise. Verifica as contribuições de duas criações humanas, O Estado e O Mercado, para o processo civilizador. Steven Pinker o resenha no livro *Os anjos bons da nossa natureza*. Eu o sintetizo para uma leitura ligeira e essencial – não superficial.

A base da economia feudal é a terra e os camponeses. Estes nela trabalham para o senhor. Em uma economia baseada na terra delimitada, se alguém quiser elevar seu padrão de vida, ou mesmo mantê-lo durante uma expansão malthusiana da população, sua primeira opção é conquistar o lote do vizinho. Na linguagem da Teoria dos Jogos, a competição por terra é do tipo "soma zero": o ganho de um jogador é a perda do outro.

A natureza de "soma zero" da economia medieval era reforçada por uma ideologia cristã hostil a qualquer prática comercial ou inovação tecnológica. Impedia extrair um pouco mais de riqueza de uma dada quantidade de recursos físicos. O dinheiro era maligno. Ganhar dinheiro com dinheiro, cobrando juros sobre um empréstimo, isto é, a transferência do direito de auferir lucro com seu uso em um negócio a um terceiro, era cometer o pecado da usura. Os judeus eram úteis como prestamistas, quando o cristão necessitava de dinheiro, mas eram perseguidos quando o dinheiro não era mais necessário – ou se eles cometessem a afronta de cobrar a dívida vencida de um cristão.

Essa regra de "jogo de soma zero" deixava a predação como o único modo possível para alguém aumentar sua riqueza, no caso, fundiária.

Já um "jogo de soma positiva" estabelece um cenário no qual os agentes econômicos têm escolhas cooperativas. Podem melhorar a situação dos dois jogadores ao mesmo tempo. Um típico "jogo de soma positiva", no cotidiano, é a troca de favores. Cada pessoa pode proporcionar um grande benefício a outra a um custo pequeno para si mesma. Uma das grandes descobertas da Psicologia Evolutiva é a cooperação humana ser sustentada por emoções sociais como a compaixão, a confiança, a gratidão, a culpa e a raiva. Foram selecionadas porque permitiram às pessoas prosperar em "jogos de soma positiva".

Exemplo de "jogo de soma positiva" na vida econômica é a troca de excedentes. Todos saem ganhando. Obviamente, uma troca em um único momento no tempo só compensa quando existe divisão do trabalho. Essa é a chave para a criação de riqueza. Trabalhadores especializados aprendem a produzir uma mercadoria com crescente relação eficiência/custo e a trocar seus produtos especializados por um meio de troca universal.

A troca eficiente depende de dois fatores. Uma infraestrutura de transporte possibilita aos produtores trocar seus excedentes mesmo quando separados pela distância. Outro é o dinheiro. Este permite aumento de escala com a venda a prazo com juro.

Essas mudanças permitiram aos cidadãos, nos fins da Idade Média, começar a se desvencilhar da estagnação econômica e tecnológica. O dinheiro substituiu o escambo em maiores territórios nacionais, que necessitaram ser cortados por estradas. Tais avanços incentivaram a divisão de trabalho, a inovação tecnológica, o aumento de excedentes e a troca monetária.

Os "jogos de soma positiva" também mudam os incentivos para a violência. Na troca, o parceiro comercial ou fornecedor torna-se mais valioso vivo em vez de morto. Há mais incentivo para prever o desejado pelo outro, para melhor supri-lo, atendê-lo e/ou vender. A negociação recompensa a empatia.

A vida econômica apresentou às pessoas mais "jogos de soma positiva" e reduziu a atratividade do "saque de soma zero". Para aproveitar as oportunidades, as pessoas tiveram de planejar para o futuro, controlar seus impulsos, entender as perspectivas dos outros e exercitar as demais habilidades sociais e cognitivas necessárias para prosperar nas redes sociais.

Os dois gatilhos do Processo Civilizador – o Estado e o Mercado – são, portanto, relacionados. A cooperação de soma positiva do comércio prospera melhor sob vigilância do Estado. Não só um Estado é mais bem aparelhado para fornecer os bens públicos, como também dinheiro e estradas, infraestrutura necessária para a cooperação econômica. Ele também pode fazer pender a balança na qual os jogadores pesam as relativas compensações entre saquear e comerciar.

A opção do roubo ou pilhagem se torna mais custosa e o trabalho honesto mais vantajoso. Os incentivos do Leviatã tornam os incentivos do comércio mais atrativos. Em retroalimentação, o comércio facilita o trabalho estatal. É mais fácil dissuadir as pessoas do crime se a alternativa legal for mais atraente. As duas forças civilizadoras reforçam-se, mutuamente, como partes de um processo único.

Para prosperar nesse todo, era preciso cultivar as faculdades da empatia e do autocontrole. A fonte do efeito pacificador do Estado não é apenas seu poder coercitivo bruto, mas também a confiança despertada na população. Afinal de contas, nenhum Estado pode postar um informante em cada quadra ou quarteirão para monitorar as violações da lei. Quando tentaram fazer isso, os Estados tornaram-se ditaduras totalitárias. O "governo pelo medo" tem prazo de validade. Em seu vencimento, a vingança é sanguinolenta. Em sociedades civilizadas, as pessoas coexistem graças ao autocontrole e à empatia.

Leviatã é um monstro marinho simbólico do caos primitivo na mitologia fenícia. O termo foi retomado no século XVII por Thomas Hobbes (1588-1679) para designar o Estado moderno. Não pretendia marcá-lo como arbitrário ou despótico, mas defendê-lo como poder absoluto sobre seus súditos. Estes assim o autorizam através do pacto social.

Um Leviatã só pode civilizar uma sociedade quando os cidadãos sentem suas leis e o modo como elas são aplicadas como legítimos. Por essas disposições sociais, eles não reincidem em seus piores impulsos quando o Leviatã vira as costas. É necessário a população dar seu consentimento às leis lhe impostas, referendando-as. Um Estado totalitário, provido de vasta burocracia, interfere em todas as esferas sociais e privadas. Retira a liberdade pessoal e, assim, perde legitimidade e apoio popular.

Revolução Comunista ou Consumista

Como dito anteriormente, as reformas implementadas por Deng Xiaoping, entre 1979 e 1989, adotando o socialismo de mercado com IDE, formação de quadros técnicos no exterior e transferência de tecnologia, levaram ao ressurgimento da antiga potência econômica: a China. Paradoxalmente, a sociedade dita comunista propiciou uma revolução consumista em todo o mundo.

A luta dos trabalhadores ocidentais parece ter priorizado, justamente, o acesso à sociedade de consumo e à democracia da casa própria. Isso aparenta ser um fracasso em face das reivindicações dos marxistas ortodoxos: extinção da herança; estatização do crédito; propriedade estatal de todos os meios de produção. Na prática dos regimes totalitários, extrapolou-se essa ideia para a abolição da propriedade privada, inclusive de bens de consumo duráveis como automóveis e moradias.

Não se reconheceu a posse de uma moradia como uma conquista social histórica. A democracia da propriedade contra a antiga concentração da riqueza imobiliária foi um avanço humanitário.

As reivindicações de sindicalistas e partidos social-democratas europeus foram mais bem-sucedidas: governo constitucional (inclusive monarquia parlamentarista); liberdade de expressão, de imprensa e de associação; representação político-partidária mais ampla por meio da reforma eleitoral; autodeterminação nacional ou autogoverno.

Nos Estados Unidos, houve a conciliação entre o consumo padronizado e o individualismo libertário. No retorno da Segunda Guerra Mundial, melhores oportunidades de educação foram oferecidas para os soldados norte-americanos. Associadas com uma onda de construção de casas nos subúrbios, ambas as conquistas se traduziram em uma significativa melhoria na qualidade de vida. O acesso popular ao crédito ao consumidor também levou à emergência da classe média norte-americana.

A *sociedade afluente* é o termo consagrado por John Kenneth Galbraith em *The Affluent Society*, publicado em 1958, para caracterizar esse estágio de desenvolvimento econômico. O objetivo já não deveria ser o da produção de mais bens de consumo, mas antes o do aperfeiçoamento dos serviços públicos. Analisando o modelo norte-americano, no pós-guerra, o consumismo leva lá a produção de mercadorias ao limite. As pessoas lá não morrem por comer de menos, mas por comer demais, isto é, devido à obesidade.

A abundância privada se contrapõe à miséria pública. Ao estimular mais a produção de bens privados com menor carga tributária se restringe a produção de bens públicos como transporte coletivo, educação gratuita e saúde pública. Ao mesmo tempo, a publicidade provoca uma criação artificial de necessidades, potencializada pela concessão de facilidades de crédito. Gera-se a chamada sociedade de consumo em massa. Desse modo, em vez de se satisfazerem necessidades fundamentais, gasta-se dinheiro em necessidades triviais, por exemplo, no consumo suntuário de luxo.

Os Cinco Cês da Classe C são Consumo (Carro e Celular), Casa, Casar, Cruzar e Criar Crianças. Se quiséssemos ampliar o mnemônico, útil para facilitar a memorização, de modo jocoso, diríamos *"Ceis"* (com C) *ou "Cete"* (também com C) *"Çonhos"* (com C cedilha) *da Classe C*, isto é, típicos da classe média, são aqueles acrescentados de *Cer (com C) Celebridade, Cabelo com Chapinha, Comida, Churrasco, Chocolate, Cerveja e Cachaça e Cruzeiro* como símbolo do *status* de viajar. Se este último designar o meu time, algum mano gritaria *Corinthians*! Mas essa ironia em relação a Cruzeiro poderia ser vista como esnobismo. Professor diz: "passaporte não é diploma". Ele tenta valorizar e cobrar dos outros o adquirido por ele: *Cultura*. Este seria outro Cê, mas custa muito conseguir. Tem ainda de se incentivar mais um Cê: *Complementar Previdência*.

Niall Ferguson (2012) defende a hipótese de a supremacia da civilização ocidental sobre a oriental dar-se por conta do capitalismo, da liberdade e/ou da democracia. Ela se manifestou através de seis *apps* ou aplicativos decisivos:

1. *Competição* – uma descentralização da vida política e econômica criou as condições para o surgimento dos Estados-nações e do capitalismo.
2. *Ciência* – uma forma de estudar, entender e, finalmente, transformar o mundo natural deu ao Ocidente, entre outras coisas, uma importante vantagem militar sobre o restante.
3. *Direitos de propriedade* – o controle da lei como um meio de proteger os proprietários privados e solucionar, pacificamente, as disputas entre eles assentou a base para a forma mais estável de governo representativo.
4. *Medicina* – esse ramo da ciência possibilitou uma importante melhoria na saúde e na expectativa de vida, inicialmente nas sociedades ocidentais, depois em suas colônias.
5. *Sociedade de consumo* – um modo de vida materialista, cuja produção e compra de roupas e outros bens de consumo, em grande escala, desempenham um papel econômico central, sem o qual a Revolução Industrial teria sido insustentável.
6. *Ética do trabalho* – sistema moral e modo de atividade derivados do cristianismo protestante, entre outras fontes religiosas e jurídicas, fornece certa coesão à sociedade competitiva, dinâmica e potencialmente instável, criada pelos itens anteriores.

No entanto, aqui e agora, com a busca desenfreada do alpinismo social, observa-se a ascensão do individualismo e/ou do corporativismo no pior sentido. Ou seja, é defesa exclusiva dos próprios interesses profissionais por parte de uma categoria funcional contra o bem-estar do restante da sociedade. O espírito de corpo ou de casta predomina no "sindicalismo de objetivo", quando o único resultado almejado é a mobilidade social do indivíduo para seu desfrute da sociedade de consumo. O risco é ele se submeter à "escravidão por dívidas" para ter um estilo de vida exibicionista. O endividamento para o consumismo lhe impõe maior submissão à exploração de seu trabalho.

A esquerda e a propriedade

Os colonos ingleses carregavam um conjunto de ideias com profundas implicações para o futuro norte-americano. A primeira era a noção de direitos de propriedade, inclusive de herança, de posse cedida em troca de serviços e de usucapião. A segunda era a de um protestantismo militante. A terceira era a legitimidade de a tributação depender da aprovação do Parlamento eleito. Então, a Coroa inglesa seria "abastecida" em troca de concordar com a reparação de injustiças por meio da legislação. Estas haviam sido as questões centrais da Guerra Civil Inglesa.

John Locke, em seu *Tratado de governo* (1690), alerta: as pessoas não escolhem ser governadas unicamente por medo. Como uma "sociedade de seres racionais", elas buscam constituir uma "comunidade para o bem comum". Nela, o poder é meramente delegado pela "sociedade civil" a um "legislativo", cujas decisões majoritárias se baseiam em consentimento implícito de todos os cidadãos. Locke defendeu a separação entre os poderes – Executivo, Federativo e Legislativo –, este com a responsabilidade de nomear juízes e criar leis.

Em sua visão, o cerne da questão da liberdade é a preservação da propriedade. A maioria de representantes deve estar de acordo com a tributação, pois nenhum poder pode "tomar de nenhum homem alguma parte de sua propriedade sem o seu consentimento". As ideias de Locke teriam uma grande influência sobre o desenvolvimento da sociedade e da política na América do Norte.

O fato decisivo para a revolta foi a mobilidade social: a ambição de qualquer colono poder se apropriar de uma "área virgem" só ocupada por nativos a serem mortos. Em apenas alguns anos, se tornava proprietário de terra e eleitor. Às vésperas da Revolução Americana, em 7 dos 13 futuros estados norte-americanos, o direito a voto exigia a propriedade de uma terra ou o pagamento de um imposto territorial.

Direito de propriedade é o direito de indivíduos ou organizações controlarem o acesso a seus recursos ou ativos – formas de manutenção de riqueza. A plenitude desse direito é fundamental para o sistema capitalista.

Os poderes de usar, gozar e dispor de uma coisa, a princípio de modo absoluto, exclusivo e perpétuo, não podem, no entanto, ser exercidos ilimitadamente. Senão, dessa forma, colidiriam com direitos alheios de igual natureza. Existem interesses públicos ou coletivos para os limitar. Assim, o poder público pode desapropriar uma propriedade privada, se ela puder ser usada para o benefício múltiplo e comum.

A propriedade privada, como elemento constituinte da trama de relações socioeconômicas no processo de produção capitalista, deve ela mesma exercer sua função social. No Brasil, esta noção somente tornou-se plena com a Constituição de 1988. Pela primeira vez na história se definiu a função social da propriedade. A propriedade privada, tal como a família e o contrato, foi recolocada como cláusula pétrea no complexo de instituições sociais componentes da civilização moderna.

O direito à propriedade foi conquista social e histórica, incorporada na *Declaração Universal dos Direitos Humanos*, de 1948. O seu artigo 17 dispõe: "todo indivíduo tem direito à propriedade, só ou em sociedade com outros e ninguém será arbitrariamente privado da sua propriedade". Esse artigo nada especifica em relação ao modo como alguém perderá sua propriedade. Não diz quais serão os termos, se haverá indenização em dinheiro ou em títulos etc., para respeitar a soberania de cada nação.

O argumento a favor da propriedade privada como essencial para a construção de uma sociedade próspera é o seguinte: se os proprietários devem pagar impostos sobre a propriedade, eles buscariam manter uma utilização produtiva da terra ou alugar o imóvel para o locatário pagar os impostos. À propriedade particular também se atribui um valor de mercado. Pode, então, ser usada como garantia de empréstimo ou para ganho de capital. A propriedade privada, portanto, é uma parte importante de capitalização da riqueza dentro da economia de mercado.

A esquerda revolucionária, historicamente, não lidou bem com essa noção. Não reconheceu o direito de propriedade como uma conquista histórica de ex-servos despossuídos. Eles lutaram contra os latifúndios da Igreja Católica e dos monarcas absolutistas europeus. A nobreza detinha o privilégio das propriedades.

Coletivização forçada foi o processo de expropriação de pequenas e médias propriedades privadas, especialmente agrícolas, entre 1929-31, comandado por Josef Stalin na URSS. Em sua transformação forçada em cooperativas ou unidades produtivas estatais, foi utilizada a força militar para aplacar a resistência desses proprietários.

Já Mao Tsé-tung considerava a imensa massa camponesa, sobrevivente nas relações de produção quase feudais dos latifúndios na China, a *força motora* da revolução. O proletariado urbano era visto como a *força diretriz*. O campesinato ganhou, assim, uma centralidade não possuída no caso da Revolução Russa, na qual era absolutamente ignorado.

Em Cuba, Raúl Castro (irmão e sucessor de Fidel Castro) começou a eliminar as proibições de propriedade privada mais simples sobre bens de consumo. Antes eram justificadas "para evitar o surgimento de novas desigualdades em momento de escassez generalizada". Em março de 2008, finalmente, liberou a venda de computadores pessoais (PCs), DVDs, telefones celulares e televisores a cidadãos comuns.

A líder conservadora inglesa, Margareth Thatcher, tinha uma compreensão política mais adequada da "democracia da propriedade". Ela prometia tornar a maioria dos eleitores possuidora de residência. Ao vender as casas das locações sociais a preços baixos para um milhão e meio de famílias da classe trabalhadora inglesa, base eleitoral do Partido Trabalhista, disparou o estoque de propriedades de donos residentes. A hipótese era a privatização aumentar o apoio ao Partido Conservador.

"Desapropriação dos expropriadores" ou "coletivização dos meios de produção" são *slogans* esquerdistas. Devem ser abandonados após os fracassos do Sorex – Socialismo Realmente Existente. Da mesma forma, a autogestão sob controle do corporativismo deve ser reexaminada. O marxismo vivo não pode ser dogmático. Nem os marxistas devem ser sectários, absorvendo críticas construtivas para construção de um novo modo de vida (e não apenas de produção) com maior bem-estar social e liberdades democráticas.

Capitalismo: surgimento tardio

A leitura da biografia *O profeta da inovação: Joseph Schumpeter e a destruição criativa*, escrita por Thomas K. McCraw (2012), é muito instrutiva. As questões essenciais, envolvendo o capitalismo, enfrentadas por autores da segunda metade do século XIX e primeira do XX, eram duas: primeira, o que vem a ser; segunda, como e por que vinha funcionando em certos lugares e não em outros.

Schumpeter identificou o capitalismo como uma expressão de inovação, de luta humana e pura destruição criadora, tudo ao mesmo tempo. Ele descrevia o capitalismo como a maioria das pessoas o vivencia: desejos do consumo insuflados pelo constante martelar da propaganda; violentos solavancos para cima e para baixo na ordem social; metas alcançadas, destroçadas, revistas e novamente alcançadas, em infindável processo de tentativa e erro. Para o capitalismo, nada pode ser considerado estável. O alvoroço é frequente.

Até aproximadamente 1700, os seres humanos não se organizavam, plenamente, em função do mercado. O fato mais marcante do capitalismo empreendedor, à parte sua eficiência econômica – *eficiência* consiste em fazer certo as coisas; *eficácia*, em fazer as coisas certas –, é o seu surgimento tardio.

Para Schumpeter, os padrões da sociedade pré-capitalista refletiam valores e tradições muito arraigados. A convicção era de a vida espiritual ser gravemente prejudicada caso as pessoas mergulhassem no materialismo. Em sua maioria, as grandes religiões também advertem para a corrupção decorrente da busca de riqueza.

Havia também descrença na ascensão social e econômica. A maioria das pessoas se conformava em ficar onde estava, socialmente, e viver de acordo com seus meios. Elas deviam reconhecer e aceitar com conformismo religioso o destino preestabelecido na vida. A ideia de uma generalizada mobilidade social e econômica seria incompreensível, assim como o conceito de migração geográfica.

Era limitado o senso de liberdade pessoal e autonomia individual. Em 1772, quatro anos antes da Declaração de Independência dos Estados Unidos, somente 4% da população do planeta Terra eram homens "livres". Os outros 96% trabalhavam como escravos, servos, aprendizes ou vassalos. O Brasil foi a última nação independente ocidental a manter escravos até 1888. Na Arábia Saudita, a escravidão terminou em 1962. Na Mauritânia, em 1981. Continua existindo de forma legal no Sudão e de forma ilegal em muitos países, sobretudo na África e em algumas regiões da Ásia.

A abolição da escravatura era uma utopia, quando essa bandeira foi desfraldada, na Inglaterra, por pequenos grupos de humanistas. Era, então, inimaginável quando seria seu fim. A prática de apropriação e submissão de seres humanos a trabalhos forçados foi imposta em todos os tipos de sociedades existentes durante milênios.

Os incentivos para trabalhar com afinco, em circunstâncias históricas de espoliação, eram muito poucos. Qualquer um só iria labutar e inovar em benefício próprio e não apenas dos outros.

O controle da maioria das ocupações e ofícios era feito por *cartéis*. Estes eram acertos de partilha dos mercados para o estabelecimento de preços elevados. *Guildas*, em contraponto, eram associações fechadas de artesãos. A generalização dessas condições corporativistas feudais significava a maioria dos trabalhadores não poder mudar de ocupação. A ameaça de troca de trabalho, praticamente, não existia como poder de barganha.

Ainda hoje, conscientemente ou não, a maioria das pessoas defende seus empregos como fossem um direito pessoal. Empregadores reclamam que é muito difícil despedir empregados. Eles podem colocar em risco até sua segurança pessoal. Em contexto global, a tradição norte-americana de liberdade para demitir representa a exceção, e não a regra.

Em economia de livre mercado, o nível de emprego não depende de decisões dos trabalhadores. A livre-iniciativa não garante ocupação para todos. Os gastos capitalistas em investimentos raramente são suficientes para empregar todos os demandantes de renda do trabalho. A situação piora em casos de grande população – e em ciclo recessivo.

As propriedades tinham sua transmissão vinculada pela primogenitura. A vinculação (imposição de uma sucessão específica de herdeiros) e a primogenitura (herança exclusiva para o filho mais velho da família), praticamente, não contribuíam para o progresso social e econômico na Inglaterra. Desestimulavam a inovação ao desencorajar quaisquer riscos.

Em sua maioria, os proprietários comportavam-se como arrendatários ou intendentes empenhados na administração para preservar a propriedade rural. Não se colocavam como empreendedores preocupados em produzir mais. A vinculação impedia a venda para a não diluição da riqueza familiar tradicional. A gradual dispersão da propriedade da terra entre herdeiros, mais adiante, transformou-se em um movimento democrático fundamental. Teve importantes consequências para o crescimento econômico.

Um sistema financeiro primitivo, sem papel-moeda, ações, títulos financeiros ou qualquer outro instrumento de crédito foi uma das principais razões do surgimento tardio do capitalismo. A maioria das grandes religiões, entre as quais o cristianismo e o islamismo, proibia o empréstimo de dinheiro a juros. Pela carência de alavancagem financeira da rentabilidade patrimonial, Schumpeter enfatizava a necessidade de criação de crédito.

Só no século XIX, os bancos, originários dos Médici, dos Fugger e dos banqueiros judeus, se tornariam comuns na maior parte do mundo. Sem os fundos fornecidos por patrocínio real, aristocrático ou religioso, os inventores e os empreendedores não encontrariam crédito para financiar seus empreendimentos. Eram a fonte de dinheiro não só para a arte e a arquitetura, mas também para empreitadas como as experiências de Galileu e as viagens de descoberta de Cristóvão Colombo. Essa situação sufocava os surtos de tecnologias e empreendimentos, cuja destruição criadora definiu o capitalismo moderno.

Constatava-se ainda a ausência dos dois pilares de sustentação para todos os sistemas bem-sucedidos de negócios: um conceito de função social da propriedade privada e uma estrutura judiciária em garantia do cumprimento da lei. Sem a instituição da propriedade privada – a liberdade individual de deter, comprar e vender bens e direitos –, nenhum sistema capitalista pode prosperar. Na ausência de uma efetiva proteção legal, os expropriadores podem ser expropriados. Elimina os incentivos para lucrar com afinco.

O capitalismo, como sistema complexo emergente a partir de interações de diversos componentes, busca fugir do controle de qualquer autoridade central. Ao serem inovadores, empreendedores estão constantemente explorando as brechas legais. Inovação financeira fora da regulamentação de Banco Central torna os escândalos no mundo dos negócios, especialmente no sistema financeiro, algo frequente. Pode ser considerado endêmico no sistema. Em consequência, o capitalismo exige constante adaptação das leis, mecanismos confiáveis para fazê-las valer e permanente vigilância. É essencial a regulamentação pública, através de complexos arcabouços jurídicos: direito contratual, da concorrência, societário, corporativo e assim por diante. Porém, regulação – ou limite contra a superexploração – não pode travar a economia de mercado.

O capitalismo não é o estado natural da vida humana. Se fosse, teria surgido muito antes na história e prevaleceria praticamente em todo lugar.

Trata-se de um sistema emergente por interagentes descentralizados e descoordenados. É mantido com dificuldade ímpar. O capitalismo moderno precisa ser ativamente cuidado e regulado, com determinação e sem desestímulo. E as sociedades (civil e política) organizadas devem considerá-lo transitório em direção a um modo de vida com maior bem-estar social.

Capitalismo já era!

Não foi à toa a repercussão mundial do livro *O capital no século XXI*, de autoria de Thomas Piketty. Desconsiderando as costumeiras querelas, rusgas, disputas, desavenças e rixas entre intelectuais e suas escolas de pensamento econômico, a obra-prima disponibilizou, inclusive via web, séries temporais em longo prazo jamais montadas através de extrapolação de tendências históricas.

Por exemplo, no gráfico com a repartição da produção mundial entre 1700 e 2012, percebe-se o PIB europeu representar 47% do PIB mundial em 1913, antes da Primeira Guerra Mundial, e cair para 25% em 2012. As Américas, no ano inicial dessa série, eram formadas por colônias britânicas, francesas, espanholas e portuguesas. Sua produção era quase toda contabilizada como matérias-primas ou alimentos consumidos nas metrópoles europeias. Até a África a superava em termos relativos. Mas, em 1700, a Ásia possuía mais de 60% da produção mundial. Daí em diante sua participação nessa renda foi decaindo até atingir o piso de 20% no ano de 1950.

Essa data representou o ano final da Guerra Civil Chinesa. No dia 1º de outubro de 1949, Mao Tsé-tung proclamou a República Popular da China. Desde a introdução de reformas econômicas em 1978, a China se tornou uma das economias de mais rápido crescimento no mundo, sendo a maior exportadora e a terceira maior importadora do planeta. A industrialização via IDE com contrapartida em transferência de tecnologia reduziu a sua taxa de pobreza de 53%, em 1981, para 8%, em 2001. O país tem sido considerado uma superpotência emergente.

A Ásia é o maior dos continentes, tanto em área como em população. Abrange um terço das partes sólidas da superfície da Terra e é responsável por abrigar quase três quintos da população mundial. Entre os 50 países da Ásia são encontradas algumas das maiores e menores nações do mundo, tanto em área como em população. A Federação Russa, cuja parte europeia corresponde a um quarto de seu território e tem o restante na parte asiática, é duas vezes maior comparada aos Estados Unidos e ao Canadá juntos.

A civilização asiática teve início há mais de 4 mil anos, muito antes de registro da primeira civilização ocidental – a do Império Romano –, em termos de atividades econômicas, manifestações culturais e desenvolvimento da ciência. Os cidadãos da Ásia foram os inventores da escrita e criaram a literatura. Os fundadores de todas as religiões mais relevantes do mundo foram asiáticos: Buda, Confúcio, Jesus Cristo e Maomé. Os asiáticos também foram os inventores do papel, da pólvora, da bússola e do tipo móvel.

Porém, durante o século XVI, a economia asiática declinou-se, enquanto o mundo ocidental, com a conquista do Novo Mundo (Américas), teve rápido progresso. As nações do Oeste da Europa foram também as conquistadoras da parte predominante da Ásia do século XVI ao século XIX. Em 2012, a Ásia já retomou cerca de 40% da geração da renda mundial.

Quanto à repartição da população mundial, a Europa possuía 26% dela em 1913. Com as duas grandes guerras mundiais e seu declínio demográfico, em 2012, passou a ter apenas 10% dessa população. Somando-a à das Américas e à da África, o Ocidente possui cerca de 40% ou dois quintos da população mundial.

Quanto à repartição do capital mundial entre 1870 e 2100, o valor do capital privado dos quatro continentes citados representa 500% da renda mundial, ou seja, a relação capital/produto era 5 vezes em 1910, ano pré-guerras. Em 1950, ano pós-guerra, com a perda de capital ou destruição de riqueza, inclusive capacidade produtiva, declinou para pouco mais de 2,5 vezes. Passa-se meio século e no ano inicial do novo milênio (2000) essa relação já se eleva para mais de quatro vezes. A partir de então, está decaindo a participação do Ocidente no capital mundial.

Na metade do século XXI, os países asiáticos deverão reter a metade desse capital. Superará toda a economia ocidental até 2100. No que se refere à relação capital/renda em nível mundial, poderá se aproximar de 700% (sete vezes) no fim do século XXI.

A taxa de crescimento médio da produção mundial atingiu 4% de 1950 a 1990, período de reconstrução pós-guerra e industrialização nascente nos países emergentes. No entanto, a previsão é de queda para cerca de 2% de 2012 a 2050.

A taxa de crescimento médio da população mundial ultrapassou 1% de 1950 a 2012 e deverá retornar à taxa de 0% até o fim do século XXI. Aliás, do ano zero à conquista do Novo Mundo (1500), era um pouco mais: 0,2%.

Quanto à taxa de crescimento médio da produção mundial por habitante, desde a Antiguidade (ano zero) até as revoluções burguesas, no século XVIII, também era próxima de zero. Com a conquista de direitos civis, entre os quais o direito à vida (extinção da escravidão) e à propriedade privada (conquista social contra a concentração fundiária da aristocracia europeia), e após a Revolução Industrial, a taxa de crescimento médio da renda *per capita* elevou-se para quase 1% ao ano no século XIX e no entreguerras. Somente no período da reconstrução pós-guerra (1950-90) essa taxa ultrapassou 2% a.a. Com o bônus demográfico, industrialização nascente e urbanização, nos Brics, a taxa de crescimento médio da renda *per capita* ultrapassará 2,5%, entre 2012 e 2050, e depois retornará a algo próximo de 1,5%.

A taxa de rendimento do capital (r: taxa de crescimenta anual antes dos impostos) foi sempre superior à taxa de crescimento mundial (g), mas o hiato se fechou ao longo do século XX. Ele pode se ampliar de novo, no século XXI, com a queda desta última. O mais interessante é *a curva representativa do ½ milênio de capitalismo*. Do ano zero ao ano de 1500, a taxa de rendimento puro do capital (r) foi estimada em 4,5%. Com o capitalismo comercial, após a conquista das Américas, e o posterior capitalismo industrial, além das descolonizações e da extinção do trabalho infantil e da escravidão, essa taxa média ultrapassou 5% entre 1500 e 2012. A partir de então, retornará para a média de 4,5% até 2100.

Como ironia a respeito do determinismo histórico, ouso apontar até a *deadline* para seu encerramento: em meados deste século, precisamente, em 2050. Saudemos então o já vislumbrado: viva o capitalismo de Estado ou o socialismo de mercado! Sem totalitarismo, com democracia!

Logo, o capitalismo liberal já era! O sonho acabou, quem não dormiu em seu luxo nem sequer sonhou...

Determinismo histórico

As civilizações, considerando os auges e as quedas de uma e outra, tiveram ciclos "meio" milenares. Essa dedução não científica do "determinismo histórico" se baseia na seguinte regularidade:

1. República Romana (550 a.C.-44 a.C.)
2. Império Romano Ocidental (44 a.C.-476 d.C.); ambos: Civilização Ocidental I
3. Império Bizantino (476-1453)
4. Império Chinês I (Dinastia Ming 1368-Guerras do Ópio Anglo-Chinesa: 1839-42 e 1856-60); ambos: Civilização Oriental I
5. Império Anglo-Saxão ou Euro-Americano (1492-2050) ou Civilização Ocidental II
6. Império Chinês II (1979-...) ou Civilização Oriental II

Evidentemente, essa periodização é mera provocação para reflexão e/ou debate. É uma hipótese para ser falseada com pesquisa de dados, coleta de informações e reunião de argumentos.

Falácia do historiador é julgar um processo histórico pleno de casualidades a partir do resultado presente, fazendo "profecia reversa". O viés da História é organizar o caos de detalhes eventuais como se fosse uma sequência lógica com fio condutor chegando à atualidade e se encaminhando para o futuro. Desse modo, o passado forma uma sequência causal. Aí podemos entendê-lo e segui-lo, tornando-o nosso guia para o antes desconhecido. Pegamos algo conhecido e, a partir dele, nos arriscamos a projetar algo desconhecido.

Determinismo é o princípio segundo o qual todos os fenômenos da natureza estão ligados entre si por rígidas relações de causalidade e leis universais. Estas excluem o acaso e a indeterminação. Segundo esse princípio, uma inteligência capaz de conhecer o estado presente do universo necessariamente estaria apta também a prever o futuro e reconstruir o passado. Onisciência é o saber absoluto, pleno, conhecimento infinito sobre todas as coisas.

Por sua vez, *casualismo* é a doutrina redutora do acaso a uma ocorrência objetiva, inerente a processos e eventos da natureza. Não se trata de uma incapacidade de compreensão científica ou uma expressão da ignorância humana em relação às verdadeiras causas de um fenômeno. O caráter *contingente* abre a possibilidade de alguma coisa acontecer ou não. Há fatos imprevisíveis ou fortuitos fora do controle da mente humana.

A eventualidade, para a qual devemos estar preparados, é fruto da relação entre dois atributos imprevistos. Sua medida é baseada no afastamento de suas frequências em relação aos valores referentes à hipótese de sua independência estatística. Então, eventual é a ocorrência circunstancial, sem necessidade. Poderia ter acontecido de maneira diferente ou simplesmente não se ter efetivado.

O acaso quebra o princípio segundo o qual tudo no universo, até mesmo a vontade humana, está submetido a leis necessárias e imutáveis. Nesse caso, o comportamento humano estaria totalmente predeterminado pela natureza. O sentimento de liberdade não passaria de uma ilusão subjetiva.

Certa interpretação do pensamento marxista enfatiza a divisão estrutural da sociedade e vê os eventos históricos como determinados pelas condições econômicas da época de suas ocorrências. Não considera a multiplicidade de elementos políticos e sociais presentes e a relação dialética existente entre eles.

Dialética é, em sentido bastante genérico, oposição, conflito originado pela contradição entre princípios teóricos ou fenômenos empíricos.

No hegelianismo, dialética é a lei característica da realidade como um movimento incessante e contraditório. É condensável em três momentos sucessivos: *tese, antítese* e *síntese*. Eles se manifestam seja em todos os pensamentos humanos, seja em todos os fenômenos do mundo material.

No marxismo, adota-se uma versão materialista, diferentemente da dialética idealista hegeliana. Ela é aplicada ao movimento e às contradições de origem econômica na história da humanidade.

Uma "lei" proposta na *Dialética da natureza* por Engels é: "A lei da transformação da quantidade em qualidade – e vice-versa". Este processo é conhecido como fase de transição. Também se aplica essa lei para interpretar certos fenômenos sociais. Adota a ideia de um novo modo de produção surgir como resultado das mudanças na estrutura social, isto é, do antagonismo entre forças produtivas e relações de produção.

Dialeticamente, quando a *quantidade* se transformar em *qualidade*, perceberemos nosso ingresso em um novo modo de produção – e de vida. Sem revolução. De modo processual, através de conquistas sociais de direitos de cidadania ao longo do tempo.

Considerando tudo isso, a previsão do materialismo dialético é um otimista *devenir* – tornar-se, começar a ser o que não era antes –, em contrapartida a um olhar para o passado histórico pessimista. O futuro é visto como um fluxo permanente, movimento ininterrupto, atuante como uma lei geral do universo. Ele dissolve, cria e transforma todas as realidades existentes.

Então, *o devenir*, o vir a ser, com sucessivas conquistas de direitos da cidadania – civis, políticos, sociais e econômicos – será o socialismo e, depois, o comunismo? Antes, o capitalismo de Estado e o socialismo de mercado?

Onde estamos? Para onde vamos? Estamos perdidos? Ou estamos em uma dependência de trajetória dinâmica, inovando, criando, destruindo e recriando sempre sistemas complexos heterogêneos, denominados por ora "variedades de capitalismo" na falta de nome melhor?

Re-evolução

O instinto da *competição* predomina entre os capitalistas? O instinto da *cooperação* entre os socialistas? Há tais predominâncias nas bagagens genéticas de seres humanos?

A definição de "instinto" está na diferença entre a mente com a qual nascemos e a mente formada via aprendizado, cultura e socialização. Então, *instinto* é essencialmente a parte do nosso comportamento não resultante de aprendizado. Contudo, nosso meio ambiente socioeconômico e institucional e, portanto, nosso aprendizado, podem ter influência no modo pelo qual nossos instintos se expressam.

O instinto é constituído de elementos humanos herdados de ação, desejo, razão e comportamento. Esses instintos especificamente humanos foram formados durante nosso tempo na savana. Essas características são genéticas.

Nossa linguagem singular evoluiu como um meio de partilhar informações sobre o mundo e os demais humanos, por exemplo, quem é confiável e quem não é. Evoluiu como uma forma de fofoca. Essa é uma habilidade informativa muito difamada. Porém, na realidade, é essencial para a cooperação ou a aliança entre inúmeros seres humanos.

De acordo com essa teoria cognitiva, o *Homo sapiens* é, antes de mais nada, um animal social. A cooperação social é indispensável para a sobrevivência e a reprodução. A quantidade de informações necessária de obter e armazenar a fim de rastrear as relações sempre cambiantes entre os seres humanos é incontável, em face das combinações sociais mais complexas.

Os recursos finitos – de caça, vegetação comestível, água e abrigo – sugerem haver competição por eles. Não apenas competição entre as espécies, mas também competição dentro das espécies. Nós, animais humanos, devíamos guerrear uns contra os outros.

Dando um salto epistemológico da origem desse conhecimento à sua validade atual, na guerra ideológica, nomeadamente desde a Revolução Francesa em 1789, a direita confia em as desigualdades sociais poderem ser diminuídas se houver favorecimento à competitividade geral. Minimiza a proteção social e maximiza o esforço individualista de competição. A esquerda prioriza a proteção altruísta dos derrotados na disputa social. Na escolha entre a competitividade e a solidariedade, prioriza esta última.

O termo *altruísmo* designa uma atitude solidária oposta ao egoísmo. Essa postura parece com "o amor ao próximo", abordado pelo cristianismo, mas se distingue dele porque não está baseada em crença no sobrenatural. O altruísmo não é uma característica exclusiva do ser humano, pode também ser encontrado em outros animais mais evoluídos.

A posição de direita é definida pela ideia de a vida em sociedade reproduzir a vida natural, com sua violência, hierarquia e eficiência. Se os homens são seres biológicos desiguais, devem submeter-se à lei do darwinismo social. Segundo essa concepção, a sociedade mercantil faz também a seleção, neste caso "social", entre os indivíduos vencedores. Estes podem viver bem. Os perdedores podem apenas sobreviver.

A regra de ouro da direita é: "quem melhor se adapta ao meio ambiente econômico enriquece, inclusive dando continuidade a sua dinastia". O homem de direita, acima de tudo, preocupa-se com a defesa da tradição e da herança das propriedades.

Já a atitude de esquerda pressupõe a condição humana ser fundada pela negação da herança natural. A sociedade se desenvolve, opondo-se às forças cegas da natureza. Nada tão parecido com o livre mercado quanto a livre natureza. Quem acredita na essência humana como essencialmente egoísta e imutável se posiciona à direita.

Civilização é o efeito do ato humano de civilizar-se, de tornar-se civil, cortês. A dotação de cortesia capacita a "viver na corte", um coletivo exigente de comportamentos gentis e cooperativos. E competitivos? Sim, todos os instintos humanos básicos de sobrevivência, reprodução, proteção ou cooperação e competição estão presentes em todos os animais humanos e em todas as etapas da civilização humana.

Sendo assim, cabe destacar a competição como característica típica do capitalismo e a cooperação como a do socialismo? Apenas como recurso apelativo dentro de uma oratória ideológica com o objetivo de influenciar ou persuadir leitores ou ouvintes.

A concorrência e a cooperação, dessa forma, são apresentadas como alternativas extremas. A sociedade estaria organizada de acordo com um princípio ou outro. Daí vai uma distância muito grande para os apologistas da economia de livre mercado apelarem para a retórica ilusória segundo a qual "nas ordens capitalistas, as pessoas competem para cooperar umas com as outras". Ainda são limitadas, em quase toda parte, as oportunidades para mulheres e grupos étnicos oprimidos.

Muita gente ouve essa louvação à livre concorrência e se recorda de adjetivos como hostil e implacável, ou da expressão "mercado onde sempre predomina a lei do mais forte". A cooperação não seria melhor para a vida coletiva em vez dessa postura tão antagônica em relação aos demais agentes econômicos, vistos apenas como concorrentes?

Os defensores do livre mercado se defendem. Raramente, dizem, usam a expressão "sobrevivência do mais forte". Esta foi cunhada para descrever o processo da evolução biológica referente à seleção e à sobrevivência das características mais bem adaptadas ao meio ambiente natural. Isso porque ela sugere a sobrevivência apenas dos indivíduos mais aptos em um sistema capitalista.

Do mesmo modo, os oponentes do mercado sem regulação acusam os neoliberais de favorecerem o individualismo "atomista". Segundo esse credo, cada pessoa é egoísta, atenta apenas ao proveito próprio, sem levar em conta as necessidades ou os desejos alheios. Esse "individualismo atomista" é um dos três pressupostos da teoria neoclássica da livre concorrência, junto com o racionalismo e a disponibilidade de informações perfeitas.

O contra-argumento óbvio seria dizer: vivemos juntos e, daí, adotamos a divisão de trabalho e o mercado. Logo, os próprios neoliberais têm de aceitar a impossibilidade de sobrevivência de um indivíduo atomista em nossa sociedade urbana complexa e interconectada, ultrapassado o domínio da propriedade rural autossuficiente.

Alguns ambientalistas críticos do capitalismo poderiam endossar o plano da "volta à natureza". Mas poucos libertários gostariam de renunciar aos benefícios oferecidos pela sociedade urbana complexa. Maior produtividade só é possível graças à interação social.

A cooperação foi essencial para o desenvolvimento da humanidade. Foi necessário criar instituições sociais para a defender. Esse é o grande objetivo do Estado de Direito. Porém, os neoliberais clamam só pelos direitos de propriedade privada ilimitados e por um governo limitado. Os socialistas contrapõem essas ideias com a propriedade coletiva dos meios de produção e a regulação governamental contra a superexploração no mercado.

Ambos necessitam rever seus conceitos, partindo de um certo consenso social. Em uma sociedade livre e democrática, os indivíduos conquistam direitos imprescritíveis e devem viver de acordo com a obrigação geral de respeitar os direitos dos outros indivíduos. A direita necessita rever sua ideia de redução ao Estado mínimo e corte de direitos para caber no orçamento. Por sua vez, a esquerda deve reconhecer o avanço histórico ocorrido através da conquista de propriedade privada pelos homens comuns, isto é, "não nobres". Acesso à moradia e a bens de consumo duráveis, além de empreendimentos geradores de emprego, foram conquistas sociais. Regular o mercado não significa o travar ou extinguir.

Todos os cidadãos conscientes percebem as interações de direitos e deveres da cidadania como condicionantes do crescimento sustentado com inclusão social, em um ambiente complexo de plenas liberdades democráticas. Tal progresso gradual ocorre pelo processo de suas conquistas – e atuação em suas defesas –, sem revoluções totalitárias, mas com re-evolução humana.

Manifesto de esquerda democrática

A esquerda ainda paga o preço político do totalitarismo na experiência do Socialismo Realmente Existente. Foi apenas fruto das circunstâncias históricas ou o "ovo da serpente" foi chocado a partir de *O manifesto comunista* (1848), escrito por Karl Marx e Friedrich Engels, quando pregaram "a história de toda a sociedade até o presente é a história da luta de classes"?

Essa visão era historicamente falsa. A história humana tinha se definido até então pela predominância do regime de escravidão imposto pela casta de guerreiros e aristocratas governantes em favor da casta dos comerciantes. A casta dos sábios-sacerdotes não se rebelava contra. Também a casta dos trabalhadores artesãos ou artífices não se incomodava, dado seu nicho de mercado de trabalho artesanal. As alianças entre essas castas, indiferentes aos párias, periodicamente, foram (e são) golpeadas e contragolpeadas. Isso ocorre toda vez quando há a tentativa de uma delas impor seus valores morais sobre as demais. Esse instável jogo de alianças entre castas explica melhor a longa história da humanidade. Vem de tempos remotos – e vai muito além do capitalismo.

As castas são membros de diversas redes e instituições de poder, cada uma apresentando sua própria cultura e incentivando determinado estilo de vida. Como tipos ideais, empregando o arquétipo de Weber, são úteis para mostrar como nossas ocupações se relacionam com nossos valores. A profissão e a experiência de trabalho são fundamentais para a formação das atitudes políticas, porém, outros atributos de cada pessoa importam. *Ethos* é o conjunto de costumes e hábitos fundamentais, no âmbito do comportamento (instituições, afazeres etc.) e da cultura (valores, ideias ou crenças), característicos de uma determinada coletividade, época ou região.

Uma esquerda democrática pós-marxista necessita abandonar a ideia primária de ditadura do proletariado. Supostamente, esta superaria a ditadura da classe capitalista e levaria ao reino da abundância. Superada a fase socialista de "a cada qual segundo sua capacidade", haveria a possibilidade da fase comunista de "a cada qual segundo sua necessidade". Essa crença idílica é não científica. Aposta em um determinismo histórico ineluctável sob a batuta de um proletariado – agrupamento social miserável possuidor só de prole – já em extinção. Na atribuição lhe imposta de ser o sujeito revolucionário, não há mais as justificativas de "não ter nada a perder" e de "ser a classe mais organizada".

Outra subcasta, a dos sábios-universitários, emergiu da massificação do ensino superior no pós-guerra. Parte da geração do *baby boom* dela se beneficiou. Alguns poucos membros dessa "classe média" ampliada constituirão, mais uma vez, uma vanguarda descolada das massas populares? Caso isso ocorra sem democracia eleitoral (e possibilidade real de alternância de poder) resultará novamente em totalitarismo.

Quanto pior, melhor para a revolução socialista?! Esse ponto de vista "evolucionário ou faseológico" do marxismo vulgar (stalinista) merece a crítica da esquerda democrática pós-Socialismo Realmente Existente. Esta vê uma transição reformista e gradual para a mudança do modo de produção capitalista não para novo modo de produção, mas sim um modo de vida quiçá socialista.

Não será fruto de uma revolução súbita (ou "golpe de Estado por golpe de sorte"), porque se trata de uma mudança dialética de quantidade para qualidade. Quando um modo de vida não muda de natureza, sua mudança é apenas quantitativa; quando muda de natureza, tornando-se outro modo de vida, sua mudança é qualitativa. Esta será decorrente da emergência sistêmica de interações das conquistas de direitos (e de cumprimentos de deveres) da cidadania, pelos quais se preservam a liberdade e a fraternidade na busca processual da igualdade social.

Para a crítica ser construtiva, há necessidade de se propor um sonho (real), uma alternativa (viável) e uma utopia (necessária). Utopia não é um mundo imaginário, mas sim a crítica ao mundo real com a apresentação de *o que deveria ser*.

Dependência de trajetória reconhece a importância da história. Superada a fase iluminista das revoluções burguesas, o liberalismo tornou-se reacionário em face das lutas socialistas por um projeto de conquista social progressiva de direitos, preservando sempre os valores republicanos democráticos: igualdade, fraternidade e liberdade. Esses direitos, tradicionalmente, são divididos em três tipos: civis, políticos e sociais. No século XXI, acrescentam-se os direitos econômicos e os das minorias.

Todos à esquerda democrática devem ter a clara noção de direitos e deveres éticos da cidadania necessitarem andar sempre juntos com a evolução econômica. O direito de um cidadão implica necessariamente uma obrigação de outro, no mínimo, via pagamento de tributos e tratamento da coisa pública com impessoalidade e honestidade. Das interações entre instituições da cidadania emergirá uma real democracia.

A esquerda democrática enxerga as interações entre todos os direitos da cidadania como condicionantes do crescimento sustentado com inclusão social, em um ambiente de plenas liberdades democráticas. É necessário o respeito a essas instituições inclusivas. Fomentam a atividade econômica empregadora e incluem segurança da propriedade privada, sistema jurídico imparcial, serviço público ofertante de condições igualitárias para as pessoas estabelecerem os contratos e as trocas. Cabe a superação das instituições extrativistas. Elas espoliam renda da maioria em favor do rentismo de uma minoria econômica. Esse programa de plena cidadania seria o modo seguro de afastar o risco de o golpismo de direita não respeitar o resultado da democracia eleitoral quando os eleitores optam pelo populismo de esquerda.

O populismo de esquerda segue uma lógica específica, relacionada às identidades coletivas e às demandas sociais. Ele valoriza a organização e a atuação política do povo.

Diferentemente, durante a campanha eleitoral, o candidato populista de direita – hoje é comum se apresentar se for uma "celebridade midiática" – conquista o voto das massas populares, baseando-se em um discurso simplório, carismático, direto e pessoal, dispensando intermediações por parte de partidos políticos. Ele "vende" a ideia de ser um "salvador da pátria". Ele se diz capaz de resolver todos os problemas do país por si só, deslegitimando as instituições democráticas e os partidos políticos.

Toma, caso seja vencedor, medidas personalistas ou ideológicas não apresentadas, previamente, em seu programa eleitoral e/ou governamental. Suas demagogias de "gestor" ou "guerreiro" podem ser aceitas, inicialmente, pelo povo alienado da participação política sem a percepção de estar se impressionando por factoides de menor importância. Mas ninguém consegue enganar todo o mundo durante o tempo inteiro. Logo surgem o desapontamento, a decepção e o arrependimento dos eleitores. Aí já era...

Estado de Bem-Estar Social: aliança entre castas

Casta é um sistema tradicional, hereditário ou social de estratificação, com base em classificações como a raça, a cultura, a ocupação profissional, a religião etc. É milenar, sendo adotado muito antes das classes de renda e riqueza do capitalismo. Vai além, pois contempla também o *ethos* cultural, inclusive valores morais e políticos.

No sistema de estratificação tradicional da Índia, *casta* é um grupo social fechado, de caráter hereditário, cujos membros pertencem à mesma etnia, religião ou profissão. Por extensão, qualquer grupo social ou sistema rígido e hereditário de estratificação social tende a ser denominado de *casta*. Então, designa a camada social formada por cada parte de uma sociedade organizada de maneira hierárquica e excludente dos párias.

A linhagem étnica, a profissional e a geracional são vistas conforme pressupostas características físicas e morais. Elas identificam as castas básicas: guerreiros-militares, oligarcas governantes, mercadores, sábios sacerdotes e/ou intelectuais, trabalhadores organizados. Há subcastas. Fora delas, restam os párias.

Párias são pessoas marginalizadas na sociedade por não serem pertencentes a qualquer casta, consideradas impuras e desprezíveis pela tradição cultural hinduísta. Entre elas, em sua maioria descendentes de tribos nativas e insubmissas ao domínio colonizador, também se incluem os bastardos, isto é, os filhos de meretrizes, cujos pais são estrangeiros ou pertencentes a castas. Além desses, são também excluídos do convívio social com castas os culpados por cometerem graves infrações contra preceitos sociais ou religiosos.

Em sentido pejorativo, casta se refere a qualquer grupo de cidadãos em destaque em face dos demais por seus privilégios, ocupações, costumes e/ou preconceitos. Por exemplo, existe a subcasta dos sábios-tecnocratas com seu poder baseado em conhecimento técnico. Faz sentido recuperar essa antiga categoria ocupacional para reinterpretar o mundo contemporâneo.

No pós-guerra, o mundo desenvolvido entra em fase de hegemonia dos valores do sábio e do trabalhador, em defesa de planejamento estatal e bem-estar social em um reformismo social-democrata. O equilíbrio das forças sociais entre as diversas castas difere em dependência de certas condições nacionais, segundo David Priestland, em seu ensaio *Uma nova história do poder: comerciante, guerreiro, sábio* (2014).

O mercador tornou-se mais fraco e o trabalhador, mais forte nos países escandinavos, onde os sociais-democratas alcançaram o poder desde a década pré-guerra. Nessas sociedades, os operários desfrutavam da generosidade dos Estados de Bem-Estar Social: os benefícios eram altos e concedidos a todos, fosse qual fosse a contribuição individual dada em trabalho.

Mais comum no continente europeu foi o tipo de capitalismo favorecido pelos partidos democráticos-cristãos de centro-direita. Muitos dominaram a cena política europeia a partir de 1945. Nesses casos nacionais, o operário e o sábio eram mais fracos em comparação ao dominante em países nórdicos. Prevaleciam as velhas ideias paternalistas enraizadas no seguro social de Bismarck ou na visão católica de sociedade caritativa.

No caso brasileiro, a social-democracia implementada pelos sociais-desenvolvimentistas resulta em um Estado de Bem-Estar Social ainda menos igualitário se comparado ao europeu. É fundado em esquemas de proteção social, mas mantém as distinções entre as classes econômicas. Pela força da pressão social-midiática e da lógica religiosa conservadora, aliadas com a centro-direita ainda hegemônica, a cobrança é ele se tornar muito mais generoso para a classe média do que para as classes trabalhadoras e os pobres.

A esquerda marxista, tradicionalmente, é muito crítica em relação à ordem econômica europeia, considerada demasiadamente orientada para o mercado. Mas não há como negar que tanto o sistema social-democrata como o democrata-cristão, entre 1945 e 1973, durante a vigência do Acordo de Bretton Woods, conseguiram restringir seriamente o comerciante e criar um acordo de castas bem-sucedido.

A derrota dos nazistas e a ameaça do comunismo forçaram as elites europeias a incorporar as classes trabalhadoras em uma nova ordem de castas. Conseguiram a paz social com a ajuda de instituições democráticas liberais.

Esse novo acordo entre castas, equilibrando o operário, o comerciante brando e (no caso da democracia cristã) o aristocrata paternalista, todos eles organizados pelo sábio-tecnocrata racional, também trouxe crescimento econômico. Negociações salariais centralizadas, intermediadas por governos, patrões e sindicatos, conseguiram aumentos na taxa de emprego e na igualdade salarial, restringindo firmemente as demandas trabalhistas inflacionárias.

A tradição sábia nos negócios, combinada à velha cultura artesanal entre os trabalhadores, criou sistemas de educação e aprendizagem indispensáveis para setores com tecnologia sofisticada. Paralelamente, as empresas se sentiam confiantes para investir em inovações caras, contando com as relações estáveis com bancos – e protegidas da instabilidade do mercado financeiro internacional.

O sistema fordista de produção e consumo em massa, exportado dos Estados Unidos para a Europa, esteve sob o controle do sábio-tecnocrata. Foram as iniciativas particulares coordenadas por planejamento indicativo: um instrumento fundamental para transformar o norte da Europa e o Japão em potências industriais. Gerou uma forma mais inclusiva e menos elitista do capitalismo competitivo e colonizador do século XIX.

O sábio-tecnocrata e o operário, no entanto, desfrutaram apenas de uma ascendência moderada e com curta duração na Grã-Bretanha e nos Estados Unidos, sociedades mais dominadas pelo mercador. Não conseguiram criar a economia colaborativa necessária ao Estado de Bem-Estar Social. Quando o sistema de *Bretton Woods* começou a ruir, a classe média britânica e a norte-americana votaram em neoliberais, respectivamente, Margareth Thatcher e Ronald Reagan.

Nos Estados Unidos, na verdade, a virada contra os trabalhadores veio antes, quando, na era do *macarthismo*, o Congresso diluiu muitas conquistas dos sindicatos sob o *New Deal*. A suposta "ameaça do perigo vermelho", na Guerra Fria, empurrou a política para a direita. Mesmo assim, não houve retorno ao sistema dos anos 1920 de puro domínio do mercado financeiro e dos bancos – as lembranças de 1929 ainda eram muito recentes.

Até os anos 1970, as empresas se autofinanciavam com o lucro retido e ficavam relativamente independentes do mercado acionário. Os sábios-gestores conseguiam impor estabilidade e crescimento constante acima do desejo dos comerciantes-acionistas de maximização dos lucros já no curto prazo.

A Guerra Fria e sua influência decisiva para a volta ao poder da casta dos guerreiros nos Estados Unidos também criava a expectativa de não haver um retorno direto para a era puramente mercantilista com fragilidade política das demais castas. Os enormes gastos do complexo militar-industrial reforçaram o papel do Estado e, em especial, da casta dos sábios-pesquisadores nas universidades. Estes contribuíram para o avanço na tecnologia de informações.

Também os comerciantes (brandos) se beneficiaram, tanto os norte-americanos quanto os europeus. A América garantia a segurança da Europa Ocidental e esta podia superar a mentalidade guerreira do passado recente. Canalizou suas energias para criar um mercado interno integrado de porte similar ao norte-americano. Os cidadãos europeus estavam muito menos dispostos a buscar a salvação na casta dos guerreiros. O sistema capitalista reformado satisfazia o bem-estar social em vez de dividir a sociedade.

No entanto, houve oposição a esta cultura norte-americana do consumismo a partir da direita e da esquerda tradicionais. Esse sistema de valores glorificava o individualismo e a competitividade. Levava trabalhadores incultos, atletas-guerreiros e sábios-artistas à imitação do *ethos* do comerciante novo-rico, obcecado pela competição por *status* social via estilo de vida com ostentação de consumo.

A nascente *cultura do consumo em massa* foi eficaz para marginalizar os comunistas sob influência soviética. Porém, sua crítica pelos libertários "hippies", em conjunto com a crítica ao Estado, seja pela aliança entre sábios-tecnocratas e guerreiros norte-americanos, metidos na Guerra do Vietnã, seja pelas ditaduras latino-americanas, a partir dos anos 1960, paradoxalmente, abriu guarda para o pleno retorno da lógica de mercado adotada pelos mercadores-financistas.

A *Era Hippie* comunitária dos anos 1960 é substituída pela *Era Yuppie* individualista dos anos 1980. *Yuppie* é uma expressão inglesa, cuja sigla significa *Young Urban Professional*, ou seja, Jovem Profissional Urbano. É um termo usado para se referir a jovens profissionais entre 20 e 40 anos de idade, geralmente com situação financeira intermediária entre a classe média e a classe alta.

Os *yuppies* em geral possuem formação universitária, valorizam bens materiais, trabalham em suas profissões de formação e seguem as últimas tendências da moda. *Yuppie* designa um conjunto de atributos e traços de comportamento de alpinismo social. Vieram a constituir um estereótipo comum nos Estados Unidos, na Inglaterra e em vários outros países do Ocidente. O termo é utilizado como um rótulo pejorativo, tanto em países de língua inglesa, como também em países de língua portuguesa. Os *yuppies* tendem a ser mais conservadores se comparados à geração anterior a deles, a dos *hippies*.

Hoje, a *geração Millenium* é formada por jovens nativos digitais. Nunca viveram sem internet. Ao compartilhar suas experiências pessoais (e *selfies*), iludem-se com a capacidade de interconexões individuais alcançar o poder de mudar o mundo. Eles se acham mais informados, influentes, colaborativos e globalizados. Para eles, as corporações são instituições com obrigações de recompensar a sociedade por ganhos – e danos.

O eleitorado passou a se dividir em quatro grandes grupos:

1. a *Nova Esquerda*, culturalmente liberal e cética quanto ao mercado;
2. a *Velha Esquerda*, mais conservadora, radicalmente contra o livre mercado, atitude mais comum dos remanescentes da classe operária industrial;
3. o *comerciante brando*, culturalmente liberal, pró-mercado;
4. o *comerciante firme*, mais autoritário, encontrado entre os pequenos negociantes e os funcionários de colarinho-branco no setor empresarial.

No entanto, hoje, a nova esquerda passa a rever a "política identitária", adotada pelos democratas. Ao segmentar o eleitorado e customizar a mensagem para hispânicos, negros, mulheres e cidadãos LGBT, os liberais americanos – nos Estados Unidos são pessoas de centro-esquerda defensoras da atuação do Estado para reduzir desigualdade – teriam perdido a capacidade de formular uma visão de país atraente para toda a população.

O desafio político não é parar de lutar pelos direitos das minorias, mas começar a ganhar essas lutas com votos da maioria. O único jeito de vencer eleições é também persuadir conservadores, sob domínio religioso evangélico, submisso à maioria branca. Para isso é preciso achar uma mensagem com sentido para eles. Se a esquerda falar em princípios gerais democráticos, como solidariedade e proteção de direitos humanos universais, isso atinge igualmente o trabalhador branco e negro. O problema da "política identitária" é sua mudança de foco ao priorizar a política simbólica de reconhecimento das minorias como indivíduos particulares em vez de ganhar eleições.

Geopolítica e Geoeconomia

Revolução Industrial e sociedade de consumo em massa

Segundo Niall Ferguson, em seu livro *Civilização* (2012: 237), a Revolução Industrial não teria começado na Grã-Bretanha e se espalhado para o restante do mundo sem o desenvolvimento simultâneo de uma sociedade de consumo dinâmica. A sustentabilidade da industrialização foi os trabalhadores se tornarem, ao longo do tempo, também consumidores. Diferentemente dos escravos e dos servos, sem possibilidade de comprar roupas, tendo apenas uma peça de vestimenta, os assalariados acabaram comprando um guarda-roupa.

Uma das maiores inovações recentes, nos séculos XX e XXI, foi a massificação da sociedade de consumo a partir do Ocidente (EUA), mas globalizando-a com força maior a partir do Oriente (China) com o barateamento dos bens de consumo duráveis e não duráveis. Esse é, segundo Ferguson, "um dos maiores paradoxos da história moderna: um sistema econômico projetado para oferecer escolha infinita ao indivíduo ter terminado homogeneizando a humanidade". Toda ela, de maneira padronizada, veste jeans, camisetas e tênis relativamente baratos.

A primeira fase de industrialização esteve concentrada nos produtos têxteis. Embora tenha durado décadas, a Revolução Industrial foi extremamente localizada em poucas regiões da Inglaterra e setorialmente concentrada em tecelagem de algodão. O setor têxtil foi o responsável pelo "milagre econômico britânico". Em meados dos anos 1780, a exportação de tecidos de algodão correspondia a apenas 6% do total das exportações britânicas. Em meados dos anos 1830, a proporção havia subido para 48%, em sua maior parte para a Europa continental. No continente, os europeus adquiriram um gosto por roupas baratas industrializadas muito antes de aprender a produzi-las por conta própria.

Por que a Grã-Bretanha se industrializou primeiro? A sociedade de consumo inglesa não era significativamente mais avançada comparada a outros Estados do noroeste europeu. O nível de disseminação de conhecimento científico não era notadamente superior. Embora tivesse avanços na agricultura, serviços bancários e comércio, isso não desencadeou um surto de investimento no aumento da produtividade têxtil, do ferro e da produção de energia a vapor.

As vantagens institucionais no âmbito da política – a soberania do Parlamento – e do direito – a *Common Law*, encorajando a formação de corporações e oferecendo garantias contratuais aos credores –, sem dúvida, ajudaram a Grã-Bretanha a sair à frente de outros futuros impérios no século XVII e, sobretudo, no século XVIII. Os impostos do século XVIII, incidentes sobre os tecidos indianos de algodão, deram alguma vantagem aos manufatureiros britânicos, assim como políticas protecionistas similares, mais adiante, deram às indústrias incipientes dos Estados Unidos contra a competição britânica.

A Grã-Bretanha diferia, significativamente, de outros países do noroeste da Europa em dois aspectos. Eles tornam a Revolução Industrial lá compreensível. O primeiro era a força de trabalho ser claramente mais cara comparada ao continente. A segunda razão era o carvão britânico ser abundante, acessível e, portanto, muito mais barato em relação ao outro lado do canal da Mancha. Juntas, essas diferenças explicam por que os empreendedores ingleses estavam muito mais motivados para buscar a inovação tecnológica em relação a seus pares continentais. Fazia mais sentido lá em face de qualquer outro lugar substituir homens caros por máquinas alimentadas por carvão barato.

Embora, evidentemente, a Revolução Industrial tenha melhorado as condições de vida em longo prazo, no curto prazo parecia tornar a vida dos operários pior. As propostas d'*O manifesto comunista* não atraíram, porém, os trabalhadores industriais a quem se dirigiam. Marx e Engels reivindicavam a abolição da propriedade privada; a extinção da herança; a centralização do crédito; a propriedade estatal de todos os meios de produção. Os sindicalistas de meados do século XIX queriam *cidadania*, isto é, *conquista de direitos*: um governo constitucional; a liberdade de expressão, de imprensa e de associação; uma representação político-partidária mais ampla por meio da reforma eleitoral; a autodeterminação nacional ou autogoverno.

A luta por representação cada vez mais ampla levou a uma legislação benéfica aos grupos de baixa renda. O aumento nos salários reais, graças às pressões dos sindicatos, se traduziu em acesso à sociedade de consumo para os trabalhadores. Marx ignorou a possibilidade de os trabalhadores desejarem se tornar consumidores. Os cidadãos almejavam a democracia da propriedade da casa própria.

Nos Estados Unidos do pós-Segunda Guerra, a sociedade de consumo se tornou um fenômeno de massas, por exemplo, diminuindo significativamente as diferenças de vestuário entre as classes sociais. Antes da guerra, a maioria das roupas era feita sob medida por alfaiates. Mas a necessidade de manufaturar milhões de uniformes incentivou o desenvolvimento de tamanhos-padrão. Os tamanhos padronizados permitiram que não só uniformes, como também roupas civis, fossem produzidos em massa e vendidos *prêt-à-porter* ("prontos para vestir").

De maneira mais inesperada, a sociedade de consumo forneceu ao Leste Asiático (e não à ex-URSS) não só um modelo a ser seguido, como também um mercado mundial para seus bens de consumo baratos. Então, o Socialismo Realmente Existente, isto é, o socialismo de mercado, propiciou a economia de escala propícia a esse barateamento e, consequentemente, a revolução mundial na sociedade de consumo. A inclusão em massa nesse mercado global é uma conquista social e não deve ser menosprezada.

A esquerda e os ambientalistas devem rever suas críticas ao "consumo popular". Têm, sim, de defender a popularização da Educação Financeira, para se trocar renda do trabalho por renda do capital financeiro, durante a aposentadoria, e evitar o consumismo levar ao endividamento desenfreado, ou seja, à "escravidão por dívida". Além, é claro, de evitar o esgotamento dos recursos naturais do planeta em função de obsoletismo programado ou consumo não essencial e supérfluo.

Comparação entre indicadores geoeconômicos e demográficos do G15

A retórica oposicionista, durante a eleição de 2014, abusou da comparação entre indicadores econômicos conjunturais do Brasil com seus vizinhos latino-americanos. Serviu para "denúncia" da taxa de crescimento do PIB, da inflação e do déficit externo. Não serviu para explicar, por exemplo, por que a taxa de desemprego esteve baixa no Brasil até o final daquele ano.

O discurso então situacionista reagiu de imediato. A comparação deveria ser realizada frente, pelo menos, aos países situados nas 15 primeiras posições no *ranking* do PIB por Paridade do Poder de Compra (PPC). Nessa listagem, incluindo a União Europeia (tratada já como se constituísse os "Estados Unidos da Europa"), o Brasil encontrava-se em oitavo lugar, ou seja, um posto intermediário no G15.

Qual é o problema dessas comparações? Elas fazem um corte temporal no ano dos últimos dados disponíveis, focalizando diferenças interespaciais no planeta. Portanto, abstraem as diferenças intertemporais. Não analisam os distintos dinamismos – variações ao longo do tempo – das economias e perdem de vista o mais relevante: a evolução histórica. Sem o conhecimento dado por séries temporais, não avaliam se cada país está tirando o atraso histórico em relação ao(s) país(es) de capitalismo mais avançado ou maduro.

Talvez por razões de espaço – ou mesmo por falta de iniciativa inovadora no *design* ou *layout* –, os diversos sites com indicadores conjunturais fornecem, no máximo, taxas de crescimento mensal, mês contra mês anterior, no ano, nos últimos 12 meses. Pesquisar longas séries históricas exige maior esforço por parte do analista.

Entretanto, mesmo quando comparamos uma amostra adequada dos "países mais ricos", em termos absolutos, abstraindo a melhor (e mais fácil) relatividade dos "pequenos países", podemos obter intuições interessantes a partir da análise dos agrupamentos dos indicadores geoeconômicos e demográficos do G15. Resgatemos, então, a esquecida Abordagem Estruturalista das maiores economias.

A internet propicia acesso a fontes de pesquisa antes impensáveis. Por exemplo, o *World Factbook* da CIA fornece informações sobre a história, pessoas, governo, economia, energia, geografia, comunicações, transporte, questões militares e transnacionais para 267 países e/ou entidades mundiais.

A partir dos dados dessa fonte, começamos pela análise das dimensões dos territórios. A Rússia abrange 17,1 milhões de km², incluindo a gelada

Sibéria. Os outros quatro grandes países – Canadá (9,99 milhões km^2), Estados Unidos (9,83 milhões km^2), China (9,6 milhões km^2) e Brasil (8,5 milhões km^2) – têm grandes territórios. Dependendo da localização geográfica, aumenta a possibilidade de possuir maior reserva de petróleo: Canadá (173,1 bilhões barris ou BBL), Rússia (80,0), EUA (20,7), China (17,3) e Brasil (13,1 bilhões de barris antes da plena exploração do pré-sal). Esses países têm produção expressiva de petróleo, o problema é o consumo de cada qual ser muito grande devido ao tamanho da população.

Os 2,5 bilhões de chineses (1,336 bilhão) e indianos (1,236 bilhão) representam mais de um terço dos 7 bilhões de habitantes do planeta Terra. A população da União Europeia (UE) soma mais de meio bilhão (511 milhões). Nos Estados Unidos habitam quase 320 milhões. Somados aos 120 milhões mexicanos e 35 milhões canadenses, potencializam um mercado interno no Nafta com número próximo dos consumidores europeus. Somando todas essas populações – chineses, indianos, europeus e norte-americanos –, são metade do total mundial.

Evidentemente, a renda *per capita* (PPC) dos mexicanos (US$ 15.600) é inferior em 1/3 à dos americanos (US$ 52.800) e à dos canadenses (US$ 43.100). A da UE é US$ 34.500. Todas elas superam, largamente, as do Bric: Brasil (US$ 12.100), Rússia (US$ 18.100), Índia (US$ 4.000) e China (US$ 9.800). Entretanto, estes quatro países estão no G7 por PIB PPC, desconsiderando a UE.

Quando se considera "a vizinhança", isto é, o bloco regional de cada qual, verifica-se como a geoeconomia (e a história) é determinante do desempenho das economias de mercado. Somando os percentuais de exportação/PIB e importação/PIB, obtém-se o fluxo comercial ou grau de abertura externa de cada qual. Brasil (27,3%), Estados Unidos (29,7%), Inglaterra (29,7%) e Japão (34,2%) são países relativamente "fechados", ou melhor, são mais autossuficientes com seus grandes mercados internos.

Entretanto, por definição, o fluxo comercial da UE com seu imenso mercado interno expandido atinge 87,8% do PIB. Obtém superávit no que é classificado como comércio exterior, mas boa parte dele é constituído por comércio intrafirmas ou, usando o termo da moda, *cadeias globais de valor*. De qualquer modo, exceto os países citados ("fechados"), todos os outros do G15 são mais abertos.

Os outros do Bric – Rússia (52,6% do PIB com fluxo comercial), Índia (57%) e China (47,3%) – ainda estão em situação mais próxima da dos outros europeus – França (56,1%), Itália (58%), Espanha (63,2%), exceto Alemanha (93,6%) – e norte-americanos – México (65%) e Canadá (62,4%).

A Coreia do Sul (105,4%) é um caso típico das plataformas de exportação do Sudeste Asiático. Sua população (49 milhões) só supera a canadense (34,8 milhões) entre as desses países do G15. Aqueles quatro países – Brasil, Estados Unidos, Inglaterra e Japão – constituem "ilhas geoeconômicas" ao não fazerem tanto comércio através de fronteiras terrestres como os demais.

Destacadamente, apenas no PIB da China há baixa participação relativa do Consumo das Famílias (36,3%) entre os componentes da demanda final de bens e serviços. Todos os demais do G15 ficam entre 50% e 59% (Rússia, Coreia do Sul, Canadá, Índia, UE, Alemanha, França, Espanha) ou entre 60% e 69% (Itália, Japão, Brasil, Inglaterra, Estados Unidos), em ordem crescente. Em outras palavras, o peso do consumo no PIB brasileiro fica abaixo apenas dessa relação na ex e na atual potência econômica mundial.

Em Taxa de Investimento, em 2014, a brasileira (19,9% do PIB) superava a da Inglaterra (13,8%), Estados Unidos (15,3%), Alemanha (17,5%), Itália (17,6%), UE (17,9%), Espanha (18,4%) e França (18,7%). Quem afirma "o mundo ocidental já superou a crise em 2009" não dimensiona o que está falando.

De fato, os vizinhos norte-americanos (México com 22,7% e Canadá com 24,6%) estão "tão perto dos Estados Unidos quanto perto do paraíso consumista". Por sua vez, nem a da Coreia do Sul com 27%, nem a da Índia com 29,6%, nenhuma economia atinge a Taxa de Investimento da China: 46%. Ou será *Chimérica*?

Ao "terceirizar a fabricação" para a China – em 2000, os Estados Unidos respondiam por 26,6% e a China por 6,6% do total do valor adicionado gerado pela indústria mundial; em 2009, os números modificaram-se para 18,9% e 15,6%, respectivamente, ou seja, os dois países em conjunto mantiveram quase a mesma participação: de 33,2% para 34,5%. Esses números revelam a extensão da transferência de atividade industrial dos Estados Unidos para a China. As corporações norte-americanas se aproveitaram do baixo custo da mão de obra e da imensa economia de escala da produção chinesa.

Ao vender trilhões de títulos financeiros dolarizados ao Banco da China, para manter a paridade do dólar com o yuan, os Estados Unidos conseguiram usufruir de taxa de juros significativamente mais baixa. O resto do mundo financiava e os norte-americanos consumiam.

Outra diferença do Brasil em relação aos demais países-membros do BRIC refere-se ao Gasto Governamental em 2013-14: 21,7% do PIB contra 18,8% na Rússia, 13,7% na China e 12,4% na Índia. E também em relação ao México (11,8%) e à Coreia do Sul (15,9%). Todos esses grandes países emergentes tentam "tirar o atraso histórico", mas não se apoiam no gasto público. Esse componente da demanda final brasileira estava bastante próximo da UE (21,6%), Espanha (19,9%), Itália (20,6%), Japão (20,7%), Inglaterra (21,4%), Canadá (21,6%) e França (25,1%). Isso não indica que o Brasil adotou, na Era Social-Desenvolvimentista (2003-14), políticas públicas seguidoras do modelo do Estado de Bem-Estar Social, adotado nesses países?

O avanço nas conquistas sociais da cidadania nessa Era foi mais importante comparado ao avanço macroeconômico. O Brasil já ultrapassou a fase de industrialização nascente. Está mais maduro.

Comparação entre graus de urbanização e estruturas produtivas e ocupacionais do G15

Quando se comparam os graus de urbanização dos países do G15 (15 maiores economias, inclusive União Europeia), em 2011 (último ano disponível para todos os países), "salta aos olhos" a grande predominância da população rural na Índia: 68,6%. No Brasil, esse percentual foi registrado pelo Censo de 1940. A população urbana ultrapassou a população rural na China, alcançando 50,5% em 2010. Por sua dimensão, foi um fenômeno mundial. O Censo de 1970 registrou essa ultrapassagem no Brasil: 55,9% contra 44,7% em 1960.

Hoje, com 84,6% de sua população habitando cidades, o país tem 55% dela morando em cidades com mais de 100 mil habitantes. Entre os 5.565 municípios existentes, em 1º de agosto de 2010, 5.282

tinham no máximo 100 mil habitantes, 2.515 até 10 mil e 2.443 de 10.001 a 50 mil. Eram 283 municípios com populações superiores a 100 mil habitantes.

China e Índia possuem cerca de 2,5 bilhões de habitantes, representando em torno de um terço dos habitantes do planeta Terra, como dito anteriormente. Não só seus menores graus de urbanização se diferenciam dos demais países do G15, como também se verifica uma correlação particular entre sua estrutura produtiva e a ocupacional.

A China possui 10% de sua renda gerada na agricultura. Esse setor produtivo ocupa 33,6% de sua população. Esses percentuais na Índia são, respectivamente, 17,4% e 49%.

Os países com essas participações um pouco maiores são justamente os outros grandes países emergentes: Brasil (5,5% de valor agregado e 9% de ocupação rural), Rússia (4,2% e 9,7%, respectivamente), México (3,6% e 13,4%). Pode-se deduzir daí o baixo grau de produtividade da população rural, porém não se deve generalizar para todo o campo de atividades. Por exemplo, a agricultura de exportação brasileira tem alta produtividade em contraste com a baixa produtividade da agricultura familiar produtora de alimentos para o mercado interno.

Os países de "capitalismo avançado" têm, relativamente, baixíssimo valor agregado e pouca gente ocupada na agricultura: EUA, 1,1% e 0,7%, respectivamente; UE, 1,8% e 5,2%; Japão, 1,1% e 3,9%; Alemanha, 0,8% e 1,6%; Inglaterra, 0,7% e 1,4%; França, 1,9% e 2,9%; Itália, 2% e 3,9%; Coreia do Sul, 2,6% e 6,9%; Canadá, 1,7% e 2%, Espanha, 3,1% e 4,2%.

Desconsiderando os casos da Índia e da China, os graus de urbanização dos demais emergentes são elevados: Brasil, 84,6%; México, 78,1%; Rússia, 73,8%. Eles se dividem em dois agrupamentos nítidos: entre os 68,4% da Itália e os 79,6% da Inglaterra estão a Alemanha (73,9%) e a Espanha (77,4%). Todos os outros do G15 estão na faixa superior aos 80,7% do Canadá: Estados Unidos, 82,4%; Coreia do Sul, 83,2%; França, 85,8%; e Japão, o país mais urbanizado, com 91,3%.

Portanto, a população brasileira se situa entre as três mais urbanas das 15 maiores economias. Interessante é correlacionar esse *ranking* de graus de urbanização com os serviços predominantemente urbanos, tanto em termos de valor agregado pelo chamado "setor terciário", quanto pelo percentual da população ocupada com a produção direta de serviços junto aos consumidores.

Pesquisando no *World Factbook* da CIA os diversos *rankings* das 15 maiores economias, percebe-se uma correlação maior entre os graus de urbanização de cada qual e as participações tanto no valor agregado quanto nas ocupações de serviços. Os "*sete países mais industriais*", em termos de geração de renda – China, Coreia do Sul, Rússia, México, Alemanha, Canadá, Brasil –, constituem praticamente o mesmo conjunto dos menos dependentes de agregação de valor em serviços, exceto a Índia, ainda muito rural.

Entretanto, é surpreendente – e chocante – a baixa participação da indústria brasileira em oferta de empregos (13,3%) em face da ocupação em serviços (71%) e mesmo em agricultura (15,7%). A hipótese explicativa relaciona-se à "desindustrialização" referente à perda de participação da indústria de transformação. De início, houve substituição de seu valor agregado pelo da indústria extrativa (mineral com Vale e petróleo com Petrobras), da indústria de construção e dos serviços de utilidade pública (como energia elétrica). A indústria geral tinha pouco alterado sua contribuição percentual ao valor agregado anualmente. Porém, a indústria de transformação ainda oferece, de modo proporcional, mais empregos se comparada a essas outras indústrias.

Embora a força de trabalho brasileira dependa muito dos empregos gerados em serviços urbanos, no *ranking* das 15 maiores economias, nesse quesito, a do Brasil se coloca em posição intermediária (8ª), aliás, a mesma do seu PIB por Paridade do Poder de Compra. As participações da agricultura no Brasil, assim como nos outros países emergentes do Bric e no México, sejam em valor agregado ou em ocupação, ainda são o maior diferencial em relação às economias dos países de "capitalismo maduro".

Na realidade, as maiores características dos países emergentes estão em suas agriculturas e indústrias. As economias europeias e norte-americanas se destacam agora em serviços. O Brasil está no limiar de entrar nesse agrupamento com a elevação de suas participações nessas atividades urbanas.

O Brasil não é mais um país de industrialização nascente. Sua população já emigrou do campo para as cidades. Talvez por isso esteja em uma "crise de meia-idade", isto é, uma crise de desenvolvimento psicológico, quando se tem de decidir o rumo a tomar: crescer menos, porém com estabilidade. Devagar e sempre...

Paradoxo da parcimônia

No *ranking* do G15, o Brasil tem uma das menores poupanças brutas (16% do PIB em 2014), acima só da inglesa (12,2%) e logo abaixo da norte-americana (17,9%). Será esse "consumismo" brasileiro resultante da colonização cultural inglesa no século XIX e da norte-americana no século XX? É puro efeito demonstração por parte de "novos-ricos" brasileiros em busca de exibição de estilo de vida esnobe por seu consumo suntuário? Ou será um comportamento geral do nosso povo – assim como do anglo-saxão – em busca de mobilidade social por aquisição de bens?

Se para investimento o de fato relevante é o financiamento, pouco importa essa poupança equilibradora *a posteriori* das contas nacionais. É apenas uma variável residual entre o fluxo de renda e o fluxo de consumo durante certo período. Não é objeto de decisões individuais, mas sim uma resultante sistêmica do multiplicador de renda. Portanto, não será com mudança nos comportamentos individuais, provocada por um "empurrãozinho" (*nudge* em inglês), por exemplo, deixando automática ou inercial a adesão de empregados a fundos de pensão, o fator a elevar a poupança registrada na contabilidade social.

Na primeira aula de um curso de Introdução à Economia, o professor deve ensinar qual é o conhecimento específico dos economistas: o *sistêmico*. A economia é um sistema complexo no qual, através das interações entre heterogêneos e estratificados agentes econômicos, emergem-se fenômenos macroscópicos. Eles não são passíveis de serem observados se o analista focalizar apenas os comportamentos individuais microscópicos.

O chamado *Paradoxo da Parcimônia* é a ilustração econômica mais conhecida de *sofisma da composição*, alertado por Aristóteles: "o todo é diferente da soma de suas partes". No caso, quando predomina na sociedade uma atitude de "apertar os cintos", supostamente para aumentar a poupança, diminui o consumo, caem as vendas, aumentam os estoques, cancelam-se demandas aos fornecedores, eleva-se a capacidade ociosa, desestimulam-se novos investimentos. Então, a multiplicação de renda e emprego é reduzida. Logo, diminuirá a variável residual entre o menor ritmo de crescimento do fluxo de renda e o consumo básico será mantido. Com a intenção predominante de se aumentar a poupança, paradoxalmente, ela acaba diminuindo.

Economistas com formação pré-keynesiana insistem com o reducionismo ao extrapolar as atitudes pessoais para configurar o todo. Receitam o aumento da taxa de juros para se criar um incentivo ao corte de gastos em consumo e a elevação da chamada "poupança". Essa dependência de trajetória dos juros reais elevadíssimos na economia brasileira eleva a desigualdade social através do enriquecimento financeiro sem a contrapartida de se obter maior poupança macroeconômica, como eles esperam, "para ser canalizada ao investimento".

Cerca de 80% dos consumidores, segundo Pesquisa da Federação do Comércio, preferem comprar de forma parcelada e são mais suscetíveis à redução do prazo de financiamento (ou do número de parcelas) comparada à alta dos juros. O impacto nas vendas da redução nesse prazo é inclusive maior em relação à queda na renda. O mais importante para o consumo popular é "se a prestação cabe no bolso".

Os economistas heterodoxos diagnosticam: "não se poupa na sociedade brasileira porque a maioria ganha pouca renda". Os ortodoxos alegam: "se o nível de renda fosse determinante para a capacidade de poupar, todo país com renda *per capita* menor que a brasileira deveria ter taxas de poupança mais baixas". No G15, a renda *per capita* brasileira por paridade do poder de compra (US$ 16.100) é superior somente às do México (US$ 15.600), China (US$ 9.800) e Índia (US$ 4.000). Mas as poupanças brutas destas duas últimas, respectivamente, 48,9% e 30%, conjuntamente com a da Coreia do Sul (35,1%), estão entre as três maiores.

A China tem o menor percentual (6,1%) da população abaixo da linha de pobreza e a menor participação do consumo no PIB (36,8%), enquanto o Brasil tem, respectivamente, 21,4% (11º lugar) e 63,5% (12º lugar). Quanto ao percentual de consumo dos 10% das famílias com renda mais baixa e dos 10% das com renda mais alta, no caso chinês é 1,7% (11º) e 30% (6º) e, no caso brasileiro, é 0,8% e 42,9%. O Brasil ocupa a última colocação nesses quesitos, assim como no fluxo comercial (exportação mais importação/PIB): 28,4% em 2015. Esse baixo grau de abertura externa indica a maior importância de seu mercado interno para o dinamismo da economia. Diminuir o consumo doméstico é o caminho para a recessão.

Pelo contrário, a estratégia do capitalismo de Estado chinês foi planejada com endividamento e investimentos das empresas estatais, investimento direto estrangeiro com transferência de tecnologia, em conjunto com a manutenção da moeda nacional praticamente atrelada ao dólar. Ganhou competitividade internacional por barateamento de bens industriais, relacionado à imensa economia de escala e aos baixos salários. Com isso, manteve a velocidade da expansão econômica e do emprego para sua gigantesca força de trabalho.

Logo, a elevada taxa de poupança por lá está associada, *a posteriori*, ao efeito dos juros baixos fixados pelo Banco Central Chinês (BCCh), como referência para custo do *funding*, e repassados com baixo *spread* pelos empréstimos de bancos públicos. O crédito multiplica moeda e renda, via investimento financiado, em um processo interativo de diversas rodadas em uma velocidade muito superior ao ritmo padrão do consumo. Ao fim e ao cabo, a diferença entre as dimensões desses dois fluxos – renda e consumo – resulta na grande poupança agregada.

Embora tenha melhorado, a distribuição de renda brasileira ainda é pior entre todos os países do G15. Nosso país tem o Índice de Gini mais elevado. Porém, a concentração de riqueza financeira é muito mais grave comparada à concentração de renda.

Essa é a perversidade social, fruto de análise equivocada de economistas a respeito de poupança. A manutenção de altos juros beneficia só a elevação da renda do capital da casta de mercadores-rentistas. Ela tem todas suas necessidades de consumo atendidas. Penaliza o emprego e a renda do trabalho do resto da população economicamente ativa. Cresce só a "poupança financeira", enquanto decresce a "poupança macroeconômica".

Economia política

Mistura do parlamentarismo com o presidencialismo

Há dificuldade de entender o *populismo*, com o conceito aplicado a situações as mais contraditórias, tanto à direita, como à esquerda, aqui ou acolá. Comumente, entende-se como "populista" quando o povo estabelece conexão direta com uma liderança, desestabilizando a democracia representativa.

Segundo Ernesto Laclau (2013), o populismo não é uma ideologia nem uma conduta irracional, mas segue uma lógica específica, relacionada às identidades coletivas e às demandas sociais. Ele valoriza os momentos de organização e atuação política do povo.

Desse modo, a razão populista é o fundamento mesmo da ação coletiva popular. Recusa argumentos a favor do fim da política, seja apregoar uma revolução total, seja reduzir a política à mera administração das coisas públicas. Nesse sentido, o populismo constitui o alerta quanto aos interesses dos defensores da economia de livre mercado predominarem acima dos interesses populares. A economia tem de estar voltada para alcançar um bem-estar social e não, exclusivamente, para atender à ganância individualista. O instinto de proteção dos seres humanos deve superar o instinto de competição. A cooperação altruísta contribui mais para o desenvolvimento socioeconômico e humanista.

Laclau revê o populismo em chave bem diversa do menosprezo e do desdém em geral atribuídos a ele por acadêmicos esnobes brasileiros. Estes têm a atitude de quem despreza o relacionamento com gente humilde. Imitam, geralmente de maneira afetada, o gosto, o estilo e as maneiras de pessoas de prestígio ou alta posição social, assumindo ares de superioridade exacerbada a propósito de tudo. Para o pesquisador argentino, a prática "populista" representa uma articulação profunda por mudanças institucionais e teve papel preponderante na consolidação da democracia na América Latina.

Devido ao seu "populismo", há dubiedade quanto à análise do papel de Getúlio Vargas na história do Brasil. Uns acham o Getúlio II, isto é, o do segundo mandato (1951-54), um líder populista e autêntico defensor de uma "democracia trabalhista". Assim, ele se redimira do passado de ditador do Estado Novo (1937-45). Este era caracterizado por centralização do poder, nacionalismo, anticomunismo, além do autoritarismo. Outros acham-no apenas um demagogo populista e oportunista para se reapresentar como líder político, adotando bandeiras de luta historicamente associadas ao nacional-desenvolvimentismo e contra os liberais entreguistas.

No dia 3 de outubro de 1950, exatos 20 anos depois do início da Revolução de 1930, a votação para a presidência da República apontou Getúlio com vencedor da eleição com 48,73% dos votos válidos. Foram 3.849.040 votos – recorde histórico até então no país – contra 2.342.384 votos conferidos ao brigadeiro Eduardo Gomes, candidato da União Democrática Nacional (UDN). Apesar dessa nítida vitória, a UDN entrou na Justiça Eleitoral com um pedido de embargo da posse de Getúlio sob o pretexto de o vencedor da eleição (em turno único) não ter obtido a maioria absoluta.

Sessenta e quatro anos depois, o candidato do PSDB, herdeiro do clã dos Neves, também não aceitou a derrota em uma eleição presidencial. Desde a proclamação do resultado pelo TSE, ele apelou, dizendo: "não fui derrotado por um partido político, e sim por uma organização criminosa". Com essa atitude antidemocrática, deu início às articulações golpistas para incentivar os protestos nas ruas, defendendo o *impeachment* de Dilma Rousseff através de conspiração entre o Poder Parlamentar e o Poder Judiciário, louvada por orquestrações midiáticas.

Ao exigir as eleições serem anuladas, o discurso do (mau) perdedor deu as manchetes de jornais e revistas golpistas para ecoar o axioma de Carlos Lacerda junto aos udenistas-tucanos: "O senador Getúlio Vargas não deve ser candidato. Candidato, não deve ser eleito. Eleito, não deve tomar posse." Colocaram-no em prática em face da candidatura do Lula em 2018.

No entanto, assim como Dilma, Getúlio surpreendeu ao país ao anunciar para o segundo mandato um ministério de perfil nitidamente conservador. Não é incomum, na história política brasileira, "a acomodação freia-acelera", isto é, enquanto o titular do Ministério da Fazenda e o presidente do Banco Central do Brasil defendem, estritamente, um controle anti-inflacionário, os presidentes dos bancos públicos executam uma política de expansão do crédito. Foi assim durante o primeiro mandato de Lula. Tem sabedoria econômica: controla a demanda agregada em termos de consumo em curto prazo, mas não deixa de expandir o investimento em capacidade produtiva e infraestrutura para elevar a oferta agregada em longo prazo. Incomum é frear tudo, provocando uma Grande Depressão, iniciada por Joaquim Levy e aprofundada por Henrique Meirelles e Ilan Goldfajn. Representa a vitória do neoliberalismo sobre o desenvolvimentismo.

Questionado a respeito do perfil da equipe, Getúlio se justificou dizendo pretender fazer um "governo de união nacional". É possível tal façanha quando está em vigor discursos de ódios mútuos? Na verdade, perdura uma questão de ordem prática em todos os regimes presidencialistas brasileiros na democracia. Eles têm de enfrentar um "*sistema pra lamentar*". O presidencialismo se torna refém de um parlamentarismo oficioso. Como administrar o país com o Congresso Nacional em pleno funcionamento, disposto a aprovar "pautas-bombas" para a sabotagem da presidência da República?

Com o Poder Executivo colocado como refém pelo Poder Legislativo, impõe-se a necessidade de uma base aliada sólida com maioria governista. Lula sofreu isso no seu primeiro mandato. Ao evitar que o governo de coalizão ficasse sequestrado por potenciais golpistas, colocando-o sob pressão e exigindo recompensa em dinheiro ou cumprimento de certas imposições, o tesoureiro do PT acabou por levar ao pé da letra a expressão "partidos de aluguel". Ela define, claramente, a maioria dos pequenos partidos brasileiros. Pior, no segundo mandato, Lula ficou refém do antigo PMDB, partido de velhas raposas políticas de oligarquias regionais e/ou clãs dinásticos. O PMDB do Rio sequestrou não só a Petrobras, como também a cidade carioca. O de Minas Gerais pretendia sequestrar a Vale. São Paulo continua sequestrado por emplumados da mesma estirpe do ademarismo, janismo, malufismo.

É uma questão de aritmética. Com Getúlio, em 1950, os dois partidos da coligação vitoriosa fizeram, juntos, 75 deputados federais (51 do PTB e 24 do PSP), em Câmara de 304 integrantes. A UDN elegera, sozinha, 81 parlamentares. Somados aos 36 eleitos por legendas menores conservadoras, totalizavam 117 deputados. O fiel da balança política era o PSD. Conquistara a maior bancada com 112 representantes.

Em meados de 2016, os golpistas tinham na Câmara: PMDB (72), PSDB (53), PP (48), PR (40), PSD (39), PSB (35), DEM (28), PRB (24), PTB (18), SD (14), PTN (13), PSC (10), PPS (10) e mais 8 legendas direitistas com menos de 10 representantes cada, totalizando 409 deputados. A esquerda se reduziu a 98 deputados (20%): PT (60), PDT (20), PCdoB (10), PSOL (6),

Rede (2). No Senado, possuía 14. O PT tinha 9 senadores. Enfrentavam 75 senadores dos partidos da base governista golpista.

Dilma Rousseff se recusou a atuar plenamente de acordo com as regras oficiosas para fidelização de deputados. Temer, por outro lado, fideliza políticos da base governista com:

1. *Emendas* – parlamentares têm direito a destinar parte do Orçamento da União para obras em seus redutos.

   A execução dessas obras e a velocidade delas, porém, dependem de uma série de decisões a cargo do Executivo no que diz respeito a:
2. *Cargos* – parte dos cargos federais de livre nomeação é historicamente loteada pelo Executivo para indicados de parlamentares. Com isso, eles conseguem influência na administração federal.
3. *Carteirada* – parlamentares defendem dentro do governo interesses de variados grupos econômicos e sociais, e (não raro) interesses privados. Para tanto, é essencial o acesso privilegiado a ministros e à burocracia da máquina federal.
4. *Acesso VIP* – parlamentares gostam de ser valorizados, dificilmente esquecem um telefonema ou encontro com o presidente da República. Mesmo não ganhando nada, a (falsa) imagem de posse de "acesso direto ao presidente" valoriza o mandato do político.
5. *Palanque* – parlamentares da base governista fazem questão de ser chamados para inaugurações de obras federais como forma de capitalizá-las eleitoralmente.

Nessas "regras conjunturais" não se consideram as "estruturais": os currais eleitorais constituídos por concessões de redes de TV e rádio ("os coronéis midiáticos") e comunidades religiosas e/ou paroquiais. O Poder Dinástico se mantém no Congresso Nacional de forma hereditária: 49% dos deputados federais eleitos em 2014 são descendentes de políticos profissionais – o maior índice das quatro últimas eleições. Entre eles, apenas 15% dos deputados eleitos para Câmara com até 35 anos não tinham um sobrenome político.

Na Câmara, de acordo com esse levantamento da ONG Transparência Brasil, o Nordeste encabeça a lista das regiões com mais herdeiros (63%), seguida pelo Norte (52%), Centro-Oeste (44%), Sudeste (44%) e Sul (31%). No Senado, entretanto, Sul, Sudeste e Centro-Oeste estão à frente (67%), seguidos pelo Nordeste (59%) e Centro-Oeste (42%). Esse Congresso Nacional é representativo de todo o povo brasileiro?!

Cabe fazer uma reflexão a respeito da estratificação de *castas dinásticas* no estudo do caso brasileiro, visando entender a influência do *familismo* no Poder Legislativo (e econômico) do país. Temos de compreender a enorme influência das dinastias. *Dinastia* é sequência de indivíduos ocupantes de determinada função, cargo ou posto de poder, hereditários ou não. Refere-se à sucessão de herdeiros e continuadores de magnatas e oligarcas da casta dos governantes aristocratas, desde os rurais até os industriais golpistas.

Clã refere-se ao agrupamento familiar comum composto de pessoas que se presumem ou são descendentes de ancestrais comuns. Relaciona-se tanto com *casta* quanto com *partido, facção, lado*.

Oligarquia é o regime político em que o poder é exercido por um pequeno grupo de pessoas, pertencentes ao mesmo partido, classe ou família. Refere-se à preponderância de um pequeno grupo no poder. Por exemplo, o MDB é composto de oligarcas, isto é, partidários das oligarquias regionais.

Perguntas-chave para a esquerda brasileira responder a si mesma:

1. Será (e teria sido) possível governar por 13 anos um país predominantemente conservador – em ideologia e costumes – sem aliança com a direita, quando a esquerda se resumir a uma minoria na Câmara de Deputados?
2. Será (e teria sido) possível ser eleito sem o financiamento corporativo não "a fundo perdido", mas com exigência de contrapartidas?
3. O partido político é um instrumento para se alcançar o poder ou apenas para fazer "denúncia do capitalismo"?

Para elaboração de uma estratégia correta nas eleições por parte da esquerda democrática, é necessário levar em consideração toda a experiência histórica e todos esses dados recentes. O desafio é não só eleger o candidato com maior chance, mas também uma maioria de parlamentares para não ficar novamente refém de PMDB e cúmplices.

Isso não é fácil, pois implica elevar sua participação na Câmara de 20% para 51% dos deputados, ou seja, de 104 para 257. É viável conseguir uma maioria em um quadro de intensa polarização e intolerância mútua em um sistema partidário fragmentado? Talvez fosse em um sistema bipartidário. Dedução: em uma eleição presidencial de dois turnos e parlamentar em turno único, a esquerda democrática tem de se reunir em uma Frente Ampla Parlamentar para exercer Poder.

Corrupção, nomenclatura e meritocracia

A primeira causa da corrupção é a *falta de educação cívica e ética*. Essa carência de idoneidade moral é responsabilidade individual dos corruptores e dos corruptos, portanto, pessoal e intransferível. Eles não tiveram autocontrole em sua ganância de maior enriquecimento e se corromperam. Tem de ser punidos. Um espanto popular é eles já serem muito ricos. O aparente "mundo à parte" desses milionários leva a uma competição entre si, pois se consideram todos poderosos e impunes.

Uma segunda causa é a *tradição histórica* de, rapidamente, "fazer a América", inclusive via predação e pilhagem patrimonialista. Aparecem só agora "os casos de corrupção amplamente divulgados no país" porque a democracia brasileira amadureceu a ponto de "colocar os dedos nas feridas históricas". Passou-se a enfrentar os problemas de corrupção. Anteriormente, se suspeitava, mas os investigadores se omitiam por temerem a pressão governamental autoritária. Isso era devido, antes, à falta de Estado de Direito na Ditadura Militar, inclusive censura à imprensa, depois, à falta de autonomia do Ministério Público e da Polícia Federal.

Uma terceira causa é *econômica*: a sedução do enriquecimento pessoal propiciada pelo manejo de grandes verbas para obras públicas com a retomada do planejamento estratégico de nosso desenvolvimento. Sem governança ou *compliance* (conformidade jurídica) adequados, nas empresas estatais e privadas, em ambas os dirigentes se corromperam.

Por sua enorme dimensão, a indústria do petróleo, no caso da Operação Lava-Jato, tem uma longa tradição mundial de *cartelização*, inclusive a notória Opep. Há mais de cem anos, os Estados Unidos declararam uma guerra política e judicial contra as práticas cartelizadas de negócios de Rockefeller e seus sócios desde o início da Standart Oil Trust. O crescimento dos cartéis, nas últimas décadas do século XIX, havia transformado uma economia descentralizada e competitiva, constituída de muitas pequenas empresas, em outra dominada por imensos conglomerados chamados *trustes*, cada qual montado em certo ramo industrial, vários deles com os mesmos investidores e diretores.

A Standard Oil contratou o melhor e mais caro talento dos meios judiciais para enfrentar "essa loucura de febre antitruste". Procurou igualmente influenciar o processo político, aperfeiçoando a arte da contribuição política oportuna. A imprensa não ficou de fora do butim. Ela conseguia plantar notícias favoráveis nos jornais, barganhando-as com espaços comprados para propaganda.

Em 1892, o truste foi dissolvido e as ações transferidas para 20 companhias. Porém, o controle permaneceu com os mesmos donos com uma *holding company* de toda a sua operação. Em 1909, no principal processo antitruste, a Corte Federal ordenou a dissolução da Standard Oil. Ela recorreu à Suprema Corte. Esta, por fim, em maio de 1911, sustentou a decisão da Corte Federal. Foram duas décadas para todo o processo judicial. No caso brasileiro, cem anos depois, demorará tanto?

Uma quarta causa da corrupção é *política*: o chamado "presidencialismo de coalizão partidária" com o "toma lá dá cá" para se montar a (infiel) base governista. Ela é aliada não com base em programa de governo, mas sim em barganha por cargos, verbas e financiamentos de campanhas eleitorais dos congressistas.

Ligado a essa causa está o problema da *Nomenclatura*: os aparelhos partidários permitem que suas lideranças dirijam o Estado brasileiro. Significa a lista dos postos de direção do poder das autoridades superiores e a lista das pessoas indicadas por partidos para ocupar cargos ou mantidas em reserva para esses cargos.

Nenhum partido dispõe de um efetivo técnico qualificado suficientemente para exercer, sozinho, a direção do enorme aparelho estatal brasileiro, ocupando todos os postos de sua responsabilidade. Desse vazio existente, os carreiristas se ocupam em preencher como "homens cordiais", parasitas submissos aos "poderosos".

Para ter alguma chance de êxito, basta pouca coisa: entrar para o partido e seduzir com afeto e dedicação a sua direção. Ter pertencido a alguma organização política clandestina, há quase 50 anos, a um sindicato ou uma associação patronal também é reconhecido como "serviço prestado à pátria". Fora a consideração mais importante: relacionamento afetivo-familiar com uma liderança.

Quais critérios atendem à necessidade de uma seleção? O critério mais importante não é a reputação profissional, demonstrada através de títulos ou currículo, mas o "perfil político". O triunfo do "perfil político" encontra sua explicação na conveniência de dar empregos a pessoas pouco aptas, até mesmo inaptas, para o trabalho a realizar.

Cada um deve ser consciente do fato que ocupar um posto não é um direito adquirido por sua competência, mas um favor que lhe é feito pela direção. Ele poderá ser facilmente substituído se lhe for retirado o favor. Ninguém é considerado insubstituível. Por isso, quem não se preza fica mais dependente da manutenção desse favor a qualquer custo.

É raro encontrar nos governos pessoas verdadeiramente talhadas para o posto ocupado. Isso porque basta os órgãos de direção dos partidos recomendarem seus protegidos às "instâncias superiores".

As camadas partidárias evoluem em duas direções opostas. A alta hierarquia sobe e começa a dar ordens, enquanto a baixa – os simples militantes dos partidos – se vê obrigada a executar ordens sem hesitar. Aqueles da alta administração tomam as decisões, enquanto os de baixo escalão informam-se sobre as decisões e executam-nas, observando as oportunidades de se locupletar.

Uma onda crescente dos carreiristas ávidos de poder só continua a aumentar. Não querem o desenvolvimento socioeconômico do país, mas apenas os bons postos para se tornarem ricos. Qualquer regime político é visto como oportunidade para isso.

A praga da corrupção assola todos os lugares – e em todos os tempos. O desejo desmedido de enriquecimento "em nome da família" parece fazer parte da natureza humana.

Exige-se eterna vigilância externa para incentivar o *autocontrole pessoal*. As cruzadas morais não fortalecem o controle da corrupção nem previnem o abuso, mas sim a educação e o desenho institucional voltado para maximizar os incentivos para o (auto)controle.

Reforma política: entre o poder e o desejo

Não é difícil apontar os pontos essenciais de uma reforma política contra a ilegitimidade atual de parte da representação parlamentar.

Uma ideia inicial seria o fim de votos de um candidato "puxador de votos" para completar a votação insuficiente de outros, para torná-los deputados, contribuindo para o baixíssimo nível mental, intelectual ou cultural preponderante na Câmara. Mas o palhaço Tiririca continuaria sendo eleito.

O risco dessa medida supostamente moralizadora será a maioria de um Congresso com 28 partidos não manter o voto de legenda. Em vez de aprovar o sistema proporcional de lista fechada, preordenada por cada partido, seria criado o "distritão", isto é, a implantação do voto majoritário em bases paroquiais ("distritais") nas eleições para a Câmara dos Deputados. O *tertius* pactuado seria um sistema distrital misto: combinaria metade em lista fechada e metade em voto distrital, com o eleitor votando uma vez em cada.

Outro risco seria a fragmentação social da democracia em nome do personalismo. Contribuiriam para isso a candidatura avulsa e o voto facultativo. Este seria justificado pelos índices de abstenção e pelo custo de recadastramento eleitoral.

O fim das coligações partidárias nas eleições proporcionais tenderia a eliminar os partidos sem representatividade social. São formados como vias para o enriquecimento fácil. Eles elegem deputados ao aproveitarem a votação nos partidos maiores coligados.

Mas radical seria o fim do fundo partidário. Na democracia, os partidos têm de viver por seus próprios meios — mensalidades, eventos, edições, doações de pessoas físicas até um total predeterminado — e não com dinheiro público impondo a contribuição indireta dos cidadãos-contribuintes para a propagação de ideias e propósitos até contrários aos seus.

O fim da propaganda eleitoral dita gratuita, em TV e rádio, também contribuiria para o objetivo. Ela tornou comuns as coligações nas quais os dirigentes de partidos pequenos vendem o tempo de propaganda alocado à sua sigla.

Acabando com esse "negócio" e com o fundo partidário, desapareceriam os partidos sem representatividade, organizados por grupelhos profissionais especializados em degeneração eleitoral. Eliminaria até mesmo a necessidade da cláusula de desempenho ou de barreira, ou seja, um percentual mínimo de votos para as agremiações partidárias poderem usufruir de dinheiro público em campanhas e ter outras regalias.

Mas a reforma desejável não ficaria apenas no nível do sistema partidário. Poder-se-ia cortar o alto número de deputados: 513 a um custo imoral. A cada eleição definir-se-ia a representatividade proporcional ao número de eleitores de cada estado. Em democracia representativa, "cada cabeça vale um voto".

O fim do Orçamento Geral da União mandatório contribuiria para diminuir o nível da corrupção fisiológica no Congresso. "Dando se recebe" implica desde o "toma lá dá cá" com o governo até a corrupção pelos lobistas de votos em projetos de seus interesses empresariais.

Seria bem-vinda a proibição de mais de uma reeleição seguida também para parlamentares. E também a redução dos mandatos de oito para quatro anos e fim dos suplentes de senador, substituídos pelo segundo colocado. E fim das "mordomias"!

O fim das doações empresariais para as campanhas eleitorais foi aprovado pelo STJ. Era uma das grandes fontes de corrupção, seja política, seja administrativa. Sua finalidade mais comum era ter um "despachante" nos Executivos, nos Legislativos e nos Judiciários, federais e estaduais.

Talvez se possa aperfeiçoar todo o processo eleitoral, pontual e gradualmente, sem uma ampla reforma política. Iniciar-se-ia com essa proibição da doação empresarial a partidos e políticos, ficando apenas permitidas as doações individuais até certo limite e o financiamento do fundo partidário. Cabe ainda impedir o autofinanciamento desmesurado por parte de candidatos milionários.

Experiências internacionais em "ampla reforma política contra a corrupção" resultam muitas vezes em desastre maior se comparado ao anterior. O sistema político-partidário fragmenta-se ainda mais. Então, o processo político radicaliza-se a favor de algum líder carismático-populista, seja de esquerda, seja de direita.

Sem uma Assembleia Constituinte exclusiva para a reforma política, ficaríamos à mercê de composições no Congresso. Quase sempre elas tornam pior aquilo que é ruim. Resolver todos os males é tarefa quase impossível. Alterações mínimas e de resultado em longo prazo podem ser mais eficazes. Quase ninguém o defende, mas o atual sistema político-eleitoral é o mais democrático do Brasil em toda a sua história republicana.

A conjuntura não está favorável à esquerda, pois a direita golpista "saiu do armário" depois de 30 anos. Ela perdeu a vergonha de se manifestar em público, contando com o apoio da mídia antipetista e o instrumento da rede social. Então, é duvidoso o sucesso da pressão democrática para um plebiscito aprovar a eleição de uma Assembleia Constituinte Exclusiva com condições políticas de aprovar essa reforma desejável.

A confissão de Giordano Bruno, em 1600, perante o papa da Igreja Católica resume a ingenuidade de pedir ao Congresso para ele fazer uma reforma política com a finalidade de mudar as regras do jogo de seu interesse:

> Eu apenas errei quando ousei pedir à Igreja combater seu sustentáculo em um sistema de superstição e ignorância. Errei eu quando acreditei em poder reformar as condições dos homens com a ajuda deste ou daquele Príncipe. Vi todas as minhas tentativas acabarem em sangue. Quanta perda [se provoca ao] pedir a quem tem os poderes reformar o poder. Que ingenuidade... Quiseram minha confissão, já a tiveram. É a confissão de uma derrota.

Sociologia econômica

Estratificação social:
renda do capital financeiro vs. renda do trabalho

Estratificação, em Sociologia, é o processo de diferenciação das diversas camadas sociais componentes de uma sociedade. São agrupadas a partir de suas relações e dos valores culturais, constituintes de sua separação em classes, estados ou castas. É também a operação, em uma sondagem estatística, de distribuir previamente por estratos determinado conjunto a pesquisar.

Como resumir, em números, a estratificação social ocorrida recentemente no Brasil? Até meados de 1994, a economia brasileira era indexada. Existia "dinheiro de rico" com correção monetária e "dinheiro de pobre" sem proteção contra o regime de alta inflação. Era uma peculiaridade do país. Levou-o a uma das piores distribuições de renda no mundo.

No período 1995-2002, a média anual do juro nominal foi 24,6%, em face de uma taxa de inflação média de 9,1%, resultando em uma média anual do juro real de 15,1%. O rendimento médio real dos trabalhadores teve uma queda anual média de -1,05% a.a. A renda do capital financeiro multiplicou seu poder aquisitivo real em 3,2 vezes. Enquanto isso, a renda do trabalho perdeu 16,6% do seu poder aquisitivo.

Entre 2003 e junho de 2015, o crescimento médio anual do juro nominal foi além do dobro do Índice Nacional de Preços ao Consumidor (IPCA): 13,2% a.a. contra 6,1% a.a. De 2005 a 2014, a taxa de inflação ficou dentro do teto da meta de 6,5%. Em todo esse período, a política de juro concedeu um juro real médio anual de 6,6% aos investidores. Em contrapartida, as variações do salário real restringiram-se à média anual de 1,1%. Então, foi 6 vezes maior o crescimento real da renda do capital comparada ao da renda do trabalho.

Constata-se na história recente brasileira, *a posteriori*, um exagero do juro *ex-post*, isto é, deflacionado pelo IPCA. Evidentemente, ele tem um impacto distinto do juro real *ex-ante* (esperado). Este influencia as decisões na época de seu estabelecimento. Na era neoliberal, foi 2,7 vezes superior à taxa de inflação média. Na era social-desenvolvimentista, foi 2,2 vezes maior. A queda do salário real na era do livre mercado (sic) foi de -16,6%, ou seja, percentual igual e contrário ao da sua elevação de +16,3% na era da hegemonia trabalhista.

Por isso, o comportamento financeiro dos trabalhadores com curso superior adequou-se a essa dependência de trajetória. Com a equivalência da taxa do juro média real na era neoliberal (1995-2002) de 15,1% a.a. a 1,2% a.m., quem aplicasse durante 240 meses (20 anos) R$ 1.000 a 1% a.m., já acumularia R$ 989.255,37 e receberia renda de capital mensal de R$ 9.784,71.

Nas condições da era social-desenvolvimentista (2003-2014), com equivalência de 6,6% a.a. a 0,5% a.m., seriam necessários mais 10 anos, ou seja, 30 anos para se acumular R$ 1.004.515,04. Mas aí o milionário estaria recebendo "apenas" R$ 4.992,61 com renda do capital. Terá sido essa queda do juro real médio o motivo para membros da classe média baterem "panela vazia"?

A classe média não vai ao paraíso

Segundo o "Informe sobre riqueza global 2015", do Credit Suisse, 34 milhões de pessoas, equivalendo a 0,7% do total da população economicamente ativa mundial, possuíam mais de 1 milhão de dólares ou 45,2% dessa riqueza. Entre US$ 100.000 e US$ 1 milhão eram 349 milhões de pessoas ou 7,4% da população com 39,4% da riqueza; entre US$ 10.000 e US$ 100 mil, um bilhão de pessoas ou 21% da população e 12,5% da riqueza; finalmente, com menos de US$ 10 mil, 3,386 bilhões (71%) só com 3% da riqueza!

A fortuna das 85 pessoas mais ricas equivalia às posses dos 50% mais pobres do mundo. A Oxfam informava: 20% da população mundial vivia com menos de US$ 1 por dia e 40% com renda inferior a US$ 2 por dia.

A concentração de patrimônio nos Estados Unidos atingiu seu pico em 1913, com 25% da riqueza em posse do 0,1% de famílias mais ricas. Após a Primeira Guerra Mundial, retornou a esse nível até o *crash* da Bolsa de Valores em 1929, e daí diminuiu até meados dos anos 1970, atingindo 8%. A partir de então, aumentou mais 15 pontos percentuais até 2013. Na era neoliberal de permissividade com a autorregulação do mercado, a concentração da riqueza norte-americana está voltando àquele nível do pico histórico.

Nos Estados Unidos, em 2014, três quartos do total da riqueza estavam na posse dos 10% mais ricos. Esse percentual era menor se comparado ao da Rússia pós-soviética (85%), mas maior ao dos outros países do Bric: a Índia (74%), o Brasil (73%) e a China (64%). Em todos os Estados de Bem-Estar Social – a Alemanha (62%), o Canadá (57%), o Reino Unido (54%) e o Japão (49%) –, os 10% mais ricos tinham fatia menor.

Discute-se a possibilidade de um Imposto sobre Herança e/ou um Imposto sobre Doação ser um paliativo. Serviria para atenuar o mal-estar social ou protelar uma revolta política provocada pela imensa desigualdade. No entanto, nos Estados Unidos esses tributos já existem com alíquota média de 29% e máxima de 40%. Na Alemanha, são respectivamente 28,5% e 50%, percentuais similares aos do Japão. Na Inglaterra, é unicamente 40%. Na França, sobre herança, o tributo médio é 32,5% e o máximo, 50%; sobre doação, 25% e 45%. Nem todos os países do Bric os adotam. A Índia cobra Imposto sobre Doação em média de 15% e máximo de 45%.

E no Brasil? O Imposto sobre Transmissão *Causa Mortis* e Doação de Quaisquer Bens ou Direitos (ITCMD) é um tributo estadual com alíquota média de 3,23%. Chega até o máximo de 8% em alguns estados.

Quanto ao Imposto sobre Grandes Fortunas (IGF), o "efeito Depardieu" – fuga de capital com o nome do ator francês naturalizado russo para fugir da tributação – é mais provável. Pouquíssimos países o cobram.

Algumas sociedades estão mais preocupadas com a *igualdade de oportunidades*, outras mais com a *igualdade de resultados*. Os europeus tendem a ser mais igualitários "na linha de chegada", isto é, tributam na ponta. Para eles, numa sociedade justa não deve haver grandes diferenças de renda e/ou riqueza. Americanos e chineses colocam mais ênfase na *igualdade de oportunidades*. Se as pessoas podem subir na escala social, para eles, uma sociedade com grande diferença de renda ainda pode ser justa. Dão incentivos para a meritocracia. Os chineses são mais igualitários "na linha de partida".

A medida mais importante, em uma meritocracia, é a mobilidade relativa, em particular entre as gerações. Em uma sociedade com igualdade de oportunidades, a posição dos pais na escala da renda deveria ter pouco impacto sobre a de seus filhos. Em país cujo governo estava mais interessado em igualdade de oportunidade do que em igualdade de renda, a mudança mais transformadora foi a implantação da educação em massa. Ela é apontada como a principal causa do estreitamento da desigualdade, em meados do século XX, ao impulsionar a mobilidade social.

Para garantir resultados igualitários, outra medida possível é efetuar grandes transferências governamentais de renda básica com contrapartida em frequência escolar. Muitos países construíram Estados de Bem-Estar Social com generosos benefícios para desempregados, subsídios para crianças e complementação do rendimento. Esses outros benefícios, em vez do sistema de impostos progressivos, se tornaram nesses países os instrumentos mais importantes para reduzir a desigualdade.

Diferentemente desses países com foco na linha de partida, os com foco na linha de chegada debatem a respeito da introdução do IGF no sistema tributário. Ele seria "instrumento de correção de distorções". Esse imposto supostamente faria o maior ônus fiscal recair sobre os contribuintes com maior capacidade contributiva, reduzindo, assim, a concentração de riqueza.

Dadas as limitações das bases de dados disponíveis, os estudos sobre a distribuição da carga tributária no Brasil captam essencialmente a tributação da renda do trabalho. Não incorporam de forma significativa a tributação da renda do capital. O montante de imposto pago pelas famílias nos estratos superiores de renda é em boa medida subestimado. Os rendimentos do capital tendem a se concentrar nesses estratos. Por sua vez, as dificuldades de pesquisas, como a Pesquisa de Orçamentos Familiares (POF) ou a Pesquisa Nacional por Amostra de Domicílios (PNAD), captarem devidamente a renda dos mais pobres é devido ao fato de a renda dessa população ser frequentemente derivada de vários tipos de atividades (os chamados "bicos"), com recebimentos irregulares e, muitas vezes, não monetários.

O risco econômico da adoção do IGF para sobretaxar as grandes riquezas financeiras individuais, após a tributação pelo Imposto de Renda (IR) e o Imposto sobre Operações Financeiras (IOF), é encorajar a emigração do patrimônio doméstico abrangido pelo campo de incidência do IGF para outros países sem esse ônus tributário. Ainda sem IGF, os super-ricos brasileiros, pessoal ou corporativamente, em 2010, já possuíam cerca de US$ 520 bilhões (quase um terço do PIB) em paraísos fiscais.

Elevar alíquotas de impostos sobre propriedade, tipo IPTU (imóvel urbano), ITR (imóvel rural), IPVA (automóvel), ITBI (transmissão de imóveis) e ITCMD (herança e doação), traz o risco político de apenas assustar todos aqueles com algo a perder, mesmo que seja pouco. Entre eles estão os milhares de proprietários de casa própria (três quartos dos moradores dos 69 milhões domicílios) e automóvel situados em classes de renda intermediárias.

Como esses impostos sobre propriedade são de competência estadual ou municipal, essas medidas dependeriam de aprovação nas Assembleias Legislativas e nas Câmaras de Vereadores. Esses parlamentares locais, assim como senadores e deputados federais no Congresso, não têm interesse em votar esse tipo de medida. Quem financia as campanhas é quem seria tributado e, aí, seus *lobbies* reagiriam.

Os contribuintes onerados pelo IGF terão incentivo para fazer uso de planejamentos tributários, ocultar patrimônio e elevar o consumo corrente de bens supérfluos, elevando a evasão fiscal. No final das contas, em face desses "planejamentos tributários" para evitar pagar o IGF, o acréscimo na receita tributária do país poderá ser mínimo, sequer compensando o desgaste político e os impactos econômicos negativos decorrentes da instituição desse imposto.

O IGF poderá não atender à função de, como é esperado, diminuir a concentração de riqueza. Em tese, a tributação pelo IR deveria exercer a função distributiva pretendida pelo IGF. No entanto, o grau de progressividade do IR ainda é insuficiente para corrigir tais distorções. Elevá-la, conjuntamente com a redução da tributação sobre o consumo (Imposto sobre Circulação de Mercadorias e Serviços – ICMS – e Imposto sobre Produtos Industrializados – IPI) e a tributação de lucros e dividendos distribuídos para pessoa física, talvez amenize mais a desigualdade social.

Imagina-se o IGF, no Brasil, incidir sobre a totalidade do patrimônio dos indivíduos e não apenas sobre os ganhos auferidos no ano. Nesse caso, uma pessoa com patrimônio considerado milionário pagaria todo ano sobre a totalidade de seus bens, de modo progressivo, isto é, de acordo com a faixa do patrimônio, uma alíquota de imposto. Esse percentual se acumularia no tempo. Tecnicamente, o correto seria o imposto incidir somente sobre a nova receita ainda não tributada a cada ano, quando for acrescentada ao patrimônio. Desconhece-se o valor de mercado dessa riqueza pessoal, na qual se incluem imóveis declarados ao imposto de renda de pessoas físicas em valor histórico.

Na França, em um governo sob maioria socialista, foi aprovado um imposto de 75% sobre os altos rendimentos. O tributo foi aplicado durante dois anos para os rendimentos superiores a um milhão de euros por ano e por contribuinte. Nesses dois anos, esperava-se a recuperação da economia. A crítica oposicionista era ele tributar em excesso uma categoria muito pequena (cerca de 1,5 mil pessoas), arrecadando pouco (210 milhões de euros por ano) e provocando o exílio fiscal das grandes fortunas.

A alíquota máxima do IGF na França era de 1,5%, sendo aplicável apenas a indivíduos com fortuna líquida superior a 1,3 milhão de euros (ou R$ 5,566 milhões). Na Índia, a alíquota máxima do IGF é de 1%, aplicável a indivíduos com fortuna líquida superior a 3 milhões de rúpias indianas. Na Noruega, é 1,1%. Na Suíça é 1,5%, mas os valores variam de acordo com os cantões. Na Alemanha, foi abolido em 1997, em Luxemburgo em 2006 e na Suécia em 2007.

Dinamarca (46,6%), França (45,5%), Bélgica (44,8%), Finlândia (44,0%), Áustria (43,5%) e Itália (43,3%) eram os países com maior carga tributária da Organização para a Cooperação e Desenvolvimento Econômico (OCDE) em 2015. Outros europeus e, em especial, os nórdicos, também tinham carga tributária acima da brasileira (32,1%). Por isso, tinham Estados de Bem-Estar Social.

Pesquisa da Capgemini Merrill Lynch, "Global Wealth Management (2012 World Wealth Report)", estimou cerca de 165 mil milionários em dólares no Brasil. Em 2015 caiu para 149 mil. Há cerca de 700 mil declarantes de imposto de renda com um patrimônio avaliado em um milhão de reais ou mais, mas nem todos esbanjam dinheiro para ostentação. Se construíram ou compraram uma residência suntuosa para demonstração de *status*, com a valorização do imóvel ou "bolhas imobiliárias" em algumas localidades do país, eles se imaginam milionários. Porém, residência não é considerada riqueza disponível ou líquida. Mesmo tendo pouca liquidez, sonham: "a classe média vai ao paraíso"!

Em data próxima daquela pesquisa, a PNAD 2011 estimou o número de domicílios particulares permanentes em 61,3 milhões. Desse total, 45,8 milhões (74,8%) eram domicílios próprios. Considerando todos os bens e direitos declarados na Declaração do Imposto sobre a Renda da Pessoa Física (DIRPF) de 2011, a participação de ativos de base imobiliária era cerca de 40%. Veículo automotor com valor histórico representava por volta de 8% do total de bens. Então, os outros bens e direitos representariam ativos financeiros com o valor de 52% de R$ 4,464 trilhões, ou seja, pessoas físicas detinham estoque de riqueza financeira de R$ 2,321 trilhões. Isso equivalia a 77% do total de haveres financeiros no país. Esse valor dos ativos financeiros era o saldo no fim do ano de 2010, enquanto o valor total dos imóveis era histórico.

Para se tornar "milionário em dólar", o indivíduo depende da apreciação da moeda nacional, do ritmo da inflação e consequente taxa de juros em termos reais, e da valorização de imóveis não destinados a ser a própria residência. Muitas famílias vivem a ilusão de já possuir esse valor por avaliarem suas moradias em mais de um milhão de reais. De fato, elas não são milionárias. Os dados de patrimônio disponível para investimento (riqueza líquida) não incluem artigos de coleção, produtos de consumo, bens de consumo duráveis e imóveis usados como residência principal. Essa ilusão leva ao "efeito riqueza". Gasta-se por conta disso com cartão de crédito, geralmente, em consumo suntuário dispensável, uma parcela de um valor de mercado volátil, cuja venda provavelmente não é realizada antes de a "bolha" se esvair... e o sonho acabar!

Direito à moradia vs. direito à casa própria

A "casa própria", em geral, é a maior riqueza das famílias. Seu valor de uso ultrapassa muito o seu valor de troca. O valor de mercado poderá cair, até mesmo pela depreciação ao longo do tempo, porém, ter um teto, um abrigo, um refúgio em todos os momentos, inclusive na desesperação do desemprego, tranquiliza seus residentes. Eles não poderiam pagar um aluguel.

A esquerda, influenciada pela formação marxista, tende a condenar a propriedade privada, contrapondo-a à "propriedade coletiva dos meios de produção". Ledo engano. Primeiro, os meios de produção podem, em parte, ser estatais sem nenhuma incompatibilidade com a propriedade das residências pelos próprios moradores. Segundo, as experiências de ocupação coletiva de residências usadas por seus proprietários germinaram o ovo da serpente totalitária. Por fim, a conquista popular ao direito à moradia ou "democracia da propriedade", historicamente, foi uma vitória da cidadania, isto é, dos cidadãos pobres contra a aristocracia fundiária.

A emigração dos puritanos e demais pioneiros para as colônias britânicas, no século XVII, se deu pela motivação de conquista de terras usadas pelos nativos – cerca de um terço dos habitantes do mundo na ocasião – como território de caça e coleta de alimentos. Foram dizimados por "armas, germes e aço".

A Guerra da Independência dos Estados Unidos explodiu, em 1775, não só pela insurgência contra a maior cobrança de taxas e tributos pela Coroa britânica, antes tendo concedido relativa autonomia aos colonos, devido à Guerra Civil inglesa no século anterior. Esta levou à transformação da monarquia absolutista em constitucionalista ou parlamentarista. Outra grande motivação dos insurgentes foi a conquista de terras de índios aliados aos ingleses contra os franceses. Estes possuíam o território da Luisiana.

Então, na América do Norte, a posse de terras, tornando-as produtivas, por usucapião, foi uma vitória contra a nobreza (e a Igreja) fundiária dominante na Europa. Por sua vez, na América do Sul, as terras foram concedidas aos fidalgos ("filhos de algo") das Cortes ibéricas. Os "amigos do rei" ganharam o direito de explorar latifúndios e nativos escravizados, saqueando desde logo, na virada do século XV para o XVI, as riquezas líquidas propiciadas pelo ouro e prata dos Impérios asteca e inca. Mais adiante, no século XVIII, também os portugueses pilharam o ouro das Minas Gerais.

A "arma biológica", também no caso da futura América Latina, foi a causa maior do genocídio. A maioria dos nativos morreu devido às doenças epidêmicas levadas por aqueles conquistadores europeus. Eles já possuíam anticorpos contra as moléstias transmitidas por seus animais. Tinham passado pela seleção natural propiciada por milênios de convivência com animais domésticos.

Embora houvesse também grandes *plantations* escravistas no sul dos EUA, até a Guerra Civil (1861-1865), a promessa de posse de terras a Oeste serviu para o Norte dissuadir da luta vários potenciais combatentes. Aqui, no Brasil, a Lei das Terras exigia a compra e o registro em cartório, com pagamento de taxas ao imperador. Pela inexistência de terras devolutas de domínio público, o país não atraiu tantos imigrantes quanto os Estados Unidos.

Outra lição histórica veio de lá: "a democracia da propriedade". Ficou conhecida dessa forma a política habitacional implantada por Franklin D. Roosevelt. A democracia da posse do lar foi construída na América como reação à ameaça de revolução comunista, inspirada pela revolução soviética, ocorrida uma década e meia antes dos efeitos calamitosos da Grande Depressão de 1929.

Os conservadores como Margareth Thatcher ou republicanos como George W. Bush buscaram dar uma "solução de mercado" para um problema de natureza social e política. A primeira privatizou os imóveis antes destinados à locação social, trazendo os beneficiários – outrora trabalhistas – para a base eleitoral dos conservadores. O segundo provocou a "crise do *subprime*".

Os partidos de origem trabalhista e os democratas norte-americanos dão outra solução com implementação de política habitacional. Usam recursos públicos e/ou dos contribuintes para conceder subsídios. Fazem uma socialização dos benefícios – urbanização e transformação das favelas em bairros populares – com o compartilhamento social do ônus.

Na Tropicalização Antropofágica Miscigenada brasileira, a originalidade é aperfeiçoar ideias vindas de fora. O Programa de Arrendamento Residencial (PAR) é um *leasing* residencial com opção de aquisição após 15 anos de pagamento do arrendamento sem nenhuma inadimplência. Esse programa, inspirado no modelo francês de *locação social*, foi a solução criativa brasileira que resolveu um problema potencial. O Estado francês se converteu na maior imobiliária do país.

A "realização do sonho da casa própria" tornou-se o lugar-comum de discursos. Designa a democracia da posse imobiliária. A propriedade de maior valor das famílias é a residência. Não seria melhor a locação social? Esta atenderia ao direito civil à moradia, distinguindo-a da propriedade da residência.

Segundo a Pesquisa Nacional por Amostra de Domicílios Contínua (PNADC) 2017, 51,3 milhões (73,5%) de residências eram domicílios próprios dos residentes. Portanto, criou-se uma tradição no imaginário social em que é "natural" o clichê: a realização do "sonho da casa própria". Muitos ao enxergam como um direito natural em contrapartida a um dever estatal.

No entanto, na nossa "jovem democracia", as pessoas adquiriram muita consciência dos *direitos básicos* de todos os seres humanos, mas pouca dos *deveres dos cidadãos*. O direito à moradia entrou na *Declaração Universal dos Direitos Humanos* desde 1948. Consta, na Constituição brasileira de 1988, o *direito à moradia* e não o direito à propriedade imobiliária da residência. Para tanto, todos os cidadãos contribuintes têm de pagar, ou seja, não sonegar os impostos.

Concentração da riqueza financeira *per capita*

Desde 1947, quando se passaram a calcular as contas nacionais, oficialmente, nunca se registrou tão grande depressão acumulada em dois anos seguidos: -7,2%, sendo -3,8% em 2015, quando voltou a velha matriz neoliberal com Joaquim Levy, e -3,6% em 2016, quando a "desalavancagem financeira" (prioridade à diminuição do endividamento) por parte das empresas não financeiras paralisou a economia, criando o ambiente propício ao golpe de Estado. Na crise 1929-33, a queda absoluta foi de -5,3%; na crise criada por Delfim Netto em 1981 e 1983, a queda acumulada foi de -6,3%; e na crise provocada pelo confisco do Plano Collor, -3,4%.

Caindo o fluxo de renda, não há valor adicionado na economia, sendo esta considerada como um todo. Entretanto, com o "cobertor (mais) curto", há maior disputa para se cobrir ou proteger. Aqui, em *Terrae Brasilis*, essa cobertura vai para a cabeça e se descobrem as mãos e os pés!

André João Antonil (1649-1716), em *Cultura e opulência do Brasil*, livro publicado em 1711, reconhecia: "os escravos são as mãos e os pés do senhor de engenho, porque sem eles no Brasil não é possível fazer, conservar e aumentar fazenda, nem ter engenho corrente".

Era de se esperar, analiticamente, a elevação da grande concentração da riqueza financeira no Brasil. As estatísticas do *Private Banking* publicadas pela Associação Brasileira das Entidades dos Mercados Financeiro e de Capitais (Anbima) confirmaram com evidências empíricas. Nelas não se consideram ativos imobiliários (cerca de 40% nas DIRPFs), automotores (8%) e outros bens (5%). Estima-se a riqueza financeira representar cerca de 47% do total de bens e direitos declarados por pessoas físicas.

Qual é o corte para ser considerado cliente do *Private Banking*? Volume de recursos aplicados acima de R$ 5 milhões caracteriza esse público endinheirado.

Os clientes com valores entre R$ 15 milhões a R$ 50 milhões com o banco ficam debaixo da segmentação *"high"* (de *"high-net worth wealth management",* o equivalente à gestão de altos patrimônios) e aqueles com mais de R$ 50 milhões estão alocados na *"ultra high"*, do clube dos mais afortunados ainda. Quanto maior a renda, menor é a quantidade de clientes atendida por um mesmo profissional: na faixa *ultra high*, a carteira é de 30 clientes por gerente; na *high* são 60, enquanto a base do *Private Banking* reúne de 100 e 120 contas por gestor.

Nessa área, o "jogo de rouba monte" tende a prevalecer em circunstâncias de ausência de eventos propícios à geração de riqueza pessoal. Por exemplo, a venda de empresas familiares nacionais para grupos estrangeiros beneficia o patriarca e os herdeiros do clã. Os processos de sucessão familiar geram também muita fidelização aos bancos. Estes os tratam de maneira especial, aliás, como toda gente deveria ser tratada. Têm atendimento pessoal primoroso, tipo *"prime"*. Com esse carinho se chega a um grau de intimidade com a(o) cliente. Faz com que ele(a) fique "casado(a)" com o banco, além da relação com a(o) própria(o) esposa (marido).

Segundo o mapeamento da Anbima, o *Private Banking* brasileiro reunia, ao fim de 2016, R$ 831,6 bilhões, de 112 mil clientes ou 54,1 mil famílias. Essas eram as dos verdadeiros "donos do poder". Com essa base de clientes crescendo menos de 2% (ou 2.142 CPFs), a riqueza financeira *per capita* se elevou em 14,49%. Não era de se esperar com o juro básico (Selic) permanecendo em 14,25% a.a. durante 15 meses?!

Em outras palavras, essa casta de rentistas praticamente não adicionou valor novo à sua fortuna. Ela se elevou em média *per capita* quase R$ 940 mil sem nenhum esforço de expandir capacidade produtiva e gerar empregos. Apenas com a capitalização dos juros, em 2016, passou de R$ 6,483 milhões para R$ 7,423 milhões.

O "jogo de rouba monte" é socialmente mais dramático do que aparenta de imediato. Não ocorre entre as fortunas das castas. O jogo de enriquecimento sem expandir capacidade produtiva não gera empregos e renda para os párias.

O Brasil passou mais um ano sob governo neoliberal e, no fim de 2017, segundo o "Relatório de varejo e *private*", da Anbima, o total de recursos alocados nos segmentos de varejo e *Private Banking* ("ricaços") alcançou R$ 2,6 trilhões. Houve um crescimento de 11,2% em relação à posição no final de 2016. Nessa estatística não foram considerados, inicialmente, os recursos de Previdência Aberta no volume do *Private Banking*. Isso para efeito de comparação, porque as estatísticas de varejo ainda não contemplavam produtos como Plano Gerador de Benefício Livre (PGBL)/Vida Gerador de Benefício Livre (VGBL).

Sem os fundos de pensão abertos, o segmento de *varejo tradicional* ("classe média baixa"), inclusive depositantes de poupança, concentrava a maior parte dos recursos, com volume de R$ 916,1 bilhões. Obteve um crescimento de 7,4% em comparação ao ano anterior.

Os segmentos de *varejo alta renda* ("classe média alta") e *Private* alcançaram R$ 778,1 bilhões e R$ 868 bilhões, respectivamente, mas com crescimentos mais expressivos de 12,1% e 14,8% em 2017.

Esse movimento se justifica, em parte, pela maior diversificação dos investimentos desses dois segmentos, frente a um cenário de tendência de queda da taxa básica de juros. Em comparação, o varejo tradicional ainda mantém expressivo volume de recursos alocado em aplicações mais conservadoras, como a caderneta de poupança.

Os segmentos de varejo alta renda e *Private* superaram a taxa de juros Selic média anual de 10,3% em 2017. Os mais ricos se beneficiaram desse arbítrio do Banco Central, concentrando mais riqueza financeira.

O número de depositantes de poupança distorce a estratificação das classes médias de baixa riqueza e de alta riqueza, mas não a riqueza *per capita* dos super-ricos. Estes não fazem tais depósitos populares. No ano de 2017, os 68 milhões de clientes do varejo tradicional tinham, em média individual, R$ 13.561 de reservas financeiras, e os 6 milhões de clientes do varejo de alta renda, R$ 128.583 (valor nominal bem inferior ao "pico" de 2013) e os 117.421 ricaços, R$ 7,4 milhões sem considerar previdência aberta.

Portanto, nesses dois anos, cada um dos 117.421 ricaços ganhou em média quase mais R$ 1,5 milhão, desconsiderando a previdência privada, beneficiando-se dos elevadíssimos juros nominais. Estes agravaram a Grande Depressão no Brasil. Atingiu, no primeiro trimestre de 2017, 14,176 milhões de desocupados. Em decorrência, o governo golpista bota a casta dos guerreiros-militares para a repressão contra os efeitos da depressão na criminalidade.

Em termos da média *per capita*, o grande número de depositantes de poupança com baixos saldos médios distorce a estimativa de riqueza pessoal. Considerando os depósitos de poupança, a classe média alta ganhou R$ 13 mil e a baixa, R$ 1,1 mil.

No entanto, agrava-se a concentração de riqueza financeira quando se desconsideram os depósitos de poupança e se considera a previdência privada, que representa 10% da riqueza dos mais ricos. Estes se utilizam do modelo completo de DIRPF para obter a isenção fiscal sobre 12% da renda bruta aplicada em PGBL.

Considerando só fundos e títulos e valores mobiliários, o ganho financeiro *per capita* de dezembro de 2015 a dezembro de 2017 do varejo tradicional foi R$ 736,65; varejo de alta renda, R$ 18.284,49; e *Private Banking*, R$ 1.726.730,00. Em termos percentuais, em 2016, este ganhou 14,5% e, em 2017, 10,6%. São taxas de crescimento similares à média da taxa de juro básica (Selic) em cada um desses dois anos recessivos na economia brasileira.

Em dezembro de 2017, também nessas condições, desconsiderando os depósitos de poupança e considerando a previdência privada do *Private Banking*, a riqueza *per capita* daqueles clientes bancários (7,3 milhões do varejo tradicional e 3,8 milhões do varejo de alta renda) era, respectivamente, R$ 47 mil e R$ 182 mil. Os 117.421 clientes do *Private Banking* tinham riqueza *per capita* de R$ 8,2 milhões.

O valor bruto do patrimônio líquido do *Private Banking* registrou alta de 15,3% em 2017. Dentro disso, o número de grupos econômicos familiares ricaços cresceu apenas 4,7%.

A renda *per capita* brasileira caiu -0,4% em 2014, -4,3% em 2015, -4,2% em 2016 e só cresceu 0,2% em 2017. Então, praticamente nada se adicionou de valor (fluxo de renda) para a maioria e muito se capitalizou o estoque de riqueza para uma minoria, durante a Grande Depressão brasileira.

No segmento *varejo*, houve crescimento de 9,5% dos recursos aplicados e de 5,9% do número de contas, que cresceram em todas as regiões do país.

Em termos regionais, a proporção de ricaços em finanças é superior no estado de São Paulo (57% do total nacional), tanto em relação aos demais estados do Sudeste, quanto em relação às outras grandes regiões. E a concentração de riqueza por região geográfica se eleva de acordo com os segmentos de clientes: 31% do varejo tradicional e 48% do varejo de alta renda estão em São Paulo.

Perspectiva da aliança entre castas de mercadores, oligarcas e justiceiros

Se a casta dos mercadores abandonar a visão individualista e adotar uma holística talvez consiga compreender os fenômenos na sua totalidade e dimensão histórica. Uma visão míope só enxerga próximo, isto é, a conjuntura. Não vislumbra o médio e o longo prazo.

Está se delineando uma instabilidade política para a sociedade brasileira e seus negócios devido ao fato de a casta dos mercadores se aliar com a casta dos oligarcas e a subcasta dos sábios justiceiros brasileiros. É mero oportunismo reacionário, contrário a quaisquer mudanças sociais e/ou políticas democráticas, se aliar com um sistema político no qual o poder está concentrado em um pequeno grupo pertencente às famílias de dinastias regionais, um mesmo "centrão" político, dominado pelo fisiologismo ou grupo econômico rentista.

Essa aliança não tem a capacidade de convencer o eleitorado popular da correção de sua visão de mundo patrimonialista. Com base no livre mercado, ela não entrega seu compromisso social: gerar ocupações não precárias. Desde a volta da velha matriz neoliberal, em 2015, há queda líquida no número de empregos formais.

No primeiro trimestre de 2018, a taxa de subutilização da força de trabalho, agregando os desocupados, os subocupados por insuficiência de horas e a força de trabalho potencial, subiu para 24,7%. Representa 27,7 milhões de pessoas. Essa é a maior taxa de subutilização na série histórica da PNADC, iniciada em 2012. O contingente de subutilizados também é o maior da série histórica.

Os grupos sociais, vistos como castas de natureza ocupacional, não podem ser só organismos em busca do interesse próprio e da vantagem econômica. Eles constituem encarnações de ideias e estilos de vida em busca de impor às outras. O fracasso da aliança dominante de castas ocorre pelo aprofundamento da crise de desemprego. Gera uma crise ideológica e provoca mudanças. As ordens sociais podem desmoronar quando seus governantes acreditam estarem fracassando – e, em reação, só adotarem reformas neoliberais, por exemplo, trabalhistas e previdenciárias, nas quais cortam conquistas sociais das castas não aliadas. E os justiceiros aprisionam o líder popular!

Em termos de solidez nos fundamentos econômicos, não há motivos profundos para a alta da bolsa de valores quando a economia brasileira tem rebaixada sua avaliação de risco. A inaptidão dos neoliberais em incentivar a retomada do crescimento leva à autorrealização da profecia oposicionista: as contas fiscais não se ajustam com eles no poder. Com a austeridade fiscal, a economia fica rastejante e mal decola para um voo de galinha.

O desempenho da bolsa de valores não é um indicador econômico importante em análise de perspectiva econômica brasileira. Ela possui apenas cerca de 620 mil investidores pessoas físicas, movimentando um quinto do volume total de compras e vendas de ações. Pessoas jurídicas não financeiras têm menos de 1% de participação. O segmento de instituições financeiras só representa 6%. Os maiores investidores são estrangeiros (47%) e institucionais (16%). Daí está sujeita a surtos provocados artificialmente por *insiders* para depenarem *outsiders*. Ela tem algum significado para toda a sociedade brasileira?

O volume médio diário negociado em ações à vista gira algo em torno de R$ 8 bilhões em 864,6 mil operações. É raquítico esse mercado acionário se comparado com as operações compromissadas em curto prazo, que superam um trilhão de reais.

Na era neoliberal (1988-2002 e 2015-18), a panaceia para todos os males é a economia de livre mercado e a retirada de direitos trabalhistas. Mas o entusiasmo com a exclusiva liberdade do mercado não dura muito tempo, logo se deparando com sua crise. Isso traz uma forte reação social contra a casta dos mercadores rentistas. Esta não entrega seu compromisso social com as demais castas e párias: gerar emprego formal.

O social-desenvolvimentismo (2003-14) dava um papel menor para a casta dos guerreiros e um maior para as castas dos mercadores e dos trabalhadores. Contava com o apoio da maioria de sábios intelectuais e a oposição de sábios pregadores evangélicos conservadores nos costumes. Errou quando abandonou o mérito profissional como critério para nomeações e se aliou como o "emedebismo" corrupto do "toma lá dá cá". Ficou refém do fisiologismo predominante no Congresso Nacional. Pautas-bomba sabotaram seu último governo até levar ao impedimento golpista.

Pior, a concentração de riqueza se agrava. O exclusivismo das benesses do sistema capitalista para poucos pode ser visto nos dados das DIRPFs de 2016 como ano-calendário.

Pela tabela consolidada das DIRPFs 2017, Ano-Calendário 2016, com o resumo das declarações por faixa de rendimentos totais (em salários mínimos), percebe-se os "milionários em dólares" possuírem patrimônio líquido (bens e direitos menos dívidas) acima de R$ 5 milhões, depois de descontados 40% do total como *proxy* de ativos imobiliários sem liquidez imediata. A residência principal, entre esses bens, não é contabilizada no inventário da riqueza pessoal disponível para comandar decisões econômico-financeiras.

Esses "milionários em dólares" somam apenas 68 mil declarantes. Receberam, no ano do golpe, acima de 160 salários mínimos (R$ 140.800,00) por mês. Provavelmente, se confundiam com o segmento de clientes *Private Banking* em dezembro de 2016. Eram 54.100 grupos econômicos ou 112.036 clientes por domicílio (soma de CPFs e CNPJs) atendidos pelo *Private* com R$ 831,6 bilhões em riqueza financeira.

Todos os milionários em patrimônio líquido contabilizado em reais somavam 680 mil declarantes ou 2,4% do total de 28 milhões. Eles se apropriavam de 29,3% dos rendimentos totais. Para verificar os rendimentos totais *per capita* anual – a média mensal é a simples divisão por 12 meses –, somei os rendimentos tributáveis (59% do total), os isentos e não tributáveis (31%), e os tributáveis exclusiva ou definitivamente na fonte (10%). Nestes últimos, o 13º salário representa 31%, os rendimentos de aplicações financeiras 28%, ganho de capital na alienação de bens ou direitos 14% e participação nos lucros ou resultados 10%, ou seja, todo o restante 17%. Essa distribuição de renda espelha todas as fontes e não só a renda do trabalho como focalizou, durante muitos anos, o debate sobre concentração de renda – e não de riqueza – no Brasil.

O rendimento total *per capita* mensal de todos os não milionários quase alcançou 6 mil reais (R$ 5.921), enquanto o dos milionários quase alcançou 100 mil reais (R$ 98.628). Porém, mais chocante é a disparidade da riqueza no topo da pirâmide. Os 25.785 declarantes situados na faixa superior a 320 salários mínimos possuíam em média *per capita* R$ 50,2 milhões. Eles perpetuarão essa desigualdade social com as doações e heranças. Só eles doam 45% do total. Todos os milionários transferem 78%. Doações em espécie representam 45% do total de pagamentos e doações.

As doações milionárias (acima de um milhão de reais) representaram 61% das realizadas em 2016 por parte de 18.052 declarantes. Eram 5,4% do total de 335.036 doadores. Doações e heranças dos demais 317 mil representaram 39% do total, casualmente, o mesmo percentual dos 2.835 declarantes com doações na faixa acima de R$ 5 milhões. Cada um desses 0,8% do total de doadores tinha em média *per capita* R$ 67,2 milhões de patrimônio líquido. Comparado aos rendimentos *per capita* anual (R$ 21,5 milhões), esses doadores eram muitos gastadores, educando mal seus herdeiros quanto ao estilo de vida voltado para consumo esnobe.

A concentração da riqueza relaciona-se com as escolhas demográficas – quanto menos filhos os ricos tiverem, mais forte será a concentração patrimonial – e as regras de transmissão. Lamentavelmente, há uma trindade impossível na República: o amor paterno dedicado aos filhos torna impossível uma sociedade ser, ao mesmo tempo, justa, livre e igualitária. Se é justa, as pessoas mais esforçadas acumularão mais dinheiro e propriedades. Se é livre, elas os transmitirão a seus filhos. Mas, nesse caso, a sociedade deixa de ser igualitária e justa. Alguns herdarão riquezas pelas quais jamais trabalharam.

Esse dilema entre liberdade, igualdade e paternidade, historicamente, é enfrentado da seguinte maneira: o social-desenvolvimentismo tende a defender a igualdade de resultados via tributação progressiva. Em uma sociedade justa não deve haver grandes diferenças de renda e/ou riqueza. O neoliberalismo crê apenas em igualdade de oportunidades. Se as pessoas podem subir na escala social com base em suposta meritocracia, uma sociedade com grande diferença de renda e/ou riqueza ainda pode ser justa.

Na verdade, com política afirmativa de cotas, massificação do ensino superior, Fies etc., o social-desenvolvimentismo fez muito mais pela *igualdade de oportunidades*, no Brasil, em comparação a todos os oportunistas no Poder após o golpe de 2016. Quando voltar ao poder, a aliança entre castas dos trabalhadores e dos sábios progressistas terá de buscar com maior afinco a *igualdade de resultados*.

Castas por natureza de ocupação e em ocupações principais

A abordagem sociológica conjunta marxista-weberiana se preocupa demais com as estruturas e as organizações sociais, e tem pouco a dizer sobre a cultura e a experiência subjetiva. Se quisermos entender o poder, precisamos compreender como os membros das redes desse poder pensam e agem. Além disso, necessitamos saber por que seus valores podem ter uma atração mais ampla, para além do seu próprio grupo, obtendo o predomínio cultural chamado por Antonio Gramsci de hegemonia.

Não é apenas o poder político e econômico dos mercadores a explicação para a influência da economia de livre mercado. Nos anos 1970, quando houve o fim do Acordo de Bretton Woods, o regime de câmbio tornou-se flexível ou flutuante, portanto, sujeito à especulação no mercado de derivativos dominado por especialistas. Nos anos 1980, Margareth Thatcher na Inglaterra e Ronald Reagan desregulamentaram e flexibilizaram o mercado de trabalho, para elevação da exploração, e o mercado financeiro, para empresários produtivos se transformarem em acionistas e/ou investidores financeiros.

Pressionando as instituições financeiras multilaterais para elas trocarem renegociação das dívidas externas por adoção do credo neoliberal com privatização e desnacionalização do patrimônio público, a casta dos mercadores conseguiu mais além do esperado. Com a abertura financeira e comercial para o exterior, as firmas familiares não aguentaram a competição e acabaram por "entregar os anéis para não perderem os dedos". Daí os patriarcas fundadores das firmas familiares as venderam para estrangeiros, quando não abriram capital, transformando-as em sociedades anônimas sob gestão profissional. Deixaram para seus herdeiros uma *riqueza líquida*.

A opção por diversificação em outras áreas de negócios levaria a "espalhar dinheiro" e à consequente redução de rentabilidade. Melhor alternativa microeconômica foi a emissão de títulos de dívida direta junto a investidores para obter ganho de escala. Essa alavancagem financeira propiciou elevação da rentabilidade patrimonial. Os credores securitizaram os empréstimos sob forma de títulos lastreados em dívida privada, vendidos aos investidores. Estes impuseram nova gestão profissional às empresas antes "dirigidas de forma amadora" com corte de gastos dispersivos, embora oferecessem empregos, para posterior venda com ganhos de capital. Os gerentes viraram "sócios" dos acionistas em troca de bônus e "*stock options*". Criou-se a sociedade de executivos e agravou-se a concentração de riqueza!

Só falta agora "combinar com os russos"... Falta a capacidade da casta dos mercadores rentistas convencer as elites intelectuais e os eleitorados populares, em sociedades democráticas, de essa visão de mundo neoliberal ser correta e necessária ao longo do tempo futuro, tipo "tem de manter isso, viu?" Para captar esse aspecto cultural e subjetivo das redes de poder, uso o termo *casta*.

Essa categoria *casta*, relacionada à natureza ocupacional, é mais abrangente se comparada à classe de renda ou riqueza, embora não seja excludente, mas complementar a esta. Incorpora vários tipos de grupos, desde burocratas, militares e sacerdotes até capitalistas e trabalhadores. Mais importante: além de considerar os interesses econômicos, inclui uma perspectiva cultural e um posicionamento político-ideológico.

As castas são compostas por membros de diversas redes e instituições de poder, cada qual apresentando sua própria cultura e adotando determinado estilo de vida. Elas tendem a dar a seus integrantes certas atitudes em relação à autoridade, à organização e à ação coletiva. Adoto a visão de sistema complexo emergente das interações entre seus diversos componentes sociais, afastando-me do simplório modelo dicotômico do "nós" (pobres) contra "eles" (ricos). "Classes" são também uma construção cultural, mas em geral não se destaca esse aspecto extraeconômico.

Nossas ocupações se relacionam com nossos valores. A profissão e a experiência no ambiente de trabalho com colegas corporativos são fundamentais para a formação das atitudes políticas. Não há, entretanto, uma correlação direta, quase uma causalidade, entre os valores e a posição na estrutura do poder político ou econômico. Outros atributos da pessoa – ambiente familiar e educacional, nível de escolaridade, faixa etária, orientação sexual, ateísmo ou religiosidade etc. – também importam para o posicionamento ideológico.

Evitando o "economicismo" rasteiro, isto é, a hipótese de a economia determinar diretamente a política, analiso a desigualdade social brasileira sob o ponto de vista da apropriação de renda e riqueza pelas castas. Para isso, uso como fonte de dados os Grandes Números DIRPF 2017, Ano-Calendário 2016, publicados pela Receita Federal. Reclassifico os declarantes por natureza de ocupação nos agrupamentos das seis castas básicas.

Consequentemente, seria "pária" a pessoa física residente no Brasil com rendimentos tributáveis, em 2016, cuja soma foi inferior a R$ 28.559,70 – equivalente a R$ 2.380,00 mensais. A população ocupada no Brasil, formal ou informal, atinge cerca de 91 milhões de pessoas. Assim, as castas dos 28 milhões declarantes compõem cerca de 30% dela.

Nessa primeira aproximação mais ligeira – antes de uma classificação das 132 ocupações principais discriminadas nas DIRPFs dentro dessas castas básicas –, esse percentual inclui a "casta dos inativos" – aposentados, reformados, beneficiários de pensão alimentícias, bolsistas, espólios, e ocupações não especificadas – não participante nem da População em Idade Ativa (PIA), nem da População Economicamente Ativa (PEA). Somam cerca de 20% dos declarantes.

A "casta dos mercadores" (150 mil capitalistas, 4,5 milhões empresários, 404 mil microempreendedores individuais – MEIs) representa pouco menos de um quinto dos declarantes. A "casta dos trabalhadores" (9,65 empregados) ultrapassa um terço. A "casta dos governantes", na qual se misturam todos os "servidores públicos", inclusive mandatários de cargos políticos não concursados, alcança 17%. Completam os declarantes por Natureza de Ocupação 2,4% da "casta dos guerreiros-militares" e 7,8% da "casta dos sábios profissionais liberais ou autônomos" sem vínculo de emprego.

Os 18% declarantes "mercadores" recebem 23,5% dos rendimentos totais e os 34,5% trabalhadores, 30,2% desses rendimentos. Governantes recebem um ponto percentual a mais de uma distribuição proporcional de "um para um" entre quantidade e renda (17,2% contra 18,2%), guerreiros-militares 0,2% a menos. Os profissionais liberais e autônomos recebem quase um ponto percentual a menos em relação à sua participação em quantidade de declarantes (7,8% contra 6,7%). Em outros termos, a velha luta de classes entre capital e trabalho fica nítida com a casta dos mercadores recebendo, proporcionalmente, bem acima de sua participação percentual em quantidade.

Quando se desce ao nível de cada ocupação, comparando o rendimento *per capita* anual de cada casta em percentual do rendimento total do capitalista recebedor de rendimentos de capital, inclusive aluguéis, o quadro da estratificação social fica mais transparente. A "casta dos inativos" recebe o equivalente a 40% do ganho dos capitalistas *stricto sensu*, a casta dos trabalhadores, 37%, dos governantes, 44%, dos guerreiros-militares, 38%, dos sábios profissionais liberais, 37%. Os microempreendedores individuais, simulacros de capitalistas, apenas 12,4%!

Quanto ao rendimento total *per capita* mensal, somente se aproxima da média de R$ 19.500 mensais dos 150 mil capitalistas a média mensal de R$ 15.500 dos 1,4 milhão de membros ou servidores públicos da administração direta federal – devem estar aí desde os sábios-tecnocratas, inclusive os do Poder Judiciário, até os oligarcas das dinastias regionais ocupantes de cargos políticos. Tirando os 331 mil empregados de empresas públicas (R$ 12.800), todas as demais ocupações recebem pouco mais da metade daquele valor para baixo.

Desconsiderando a isenção fiscal dos rendimentos da "casta dos inativos", observam-se os capitalistas e os proprietários tendo só 30% e 35%, respectivamente, de seus rendimentos tributáveis. Eles são privilegiados por terem 51% e 64% de seus rendimentos isentos. Por causa da "pejotização", exigência de abertura de empresas com CNPJ, os profissionais liberais ou autônomos têm 40% de seus rendimentos isentos. As ocupações das demais castas estão em patamar bastante inferior.

Por sua vez, os empregados de instituições financeiras públicas e privadas recebem, quase por "dever de ofício", 17% de seus rendimentos com tributação exclusiva, provavelmente, rendimentos de aplicações financeiras. Por causa desse "rentismo", muitos fazem a contumaz defesa dos interesses dos mercadores-rentistas. Estes recebem 19% em rendimentos de tributação exclusiva. São "gente de bem", ou melhor, de bens...

A grande desigualdade social entre as ocupações é revelada quanto à *concentração de riqueza*, ou seja, bens e direitos menos dívidas, sem considerar a média *per capita*. A casta dos mercadores possui 42,5% do total (proprietários de empresa ou firma individual ou empregador-titular têm mais de 39%), a dos trabalhadores 18%, a dos governantes 8%, a dos profissionais liberais e autônomos 9%. A casta dos inativos tem dois pontos percentuais (22%) de bens e direitos acima do seu percentual em número de declarantes. Os 680 mil guerreiros-militares só possuem 0,5% do total.

Quanto à natureza da ocupação, ainda calculei o patrimônio líquido *per capita* dos capitalistas, descontando as dívidas dos bens e direitos: R$ 1,4 milhão é um valor proporcionalmente muito superior ao possuído por todas as outras ocupações. Pior, no futuro poderá se agravar essa desigualdade, porque as doações e heranças de cada um deles atinge R$ 28.665, enquanto as de todas as demais, exceto as de proprietários de empresas com R$ 6.630, ficam de R$ 2.300 para baixo.

Os Grandes Números DIRPF 2017, Ano-Calendário 2016, publicados pela Receita Federal, permitem reflexões sobre uma questão-chave relativa ao enriquecimento pessoal. São boas escolas, bons professores, boa rede de relacionamento social, ou bons privilégios sociais, por exemplo, isenção fiscal em seus rendimentos, os determinantes básicos do $uce$$o?

É possível elaborar um *ranking* de 132 ocupações principais dos declarantes. Para isso, estimei os rendimentos totais (tributáveis, exclusivos e isentos) *per capita*, deduzindo os mensais, além do patrimônio líquido *per capita*, descontando as dívidas de bens e direitos.

Estima-se ter hoje mais de cinco milhões de brasileiros de 17 a 24 anos estudando em cursinhos para fazer concurso público. Economistas neoliberais criticam esse objetivo da sociedade brasileira de "igualar-se à casta apropriadora do poder". Deveriam criticar, sim, a reforma trabalhista: ao cortar direitos, colocou os empregados em situação de extrema fragilidade perante os empregadores.

Como indicador do poder de barganha de cada ocupação, a PNADC do primeiro trimestre de 2018 revela haver 33 milhões empregados no setor privado com carteira (36% da população ocupada de 90,5 milhões), 11 milhões de empregados no setor privado sem carteira (12%), 11,4 milhões de empregados no setor público (12%), 23 milhões de trabalhadores por conta própria (25%), 6,2 milhões de empregados domésticos (7%), 2,2 milhões de trabalhadores familiares (2%) e apenas 4,4 milhões empregadores (5%).

O rendimento médio real habitual dos empregadores é R$ 5.346. Em relação a ele, o dos empregados do setor público equivale a 65% (R$ 3.485). Todos os demais são de 39% (R$ 2.074 do empregado do setor privado com carteira) para baixo. Está explicada a preferência por concurso público se o sujeito não tem condições de ser empregador?

Em termos econômicos, a melhor ocupação no Brasil é ser dono de cartório: na média, é o mais rico em renda, quase o dobro do segundo e do terceiro colocado. A disputa para ser titular de um cartório costuma ser alta. Os candidatos são atraídos principalmente pela chance de vir a comandar um negócio cuja receita é líquida e certa em alguns lugares. O Tribunal de Justiça do Estado de São Paulo, por exemplo, realiza um concurso para preencher 165 vagas de titulares. Atraiu 10.857 candidatos. A média é de 66 candidatos por vaga. Para comparar, a concorrência para o curso de Direito na Universidade de São Paulo (USP) no vestibular foi de 27 candidatos por vaga em 2017.

Depois dessas, dá para ver no *ranking*, boas ocupações estão em castas poderosas pertencentes a Poder Judiciário, Poder Fiscalizador, Poder Econômico, Poder Midiático ou Poder das "Celebridades" (atletas ou artistas). Senão, resta como boa ocupação cuidar, inclusive da diversão, dos poderosos: médicos, pilotos, atores, jogadores de futebol...

Daí a conclusão é: poder é ter o poder de determinar a própria renda. A proximidade de cada ocupação em relação aos três Poderes da República, ao Poder Econômico e Financeiro e ao Poder Midiático, parece explicar as colocações nos *rankings* construídos a partir dos grandes números do imposto de renda.

O *ranking* das ocupações por riqueza se distingue do *ranking* por rendimentos totais. Quanto à renda, os posicionados do 6º ao 9º lugar (advogados do setor público, servidores do Banco Central, da Comissão de Valores Mobiliários – CVM – e da Superintendência de Seguros Privados – Susep –, servidores das carreiras de auditoria fiscal e de fiscalização, pilotos de aeronaves e comandantes de embarcações) não ficam entre os 10+ no *ranking* de riqueza. Os 352 mil médicos e 5.886 atletas se colocam em 5º e 10º lugares, respectivamente, no *ranking* de renda e trocam de ordem em suas posições no *ranking* de riqueza: atletas na 7ª e médicos na 8ª posição. Servidores do Estado (e da elite) estão entre os 10+ em renda, mas não em riqueza.

Então, não só obter educação de elite, mas também ser selecionado em concursos públicos para seguir carreiras da elite dos servidores públicos são fatores favoráveis para o futuro enriquecimento. Tanto o Instituto Rio Branco, quanto a Escola Superior de Administração Fazendária (Esaf), ambos os cursos aumentam as chances. Isso sem considerar o oportunismo do apadrinhamento de alguma dinastia política, quem não teve a "sorte do berço".

A medição de renda e riqueza *per capita* das ocupações principais dos declarantes do imposto de renda possibilita entender o resultado do seu poder de barganha em uma economia mercantil de um país atrasado. Para isso, classifiquei as 131 ocupações principais dos declarantes de imposto de renda em cada uma das seis castas básicas. Adotei critérios de valores morais para avaliar se o posicionamento nesse *ranking* se relaciona com seus posicionamentos ideológicos.

Valores morais são os conceitos, juízos e pensamentos considerados "certos" ou "errados" por determinada pessoa na sociedade. Normalmente, os valores morais começam a ser transmitidos para as pessoas nos seus primeiros anos de vida, através do convívio familiar. Com o passar do tempo, este indivíduo vai aperfeiçoando os seus valores, a partir de observações e experiências obtidas na vida social.

Os valores morais são variáveis, ou seja, podem divergir entre sociedades ou grupos sociais diferentes. Para um grupo de indivíduos uma ação pode ser considerada correta, enquanto para outros agrupamentos essa mesma atitude é repudiada e tida como errada ou imoral.

Classifiquei, por exemplo, atletas como uma subcasta dos guerreiros por eles compartilharem os mesmos valores de fama, glória, coragem e honra. Mas se diferenciam muito nos *rankings* tanto de renda quanto de riqueza. E pela variação anual de rendimentos, eles obtiveram maior poder de barganha.

Quando são estratificadas as 131 ocupações, observa-se a casta dos mercadores ter renda *per capita* mensal (R$ 21.148,10) próxima da casta dos governantes (R$ 21.673,54), mas superar em 17% sua riqueza *per capita* (R$ 640 mil contra R$ 546 mil). Supera, respectivamente, em 81% e 89% a casta dos universitários; mais de duas vezes a casta dos sacerdotes-pregadores tanto em renda quanto riqueza; quase duas vezes e meia a renda e mais de sete vezes a riqueza da casta dos guerreiros; quase quatro vezes a renda e mais de sete vezes a riqueza da casta dos trabalhadores.

Caso houvesse igualitarismo total de renda e riqueza entre os declarantes de imposto de renda, todos seriam classificados em uma classe média, ganhando uma renda mensal de R$ 7,5 mil e tendo bens e direitos em torno de R$ 270 mil. Pensariam todos como membros da classe média ou com os valores morais de suas ocupações, isto é, o *ethos* cultural de cada casta?

Advogado do diabo em favor da "financeirização"

Aqui, atuarei como advogado do diabo de uma dama malafamada perante os religiosos, difamada por ateus e mal-amada por muitos usufruidores – ou não, talvez por isso mesmo – de seus encantos: a *"financeirização"*.

A usura é uma bruxa condenada desde o século XIII, quando a difusão da economia monetária ameaçava os velhos valores cristãos. Um sistema econômico complexo – o capitalismo – iria emergir plenamente séculos adiante. Para interagir, seus componentes necessitavam, além de novas técnicas, do uso massivo de práticas condenadas desde sempre pela santa (e rica) Igreja. Uma luta encarniçada, assinalada por proibições religiosas articuladas a valores morais e mentalidades retrógradas, tinha por objetivo a legitimação do considerado "lucro lícito", obtido a partir da submissão dos trabalhadores à nova ordem. Iniciava seu longo parto. Crentes distinguiam "a legítima exploração direta do trabalho alheio" da "usura ilícita".

O ascetismo no cristianismo e em todas as outras grandes religiões – judaísmo e islamismo – passou a designar um conjunto de práticas austeras, comportamentos disciplinados e prevenções morais prescritos aos fiéis, tendo em vista a realização de desígnios divinos e leis sagradas. *Ascese* significa dedicação ao exercício das mais altas virtudes, tais como a exigência de perfeição ética do protestantismo, nos primórdios do capitalismo, quando ainda não havia se constituído uma economia de endividamento.

Sem crédito massivo, era o caso de se fazer "poupança" ou ter parcimônia, segundo a sabedoria convencional econômica. Até hoje esta é divulgada como uma virtude moral. Abstêm-se do consumo presente em nome da promessa do paradisíaco "reino dos céus", ou seja, maior consumo futuro. Choca-se com o consumismo presente no mundo.

O judaísmo era mantenedor daquele dualismo universal primitivo entre moral de grupo e moral com referência a estranhos. Permitia receber juros destes últimos – católicos, por exemplo –, coisa evitada para com os irmãos de religião ou pessoas afins.

A crítica religiosa à cobrança de acréscimos financeiros ou juros tornou-se também um dos pontos centrais, erigindo-se em princípio jurídico, das práticas financeiras islâmicas. Estas criticam a cobrança dos juros e propõem alternativas a ela, tais como parcerias ou associações econômicas com compartilhamento de riscos.

A religião islâmica condena os lucros gerados, exclusivamente, pelas finanças. O Corão ensina que, apesar de suas semelhanças, os lucros gerados pelo comércio são fundamentalmente diferentes daqueles gerados pelos empréstimos. Aliás, o comércio era a profissão exercida pelo profeta Maomé entre 571-632 d.C. Sem contestar o princípio da remuneração do dinheiro emprestado, a tradição islâmica opõe-se ao aspecto "fixo e predeterminado" dos juros. Refere-se à questão da equidade, pois os juros implicariam a exploração do devedor. O Islã advoga a distribuição equitativa de riscos e benefícios entre "sócios", em vez de credores e devedores.

Todas essas crenças medievais persistem até hoje, inclusive entre ateus materialistas. Infelizmente, muitos deles aderiram ao mesmo preconceito, em que a lei ou os escrúpulos de consciência impedem de emprestar dinheiro a juros, e o capital pertencente a pessoas não engajadas no comércio está perdido, para fins produtivos. Então, só pode ser empregado produtivamente por um subterfúgio. A indústria fica, assim, limitada ao capital dos empresários. Estes podem tomar emprestado somente de pessoas não obrigadas às mesmas leis ou à mesma religião deles. Em países católicos ou muçulmanos, é comum os banqueiros serem hindus, armênios ou judeus.

Juros, conceitualmente, não devem ser vistos como algo pecaminoso, mas apenas como o pagamento de um prêmio pela possibilidade de se dispor de capital de terceiros capaz de gerar lucro. O mutuante tem um custo de oportunidade a ser remunerado pelo mutuário. Este assina um contrato mútuo por livre vontade. O risco do devedor é o rendimento esperado não se confirmar. O risco do credor compartilha este desapontamento e mais a possibilidade de o colateral do empréstimo perder valor de mercado. Em crises sistêmicas, as garantias têm menores cotações.

Caso um capitalista compre ativo por US$ 100 mil: se ele passar a valer US$ 110 mil, ele lucra 10%. Se ele tenha tomado emprestado US$ 90 mil dos US$ 100 mil usados para a compra do ativo, a rentabilidade se multiplica. Com a cotação do ativo, de fato, elevando-se para US$ 110 mil (sem o desconto de juros), ele terá duplicado o capital próprio com rentabilidade patrimonial de 100%. Este é o segredo dos negócios capitalistas: trabalhar com capital de terceiros.

Ora, a alavancagem financeira gera uma economia de maior escala nos negócios. É viável com a taxa de juro não se apropriando de toda a rentabilidade acrescida com o uso de capital de terceiros.

Empréstimos são lastreados por haveres financeiros. Suas concessões multiplicam não só renda e empregos, mas também os depósitos a serem captados para lastrear futuros créditos. Por exemplo, na economia brasileira, em dezembro de 2002, a relação crédito/PIB era 21,8% do PIB com saldo de R$ 378,3 bilhões, e a relação dívida mobiliária federal/PIB era 60,6%. Logo, o financiamento total/PIB era 82,4%. Em dezembro de 2014, essas relações se alteraram para, respectivamente, 55%, 40% e 95%. O saldo de crédito era R$ 3.022 bilhões no final da era social-desenvolvimentista.

Em dezembro de 2017, com o abandono de política de crédito e a queda da demanda, o saldo nominal de empréstimos bancários se estagnou em R$ 3.086 bilhões, mas a relação crédito/PIB caiu para 47%, ou seja, caiu 8 pontos percentuais do PIB. A dívida mobiliária federal fora do Banco Central de R$ 3.435 bilhões se elevou para 52% do PIB. O financiamento total atingiu R$ 6.521 bilhões ou 99% do PIB.

O M2, composto de M1 (meios de pagamentos somam R$ 363 bilhões), depósitos de poupança (R$ 719 bilhões) e títulos privados (R$ 1.399 bilhões), atinge R$ 2,481 trilhões. Logo, o *funding* total (M4) de R$ 6.620 bilhões ou 101% do PIB (R$ 6,560 trilhões) se completa com M3 (M2 e quotas de fundos de renda fixa em R$ 3.214 bilhões), além de títulos públicos lastros de operações compromissadas (R$ 92 bilhões) e títulos públicos em poder do público não financeiro (R$ 832 bilhões). O déficit do balanço de transações correntes (denominado de "poupança externa") fica em US$ 4,3 bilhões ou 0,48% do PIB em dezembro de 2017.

Em outros termos, os investimentos financeiros dos "rentistas" – "parasitas", segundo maniqueístas críticos da "financeirização" – são necessários como passivos que lastreiam empréstimos nos ativos bancários. A elevação destes gera renda e emprego. Sua queda provoca depressão.

A abertura de contas bancárias cresceu de 75 milhões em 1999 para 88 milhões em 2002 e 312,5 milhões em dezembro de 2017. Teve ritmo mais intenso de 2003 a 2015, segundo o Fundo Garantidor de Crédito (FGC), quando deu acesso popular à cidadania financeira. Esse número supera largamente o da população brasileira, pois um cliente pode possuir aplicações em mais de um produto.

O total de depósitos à vista é de R$ 174,7 bilhões, distribuídos por 107 milhões de clientes. As faixas de valor até R$ 1 mil, que apresentam saldo total de R$ 6,4 bilhões, concentram a maior parcela dos depositantes, 87%.

Os 153 milhões de depósitos de poupança totalizam R$ 714,5 bilhões e representam 36% dos créditos existentes em produtos garantidos pelo FGC. A maior parte dos clientes situa-se na faixa até R$ 100,00, na qual se concentram 57% dos depositantes.

O montante de depósitos a prazo é de R$ 748,9 bilhões, distribuídos por 18,6 milhões de titulares. A maior concentração de clientes está situada na faixa até R$ 5 mil, que apresenta quase 14 milhões titulares. Em contrapartida, a faixa que compreende os valores acima de R$ 1 milhão concentra a maior parte do saldo, R$ 480,9 bilhões, distribuídos por 63.494 titulares, que representam 0,34% dos clientes do produto.

Considerando os R$ 4,1 trilhões em administração de recursos de terceiros, segundo a Anbima, como *funding* propiciado por investidores institucionais, cabe ressaltar que o capital de origem trabalhista predominava antes da era social-desenvolvimentista. Porém, em dezembro de 2017, passou a equivaler ao capital de origem não trabalhista: fundos de pensão com 34% (Entidades Fechadas de Previdência Complementar – EFPC – públicas, 6%; EFPC privadas, 8%; seguradoras, 2%; Entidade Aberta de Previdência Complementar – EAPC –, 18%); varejo tradicional, 7%; varejo de alta renda, 9%; totalizando 50%. Os "capitalistas" teriam: pessoas jurídicas (capitalização, *corporate* e *middle market*): 14%; *Private Banking*, 16%; poder público, Regime Próprio de Previdência Social (RPPS), Fundos de Investimento Financeiro (FIF), estrangeiros e outros: 20%.

Os trabalhadores com renda acima do teto do INSS (R$ 5.645,80 em 2018) necessitam ser rentistas para manter o padrão de vida durante a longa fase inativa de aposentadoria. Assim, seria um erro político típico da esquerda extremista assustar os 11 milhões rentistas do varejo tradicional e de alta renda, cuja riqueza *per capita* em dezembro de 2017 era, respectivamente, R$ 47 mil e R$ 182 mil, com a ameaça de quebra de contratos financeiros (*"desfinanceirização"*), dada a importância do *funding* em títulos e valores mobiliários para lastrear as operações de crédito, inclusive as realizadas por bancos públicos.

Os 117 mil "capitalistas" se concentravam no *Private Banking* com riqueza financeira *per capita* de R$ 8,2 milhões. Provavelmente, muitos desses compõem também os "capitalistas recebedores de rendimentos de capital, inclusive aluguéis", segundo DIRPF 2017. Eram 150 mil declarantes com patrimônio líquido *per capita* de R$ 1,4 milhão.

Por fim, em traços largos, cabe lembrar das evidências propiciadas por Thomas Piketty no livro *O capital no século XXI*. A classe média de riqueza, praticamente, não existia antes da Primeira Guerra Mundial, época de maior desigualdade na história do mundo. Houve destruições de riquezas nas guerras, na hiperinflação alemã e na Grande Depressão. A urbanização e a massificação do ensino superior impulsionaram a ascensão social das castas dos sábios universitários e dos trabalhadores qualificados e sindicalizados. A aliança destes deu a social-democracia europeia e o social-desenvolvimento brasileiro.

Antes, predominava uma sociedade rural com riqueza em ativos imobiliários e rentismo parasitário em renda da terra. Depois, tornou-se uma sociedade urbana com menor desigualdade pelo surgimento de uma classe média, composta inclusive por operários especializados, cuja sobra de renda do trabalho acumulada sob forma de ativos financeiros – mais líquidos se comparados aos ativos imobiliários – propicia a manutenção das condições de vida durante a maior fase inativa dos seres humanos. E fontes de financiamento para alavancagem financeira. Viva a *financeirização*!

Advogado do diabo em defesa da "desindustrialização"

Os "fortes e não oprimidos" necessitam de defesa?! Evidentemente, dispensam-na. No entanto, a postura científica exige seguidas tentativas de falsear hipóteses para verificar se elas se sustentam. Senão, trocamos por outra. Não há fidelidade no mundo da ciência.

Iconoclasta é o nome dado ao membro do movimento de contestação à veneração de ícones religiosos. Esse movimento surgiu no século VIII e era denominado *iconoclastia*, termo que significa literalmente "quebrador de imagem". Engloba os indivíduos não respeitadores de tradições e crenças estabelecidas. São opositores a qualquer tipo de culto ou veneração, seja de imagens, seja de outros elementos, como personalidades individuais. O termo abrange ainda destruidores de monumentos, obras de arte e símbolos. Principalmente, rejeita a veneração de imagens religiosas por considerar o ato como idolatria.

Ludismo é o movimento ocorrido na Inglaterra no século XIX, liderado pelo operário Ned Ludd, contrário à introdução de máquinas na indústria têxtil. Tinha a crença de as máquinas levarem ao desemprego dos artesãos e, consequentemente, ao caos social. Por extensão, ludismo se refere à posição contrária a qualquer avanço tecnológico, por considerá-lo socialmente prejudicial.

Esta é a contenda aqui apresentada: *iconoclastia* versus *ludismo*. Atuarei em defesa da "desindustrialização" contra os contrários (sic) à introdução de automação robótica na indústria, pela crença de que isso levaria ao desemprego de operários. A posição contrária a qualquer avanço tecnológico, por considerá-lo socialmente prejudicial, reage contra o progresso histórico, portanto, é *reacionária*, isto é, contrária às ideias de um processo de transformação da sociedade.

Sociedade é um sistema complexo emergente de interações entre múltiplos componentes. Em uma dependência de trajetória caótica, quando vai se afastando das condições iniciais, quando a indústria oferecia os melhores empregos e agregava mais valor (e mais-valia aos bolsos dos capitalistas), temos de fazer análises em diversas escalas. Tal como em um mapa de GPS devemos dar distintos *zooms*, para localizar onde estamos no aqui e agora – e para onde vamos. Nossa única certeza *a priori* é, nessa dinâmica, que não haverá convergência futura a nenhum equilíbrio macroeconômico estático, como pregam cartilhas ortodoxas.

Em face desse *holismo* – abordagem científica com prioridade ao entendimento global dos fenômenos, descartando o procedimento analítico de seus componentes serem analisados ou tomados isoladamente –, quase todas as hipóteses levantadas pelos debatedores da "desindustrialização" são próprias de simplório *reducionismo*. Este procedimento propõe a decomposição de um fenômeno complexo a suas partes constituintes mais simples. O exame isolado de seus termos ajuda na resolução de questões científicas mais complexas.

Meus colegas Célio Hiratuka e Fernando Sarti (2017) resenham o debate sobre transformações na estrutura produtiva global, desindustrialização e desenvolvimento industrial no Brasil. Acompanho-os na análise em seguida. Alguns economistas afirmam que o crescimento é específico à atividade de P&D (Pesquisa e Desenvolvimento), mas não ao setor de atividade industrial. Nesse caso, poderia fazer sentido estimular através da política econômica atividades de P&D, mas não necessariamente a indústria ou setores industriais específicos.

Os adeptos dessa hipótese diagnosticam, após a fase de industrialização nascente, quando cresceu a "taxas chinesas", que a indústria brasileira passou por uma situação denominada "doença soviética". A participação da indústria era muito superior à norma internacional, na era nacional-desenvolvimentista, convergindo para a situação normal na era neoliberal durante as "duas décadas perdidas" (1980 e 1990). Nesse sentido, o movimento de desindustrialização seria apenas uma correção de rota, dado o excesso anterior provocado pelo modelo (estatizante) de substituição de importações.

Como sábios pregadores, eles propagam o individualismo moralista: tudo se resolveria a partir da virtude da parcimônia, isto é, elevação da poupança doméstica, e da educação tecnológica. Em um passe de mágica, daí se desdobrariam as inovações.

Outra hipótese associa a perda de participação da indústria no PIB à combinação conjuntural de preços de *commodities* elevados e grande entrada de capitais estrangeiros. Na resultante conjuntura de pleno emprego, a elevação da demanda por bens não comercializáveis acabou resultando em elevação da demanda por mão de obra no setor de serviços. Com o deslocamento da mão de obra para o setor de serviços, ocorreu o fenômeno da desindustrialização. Essa conjuntura já teria sido ultrapassada.

A estagnação da produção industrial, para outros analistas, estaria associada a um crescimento dos salários reais acima da produtividade. A expansão da demanda agregada e, em especial, no setor de serviços, elevou a demanda por mão de obra, pressionando os salários. Eles já vinham crescendo por conta da política de aumento real do salário mínimo. O contágio da crise internacional e a política de retenção de trabalhadores, dada a situação próxima do pleno emprego, teriam acentuado a queda da produtividade, elevando os custos unitários do trabalho. Essa elevação de custos, combinados com o cenário internacional adverso, seria a explicação para a estagnação da produção industrial. Em face desse diagnóstico, uma Grande Depressão com desemprego massivo resolveria o problema. É uma terapia "simples" – e insensível socialmente – assim.

Outros doutores (novo-desenvolvimentistas) focalizam as variáveis macroeconômicas. Receitam, especialmente, uma depreciação da moeda nacional (elevação da taxa de câmbio) para promover uma indústria competitiva. Em razão da abundância de recursos naturais, somada à entrada de capitais ou à política cambial "populista", voltadas para manter os salários reais artificialmente elevados, a existência de uma indústria utilizando tecnologias no estado da arte mundial seria inviável. A gravidade da "doença holandesa" seria definida pela diferença entre a taxa de câmbio de equilíbrio corrente e a taxa de câmbio de equilíbrio industrial.

Não percebem os reagentes a essa terapia. Um choque cambial, provocado por variação discricionária no sistema de preços relativos, causaria conflito distributivo. Outras rendas perderiam posições relativas à dos exportadores e demandariam reposição inflacionária. O consequente choque de custos se somaria ao custo dos insumos importados. Ao fim e ao cabo, em processo de retroalimentação inflacionária, não há nenhuma garantia de o incentivo ao lucro dos industriais exportadores se manter incólume. Um governo com hegemonia trabalhista consideraria inviável politicamente "dar um tiro pé", isto é, tirar poder aquisitivo real de sua base eleitoral.

Estruturalistas salientam, mesmo na era neoliberal, haver manutenção da participação dos setores industriais intensivos em escala e baseados em ciência e engenharia. Embora tanto eles como os setores intensivos em recursos naturais tenham elevado suas participações relativas, em detrimento dos setores intensivos em trabalho, não houve sinais inequívocos de desindustrialização.

No entanto, os "cambistas" defendem a economia brasileira estar entrando em um processo de desindustrialização precoce. Ocorre em razão do estancamento absoluto da produtividade. Há distanciamento relativo em relação à produtividade dos Estados Unidos. Constatam-se também o aumento do déficit comercial de setores intensivos em tecnologia e o aumento da elasticidade-renda das importações em ritmo superior ao das exportações. A partir da análise do coeficiente importado de bens comercializáveis, verifica-se o aumento significativo desse indicador, em especial, nos setores classificados como de alta e média-alta intensidade tecnológica.

Para os "globalizados", a escala e a intensidade das transformações em curso no sistema produtivo global têm redefinido o mapa da produção, do comércio, do investimento, da tecnologia e das finanças globais. Exercem forças importantes sobre todos os países com estruturas industriais minimamente diversificadas. Essas transformações estão inter-relacionadas. A reorganização das estratégias globais da atividade produtiva por parte das empresas transnacionais afetou as possibilidades de desenvolvimento industrial nacional. Houve continuidade da concentração no domínio de conhecimento tecnológico por parte das grandes empresas transnacionais. O ressurgimento imperial da China como grande fornecedora mundial de produtos manufaturados barateou (e popularizou) bens industriais antes considerados "de luxo". O lançamento de políticas ativas por parte de diversos países para recuperar sua atividade industrial e fomentar a inovação em novas áreas e setores econômicos levou ao acirramento da competição internacional para ocupação da capacidade produtiva industrial ociosa e ao protecionismo de mercados internos.

O encolhimento das margens de lucro do núcleo da atividade industrial foi muito mais motivado pelo aumento do consumo intermediário de serviços tradicionais. Seus custos apresentaram maior crescimento em relação aos custos salariais. São associados ao comércio, ao transporte e a serviços prestados às empresas, como os gastos com atividades administrativas, segurança, limpeza, jurídicas e contábeis e de publicidade. Nesses segmentos, encontra-se parte expressiva de trabalhadores terceirizados, cujos salários são diretamente impactados pelo salário mínimo. Então, o conflito distributivo entre lucros e salários foi de menor importância em face das mudanças na estrutura produtiva, a partir das quais a indústria de transformação como um todo foi enfraquecida, enquanto os serviços tradicionais avançaram. A substituição de bens industriais nacionais por importados criou diversas oportunidades de negócios para empresas comercializadoras e transportadoras dos produtos estrangeiros.

A Quarta Revolução Industrial – com veículos autônomos, robôs, inteligência artificial, impressoras 3D, manufaturas aditivas ou digitais, internet industrial das coisas etc. – causa *inovação disruptiva*, que transforma um mercado ou um setor existente através da introdução de simplicidade, conveniência e acessibilidade, em empresas nas quais a complicação e o alto custo antes predominavam. Atinge não só os modelos de negócios, mas também o mercado de trabalho. Milhões de empregos em escritórios de administração, construção e extração, instalação e manutenção, negócios, jurídico e financeiro desaparecerão no mundo em decorrência de redundância, automação ou desintermediação.

Em contrapartida, milhões de vagas serão criadas, principalmente em áreas relacionadas à computação, à matemática, à arquitetura e à engenharia. Trabalhos ligados a educação e treinamento têm perspectiva de crescimento pela necessidade de suprir um déficit de profissionais capacitados nessas tecnologias, e de outros mais multidisciplinares e flexíveis, para adequação a outras atividades da economia criativa.

Para a corrente filosófica conhecida como *relativismo*, a verdade é relativa, ou seja, não existe uma verdade absoluta a ser aplicada no plano geral. Assim, a verdade pode se aplicar para alguns analistas e para outros não, pois depende da perspectiva e do contexto de cada um. A *verdade absoluta* seria aceita por todos em todo o tempo e em todos os lugares, ou seja, seria o oposto de um novo processo fenomenal dinâmico, como a denominada "desindustrialização".

Todos esses argutos argumentos hipotéticos correspondem à parte de um todo. Tais como componentes, interagem para a emergência de uma visão geral. Um juízo parcial analisa parte de uma situação, ignorando o ponto de vista geral desta.

Em vez da velha tática de "combater o inimigo do povo", encarnado seja na chamada "financeirização", seja na dita "desindustrialização", sob o risco de nos tornarmos cada vez mais anacrônicos, senão reacionários ao reagir contra o avanço da história, devemos examinar as distintas possibilidades do novo como um todo. O capitalismo industrial, em suas linhas de montagem alienantes, não era melhor do que é o capitalismo contemporâneo, denominado apressadamente de "capitalismo desindustrializado e financeirizado".

Em face do *admirável mundo novo*, devemos dirigir nossos esforços para a conquista de direitos e o exercício de deveres da cidadania. Assim, conseguiremos a mudança social de *modo de vida* (e não apenas de *modo de produção*), por exemplo, diminuindo a jornada de trabalho semanal para quatro dias de nove horas de *trabalho alienante*, com a manutenção de salários e encargos trabalhistas. Sobrarão três dias para o *trabalho criativo*. Melhoraremos a qualidade de vida e evitaremos a concentração da renda em favor apenas de acionistas. Senão, eles se apropriariam de quase toda elevação da produtividade dos poucos trabalhadores empregados na futura indústria.

Economia comportamental ou Psicologia econômica

Demanda social vs. restrição orçamentária: conflito de interesses

Cada qual viu (e ouviu) as manifestações de rua em junho de 2013 de acordo com sua fé, crença e ideologia. Os direitistas usaram com oportunismo a violência praticada por vândalos, *black bloc, anarcopunks, skinheads*, "perifa", marginais, bandidos etc., em arrastões, dada a alienação consciente do policiamento. Os esquerdistas escutavam "as vozes da rua desejando mais Estado democrático, direitos e cidadania plena".

Os desenvolvimentistas argumentavam: para a sustentabilidade do governo e sua reeleição, o crescimento econômico, baseado em gastos de investimentos, seria fundamental. Os neoliberais, pelo contrário, opinavam: o corte de gastos públicos sobrou como a única alternativa para se combater a inflação ameaçadora do poder aquisitivo popular.

Restava aos pragmáticos fazer considerações de ordem prática, ser realistas e objetivos, sacrificando princípios ideológicos para a consecução de objetivos em curto prazo. Ir à luta concernente à ação e ao bom êxito de alguns empreendimentos para se atender à demanda social. Era necessário abordar os fenômenos históricos com uma especial referência a suas causas antecedentes, condições e consequências relativas. Refletir se eram referentes a negócios comunitários ou de Estado.

O sociólogo percebia a cadeia lógica decorrente do conflito de interesses na demanda social do "Paraíso na Terra", ou melhor, de se instalar o Estado de Bem-Estar Social europeu em *Terrae Brasilis*. O economista observava a restrição orçamentária. O cientista político intuía a disputa no Congresso Nacional pelo estabelecimento de prioridades de acordo com maiorias eventuais e/ou minorias influentes.

Todos os brasileiros exigiam educação e saúde de qualidade. Quem não queria?! Havia, então, apoio popular à proposta de destinar ao setor educacional parcelas crescentes do PIB, até alcançar 10% em 2020. Na era social-desenvolvimentista se investia mais de 5%, nível similar ao de países desenvolvidos. Com o PIB de 2013 estimado em R$ 4,9 trilhões, seria como se o gasto anual com educação saltasse de R$ 245 bilhões anuais para R$ 490 bilhões.

Pressionada, a Câmara aprovou projeto com destino para a educação de 75% das receitas com *royalties* dos novos campos de petróleo do pré-sal, quando o governo preferiria repassar 100% desses recursos para o setor. Seriam R$ 180 bilhões de recursos acumulados ao longo da década para educação e saúde, sendo esta destinatária dos outros 25%. Isso seria menos de R$ 13,5 bilhões a mais para o ensino, na média anual. Evidentemente, não seria suficiente para atingir os 10% do PIB em 2020. A maior receita anual (R$ 60 bilhões) seria atingida apenas em 2022.

Quando as contas não fecham bem, um recurso retórico é abandonar a retórica da *quantidade* e adotar a da *qualidade*. Esta diz: "a educação não vai melhorar sem bons professores, mas os baixos salários e o desprestígio da carreira não atraem as melhores cabeças para o magistério. Resta fazer uma paulatina valorização salarial atrelada a compromissos dos professores com metas de qualidade e assiduidade, reciclagem e cobrança, incentivo via bônus por desempenho, tipo *cenoura ou porrete*". Acrescentem-se pitadas dos adjetivos "eficiente", para o que gosta, e "deficiente", para o que não gosta, e o "discurso competente" está emanado com a receita empresarial de sucesso!

O discurso neoliberal sobre a saúde, de acordo com a longa tradição da retórica reacionária, dizia ser uma irresponsabilidade multiplicar de afogadilho as verbas para uma estrutura confusa e desarticulada como era o Sistema Único de Saúde (SUS). A proposta em debate no Congresso se limitava a vincular, no papel, outra cifra de 10%, no caso, sobre as receitas da União e não sobre o PIB.

Os 25% dos *royalties* do pré-sal tampouco seriam suficientes para a saúde. Ficaria, para o poder público, o risco de ceder à tentação de criar ou aumentar tributos.

Nessa retórica da intransigência, a *tese da futilidade* sustenta: as tentativas de transformação social serão infrutíferas, simplesmente não conseguirão "deixar uma marca". A *tese da ameaça* argumenta: o custo de qualquer reforma ou mudança proposta é alto demais, pois coloca em perigo outra preciosa realização. Finalmente, de acordo com a *tese da perversidade*, qualquer ação proposital para melhorar determinado aspecto da ordem econômica, social ou política só serve para exacerbar a situação a ser remediada.

Assim como na educação, os privatizantes acham não ser possível avançar de forma consistente na saúde sem um programa de reforma gerencial com metas claras e monitoráveis de melhora no atendimento. Novamente, a receita é seguir a política do *Big Stick*: "fale com suavidade e tenha à mão um grande porrete".

Quanto à precariedade do transporte público, grande parte das verbas já oferecidas ao setor, em três programas de mobilidade urbana lançados pelo governo federal da presidenta Dilma, estavam à espera de projetos e adesões das esferas estadual e municipal. No que se referia às cidades de maior porte, o pacote previa investimentos bilionários, sendo que um terço viria de dinheiro do orçamento federal a fundo perdido, outro terço em financiamentos da Caixa, com taxas de juros subsidiadas, e o restante corresponderia às contrapartidas exigidas de prefeituras e estados.

Menos de 7% das verbas a fundo perdido foram contratadas e apenas 16% dos financiamentos, tomados. No processo de melhoria do transporte urbano, isso dependia mais de iniciativas tomadas em âmbito de governo local. Como era praxe, não faltava dinheiro, mas projetos.

Portanto, três áreas cruciais para o bem-estar social – educação, saúde e transporte – sofrem ainda hoje o efeito do progressivo desmanche do Estado desenvolvimentista, desencadeado com o golpismo, cujo ovo da serpente foi botado em junho de 2013. Havia verbas centralizadas no governo federal, ele se dispunha a transferi-las, de maneira monitorada em face das contrapartidas exigidas, mas não havia capacitação técnica nas diversas áreas dos heterogêneos governos locais nem para fazer projetos, muito menos para executá-los. Isso colocava a necessidade de rediscutir o chamado pacto federativo, consagrado na Constituição brasileira. Seria o caso de centralização da execução dos gastos públicos, em todas essas áreas sociais prioritárias, também no governo federal, em um país com a 5ª maior população e o 5º maior território com 5.565 municípios, sendo 4.958 com menos de 50.000 habitantes? Os estados, sem os bancos estaduais, privatizados na primeira era neoliberal, depois da Constituinte de 1988 deixaram de ter condições orçamentárias de cuidar da mobilidade urbana em suas 13 metrópoles?

Essas questões cruciais eram discutidas antes do golpe semiparlamentarista.

Intolerância com vida alternativa

A raiva reacionária em relação aos que não se submetem à "vida normal", buscando lutar "por uma vida alternativa" demonstra um rancor pessoal quando se indaga "por que eles – e eu não?" O intolerante busca, então, "desmascarar" quem lhe joga na cara seu estilo de vida medíocre. Em vez de apenas *trabalhar para viver*, acomodou-se no *viver para trabalhar*.

Na primeira campanha eleitoral do PT, durante as eleições de 1982, ainda no estertor da Ditadura Militar, um grupo de militantes independentes de tendência, embora os outros lhe designassem como "autonomistas", formou o Comitê Eleitoral do candidato Liszt Vieira (tempos depois presidente do Jardim Botânico do Rio de Janeiro) a deputado estadual. Nosso *slogan* foi "Por uma vida alternativa".

Fui coautor, com o saudoso Herbert Daniel, da plataforma eleitoral aprovada no Comitê, "Por uma vida alternativa", ultravanguardista para a época. Assim, fui absorvendo seus ensinamentos. Trocávamos ideias sobre a nova concepção de política da esquerda. Discutíamos os movimentos ecologistas, feministas, antirracistas, anti-homofóbicos e "temas malditos" como "descriminalização da maconha" (nunca traguei porque nunca fumei) e "direito de a mãe decidir se tem ou não condições de ser mãe" (aborto).

A nova concepção filosófica, nascida da contracultura dos anos 1960, pressupunha a condição humana ser fundada pela negação da herança natural. A sociedade se desenvolvia, opondo-se às forças cegas da natureza. Imaginariamente, nada tão parecido com essa livre natureza quanto o livre mercado. Em novo mundo civilizado, não haveria mais a necessidade de se dominar pelo pensamento direitista de a essência humana ser egoísta e imutável. O instinto de sobrevivência, inclusive planetária, poderia predominar, socialmente, sobre os outros instintos primários.

Essas duas linhas de pensamento possuíam contrastes não só de ideias, mas também de interesses econômicos e de prioridades a respeito da direção a ser seguida pela sociedade. Mas a ideia de a sociedade ser separada por ampla linha divisória maniqueísta ignorava o fato de as pessoas diversas traçarem essa linha de maneira desigual e em níveis diferentes. O conflito de interesses não era, simplesmente, biunívoco, senão essa estrutura social teria sido destruída.

No final do milênio, a nova cultura passou a reconhecer o insucesso da tentativa de exterminar o oponente classista, em sociedade antagônica. Portanto, construir novo mundo, unido pelo instinto de sobrevivência, ou melhor, pela consciência ecológica, seria evolução possível. Mas essa ecologia não seria estritamente preservacionista da natureza, limitando o crescimento da renda (e do consumo) inclusive dos mais pobres. A ecologia política, para nós, significava dar valor sobretudo às interações entre seres vivos. Civilizando essas interações, a preservação do meio ambiente se desdobraria, não "naturalmente", mas como fruto das ações coletivas de seus defensores, isto é, da política. Não poderia ser atitude vanguardista e/ou personalista de "celebridades" ou "artistas".

Esse pacto social passaria a ser o sonho (real), a alternativa (possível) e a utopia (necessária) no novo milênio. A imaginação no poder significaria idealizar e lutar para convencer a sociedade a se fundamentar em leis justas e instituições político-econômicas verdadeiramente comprometidas com o bem-estar da coletividade, inclusive na sua relação com o meio ambiente.

Não seria mais um projeto de natureza irrealizável, certamente com uma ideia generosa, porém impraticável. Por ser produto da imaginação, não significaria ter, necessariamente, ausência de consistência ou fundamento real. Essa ficção não seria ilusão, se atendesse à necessidade de construção real.

Esse modelo imaginário de sociedade ideal foi concebido como crítica à organização social (e ao poder corporativo) existente. Porém, seria inexequível, se não estivesse vinculado à defesa de condições ambientais saudáveis, na realidade concreta. Nasceu então o "movimento social autonomista" como projeto alternativo de organização social, capaz de indicar potencialidades realizáveis, em determinada ordem política constituída, contribuindo dessa maneira para sua transformação.

Conclusão retirada de nosso debate em 1982-1983: o movimento autonomista não deveria se isolar em um único partido político. Era melhor, politicamente, fortalecer essa tendência dentro do PT, partido de massas, cuja preferência alcançaria cerca de 30% dos eleitores brasileiros. O PV, partido de quadros da elite, jamais obteria tal preferência.

Três décadas após se reapresentou novamente o tema no debate político: a organização do partido denominado Rede de Sustentabilidade e a consequente elevação da fragmentação partidária eram necessárias para sua liderança se fazer respeitada dentro de uma coalizão partidária de base governista? À primeira vista, não, porque acabou sendo apenas mais uma tribo em torno de cacique: nunca foi "a nova política".

Nova direita no Brasil

Surpreendeu o surgimento, entre parcela dos jovens brasileiros, do desejo de se unir em novos partidos ou em movimentos de direita. Em assuntos relacionados à *pobreza*, pesquisas de perfil ideológico revelam que o brasileiro está mais à esquerda. Quando o tema tem relação com a *criminalidade*, as teses da direita fazem mais sucesso. Em dez questões sobre costumes, supostamente, respostas progressistas predominam em cinco, conservadoras em quatro, e uma a respeito de sindicatos praticamente termina empatada.

Não se pode concluir daí: "os percentuais das respostas conservadoras indicam que tal percentual da população tem mais proximidade com as teses de direita". Por exemplo, o grau de religiosidade ("acreditar em

Deus"), em um país tradicional e predominantemente católico, significa que o eleitorado é de direita?!

Observa-se mais, nessas pesquisas, não um posicionamento político-ideológico com efeito eleitoral, mas a expressão de uma raiva generalizada contra os criminosos, especialmente, contra os traficantes de drogas e os corruptos. É um comportamento defensivo não ideológico.

Cabe, então, a pergunta: quem é "o brasileiro"? Com toda sua diversidade social, cultural e política, o representativo é uma média ideológica? Ou uma moda predominante?

Mais de 30 anos depois do fim de sua ditadura, a direita brasileira ressurgiu, em plena democracia, para voltar a direcionar toda sua violência física e verbal contra os democratas. Apoiada pelo conservadorismo social-religioso, vocaliza, na mídia e na rede social, cotidianamente, seu antipetismo – mero anticomunismo reciclado.

Qual é a razão do crescimento desse discurso de ódio? Minha suspeita é, tal como nos casos de antissemitismo, anticomunismo, racismo, homofobia e misoginia, a intensa atividade de *bullying* partidário, na imprensa brasileira, nasce do sentimento de segregação entre si e "os outros".

O indivíduo parasita sofre com um sentimento de inferioridade em *status* social ou de "desumanização" pela própria perda da autoestima. Com a ausência de reconhecimento de si como indivíduo particular e criativo, odeia os pretensos "culpados". Estes são os bodes expiatórios, escolhidos arbitrariamente pelo simples fato de serem diferentes dele. Então, veicula essa expressão de ódio e violência físico-emocional. Deduz um estudo realizado na Universidade Brock (Ontário, Canadá), publicado no *Journal of Psychological Science*:

> As habilidades cognitivas são fundamentais na formação de impressões de outras pessoas e a ter a mente aberta. Indivíduos com menores capacidades cognitivas gravitam em torno de ideologias conservadoras. Querem manter as coisas como elas estão, porque isso lhes dá um senso de ordem.

Menores níveis de inteligência estão relacionados a pensamentos de direita. Estes fazem os indivíduos com deficiência cognitiva se sentir mais seguros com suposta estabilidade dada por ordem unida. No entanto, nem todas as pessoas com essa carência empática, em face de um mundo complexo, são conservadoras.

O chamado do "discurso capitalista" ofereceria um lugar de prestígio pessoal por meio da sua condição econômica e de sua capacidade de consumo. Isso passa a ser a referência da vida. As aspirações espirituais e religiosas além dos relacionamentos sociais são motivados pelo fator econômico, por exemplo, na teologia da prosperidade das igrejas-empresas.

Essa ideologia da realização individual autocentrada e egoísta se dá em função da localização na pirâmide econômica. Diferenciar-se dos demais, superando-os pelo consumo exibicionista, deixando-os em posição de consumo de *status* inferior, passa a ser a via socialmente prescrita de sucesso e de realização de estilo de vida pessoal.

Então, um governo trabalhista, cuja prioridade é a distribuição da riqueza e a ampliação da capacidade de consumo da população de baixa renda, desperta o desconforto e até mesmo o ódio. A melhoria da condição econômica geral entre 2003 e 2014 não foi acompanhada de aumentos comparáveis da consciência política e da solidariedade social.

Esses discursos de ódio não são inócuos. Geram danos físicos e psicológicos em muitos sofredores da agressão, levando à misantropia – ódio pela humanidade –, à falta de sociabilidade, à melancolia, à depressão, à tristeza etc. Por causa disso mesmo, satisfazem aos instintos violentos dos neofascistas tupiniquins.

O PT virou o alvo preferencial de ataques. Seus eleitores são considerados parasitas em torno dos programas sociais. Antes de tornar-se um discurso amplamente difundido pela "nova direita" do país, o antipetismo foi fermentado por direitistas colunistas na "grande" imprensa brasileira.

A direita brasileira, cuja opinião conservadora se expressa facilmente na mídia, não aceita concessões sociais mínimas. É reacionária mesmo frente às mudanças menos ofensivas aos interesses dominantes. É herança do "espírito da casa-grande" o ódio aos pobres, aos nordestinos e aos negros. Não suporta a ascensão social de "os outros", mesmo quando isso reforça a posição da classe ociosa no topo pela ampliação do mercado interno. Quer exclusividade no aeroporto, na universidade e no poder político, para manter *status social*.

Essa *nova direita*, revelada pelas manifestações na rua de junho de 2013, não precisará de apoio financeiro, enquanto estiver sendo financiada, indiretamente, por grandes corporações patrocinadoras de revistas semanais e, diretamente, pelos irmãos Koch. O norte-americano Charles Koch Institute patrocina os Estudantes pela Liberdade e o Movimento Brasil Livre, movimentos organizados na rede social para vociferar seu discurso de ódio contra a esquerda.

Antes do golpe, a esquerda democrática, para governar, tinha de constituir maiorias, transigir e negociar um pacto moderado. Ela tentava contemporizar, cedendo ministérios para governar. Porém, parte da sociedade não entendia essa coalizão presidencialista.

Já a extrema-direita, contrapondo com violência o tema da (in)segurança pública, pretende voltar a governar no estilo de ditadura militar, quando não se negocia politicamente. Para ela, ainda não é necessário financiar campanhas políticas com meios escusos, basta por ora explorar oportunisticamente o sentimento da raiva.

Para a *nova direita*, melhorias adicionais de padrão de vida no Brasil não devem vir mais do Estado, via políticas públicas, mas unicamente de conquistas individuais. Supostamente, estas estariam baseadas no esforço e no mérito pessoal, reconhecidos pelo viés de autovalidação dos próprios pares. Essa é a visão individualista da direita em favor do livre mercado e à custa de privatização total do Estado.

Os manifestantes desse discurso de ódio constituem uma minoria social. Necessita ser, mais uma vez, isolada e condenada pela maioria democrata. Por exemplo, colunistas da imprensa brasileira abusam, diariamente, do direito de livre expressão para incitá-los a atentar contra a própria democracia. Esta lhes concede essa liberdade.

Discurso de ódio é qualquer ato de comunicação cujo objetivo é inferiorizar uma pessoa, tendo por base características como raça, gênero, etnia, nacionalidade, religião, orientação sexual ou outro aspecto passível de discriminação. No Direito, é qualquer discurso, gesto ou conduta, escrita ou representação proibida porque incita violência ou ação discriminatória ou porque ofende ou intimida um grupo de cidadãos.

Expresso na *Declaração Universal dos Direitos Humanos*, adotada e proclamada pela Assembleia Geral das Nações Unidas em 10 de dezembro de 1948, isto é, logo após a calamidade humana provocada pelo discurso de ódio na Segunda Guerra Mundial, está estabelecido um pacto internacional: discursos de ódio devem ser proibidos pela lei. Essa proibição não fere o princípio de liberdade de expressão. Os Estados Unidos são um dos poucos países no mundo desenvolvido onde há ainda dúvidas se devem considerar a proibição do discurso de ódio compatível com a liberdade de expressão.

Engenharia econômica: projetos de país

Programa neoliberal de governo: mistura paradoxal

Uma contradição nos próprios termos é uma expressão cuja composição contém elementos opostos. Por exemplo, a ideologia liberal do individualismo propor um programa governamental para reger a vida coletiva da nação.

À primeira vista, o *anarquismo* é uma teoria política mais radical e coerente em relação ao liberalismo. Afirma ser a sociedade uma instituição independente do poder do Estado. Daí adota uma teoria social e política sem aceitar a submissão da sociedade aos poderes governamentais e/ou à autoridade estatal. Sua proposta prática é uma ação coletiva oposta, radicalmente, ao governo do Estado.

Jocosamente, definiram o *neoliberalismo* como "o anarquismo dos ricos". Ele defende uma intervenção muito limitada do Estado apenas no plano educacional (talvez na saúde pública dos pobres) e da segurança pública em relação à propriedade privada. É uma redefinição do liberalismo político clássico a partir de teorias econômicas neoclássicas.

O neoliberalismo é visto como uma corrente de pensamento ideológico, ou seja, uma forma de ver e julgar o mundo social a partir de um movimento político-intelectual organizado. Ele realiza reuniões, conferências e congressos. Sendo esse movimento militante contrário ao movimento trabalhista, seja social-democrata, seja comunista, suas teses foram adotadas pela direita organizada. Individualistas se tornaram direitistas e estão entre os principais pregadores das ideias ultraliberais Friedrich A. Hayeck e Ludwig von Mises (Escola Austríaca) e Milton Friedman (Escola Monetarista).

Apareceu em pesquisa eleitoral para campanha presidencial um candidato representante da casta dos guerreiros-militares mais bem posicionado em relação aos candidatos neoliberais. Embora se situe na extrema-direita ideológica, é abordado, oportunisticamente, por economistas neoliberais. Eles oferecem um lastro doutrinário favorável ao financiamento de sua campanha eleitoral por gente de O Mercado.

Vale, então, esquematizar, didaticamente, essas (poucas e simplórias) ideias.

Primeiro, resumo o diagnóstico neoliberal do *estado atual* das coisas ou o *estado da arte* (novamente proposital a ironia quanto ao "estado"): o que é o Brasil para os neoliberais. Depois, a receita fácil.

O diagnóstico neoliberal a respeito do atual estágio da economia brasileira parte de sua interpretação da história econômica do Brasil. "Com a industrialização, ocorreu uma gradual migração de trabalhadores da agricultura para a indústria. Cada trabalhador migrante passava a produzir mais em relação ao produzido antes, elevando a produtividade média do trabalho no país. O resultado foi um aumento rápido da renda *per capita*."

Esse fenômeno esteve intimamente ligado à urbanização, ocorrendo sobretudo entre 1940 e 1980. A partir da década de 1980, aos poucos os trabalhadores passaram a migrar para o setor de serviços.

Esse passado já passou. Daí os economistas desenvolvimentistas e empresários do setor industrial, segundo a opinião neoliberal, ao defenderem políticas voltadas à promoção da indústria, independentemente do custo dessa promoção, assumem uma atitude reacionária contra a história.

Os economistas neoliberais acusam a heterodoxia brasileira de ter uma visão do processo de desenvolvimento ligado à indústria, "enquanto para nós, ortodoxos, o crescimento é um processo de desenvolvimento institucional – o que você produz não é muito importante". É simples assim: "se as instituições funcionarem, o país vai ser rico de qualquer modo".

Novamente, trata-se da ladainha neoliberal, cujo eterno lema é *laissez-faire, laissez-aller, laissez-passer*, literalmente, "deixai fazer, deixai ir, deixai passar"... o livre mercado. Os neoliberais tupiniquins acrescentam: para implantar o *laissez-faire* em *Terrae Brasilis*, são precondições as reformas estruturais. Parecem ser estruturalistas.

Quais são essas reformas em suas opiniões? Contra uma mão de obra despreparada, melhorar a educação básica e privatizar o ensino superior.

Contra uma carga tributária elevada e complexa, cortar gastos públicos de custeio, sociais e em investimentos, para simplificar a estrutura tributária e diminuírem os tributos. Contra uma infraestrutura deficiente, concessões de todos os serviços de utilidade pública à iniciativa privada. Contra uma taxa de poupança baixa, responsável por juros altos e câmbio baixo, a solução está em imitar a China e seus vizinhos.

O argumento é simplório, embora perverso em sua dedução: "em países onde a seguridade social garante pouca renda a aposentados, e a legislação trabalhista é quase inexistente, e como consequência, seus habitantes estão dispostos a trabalhar muito, aposentam-se tarde, e também poupam muito".

Nesse ponto fica claro o equívoco teórico. Faz inversão entre causa e efeito. Na realidade, quando se aumenta o ritmo de crescimento do fluxo da renda, por exemplo, com uma política de crédito público, atendendo à demanda incentivada por planejamento de investimentos públicos e provocando um efeito multiplicador da renda, em ritmo superior ao crescimento dos gastos em consumo, residualmente, eleva-se a poupança contabilizada *ex-post*.

Sob seu ponto de vista do individualismo metodológico, os neoliberais reduzem tudo a uma mera questão de força de vontade pessoal. Clamam às pessoas de baixa renda, mal atendendo às necessidades básicas de consumo, para pouparem. Infelizmente, poupança não depende delas nem investimentos dependem de poupança, mas de crédito, cujo lastro em *funding* se capta mais adiante da concessão.

Os neoliberais são contra qualquer tipo de política industrial, vista como "política de escolha de vencedores", isto é, de quebra de isonomia entre os livres competidores por favorecimento estatal. "O Brasil não corre o risco de perder sua indústria. Com uma imensa população de renda média não capaz de pagar por produtos industrializados de última geração, há escala suficiente para empresas estrangeiras produzirem na filial brasileira aquilo que não é mais vendido na matriz, para atender ao grande mercado doméstico pouco exigente. A pequena demanda por produtos industrializados de última geração será atendida por importações. Estas serão pagas com os recursos gerados pela exportação de produtos primários."

Economista neoliberal reconhece: "esse não é o modelo que leva à renda *per capita* da Alemanha", mas é o resultado da *vocação agrária brasileira*, dada sua vantagem comparativa, como prognosticou o guru Eugênio Gudin. Resta se conformar com essa predestinação divina – ou sobrenatural.

Vejamos outros diagnósticos e o receituário neoliberal.

Diagnóstico neoliberal: "O problema do Brasil é os ganhos de eficiência serem baixos em todos os setores".

Solução neoliberal: despedir empregados. Com menos gente trabalhando mais tempo – e menores encargos sendo pagos devido à reforma trabalhista –, se ganhará "produtividade e eficiência". Os ocupados restantes serão mais explorados. Os neoliberais se esquecem: salário não é só custo; a massa salarial representa demanda agregada.

Neoliberais dizem não ser contra a indústria, mas sim "contra subsídios disseminados, políticas de proteção para qualquer setor têm de ser muito cuidadosas".

Solução neoliberal: "ninguém tem direito adquirido à proteção". Portanto, os neoliberais cortarão os subsídios à Zona Franca de Manaus, às habitações de interesse social para camadas até três salários mínimos no Programa Minha Casa Minha Vida, ao Programa Nacional de Fortalecimento da Agricultura Familiar (Pronaf), inclusive seus subprogramas Pronaf Agroindústria, Pronaf Mulher, Pronaf Agroecologia, Pronaf ECO, Pronaf Mais Alimentos, Pronaf Jovem, Pronaf Microcrédito, Pronaf Cotas-Partes etc., à Superintendência do Desenvolvimento da Amazônia (Sudam), ao Banco da Amazônia S.A. (Basa), à Superintendência do Desenvolvimento do Nordeste (Sudene), ao Banco do Nordeste do Brasil S.A. (BNB), entre outros. E enfrentarão a ira das bancadas regionais!

Por que os neoliberais não radicalizam e cortam também, entre outras, as isenções fiscais de associações civis, culturais, filantrópicas, de sindicatos, recreativas, científicas, associações de poupança e empréstimos? Por que não proíbem contratações de pesquisas sem licitações? E por que são consideradas imunes – ou não tributáveis – as organizações ligadas à assistência social, educacional, sindicato de trabalhadores? É uma simples questão de vontade política enfrentar as bancadas ruralistas, evangélicas, corporativas etc.?

O neoliberal critica todas as iniciativas intervencionistas tomadas nos governos social-desenvolvimentistas ("petistas", como dizem), como:

1. a tentativa de promover mais uma vez o renascimento da indústria naval;
2. as regras de conteúdo local para o setor de petróleo e gás; e
3. o Inovar-Auto, programa de imposição de tributação adicional para empresas estrangeiras no país, caso não atendessem aos limites mínimos de nacionalização.

Solução neoliberal: "políticas de incentivo precisam ser muito cuidadosas, contando com um diagnóstico bem-feito, avaliações criteriosas, metas claras e regras bem definidas para interromper o estímulo, caso não dê resultados". Neste caso, o neoliberal se apresenta apenas como melhor gestor em claro viés de autoatribuição (ilusória).

Ora, por que os economistas neoliberais não apresentam alguma evidência empírica para fundamentar suas críticas? Por exemplo, não poderiam avaliar o custo/benefício em termos de emprego e transferência de tecnologia, o controle nacional de setor energético estratégico, o valor agregado em uma cadeia produtiva mais complexa internalizada?

Não. Eles se limitam a pregar sua doutrina ideológica, sob os fundamentos teóricos neoclássicos, sem debater como seriam aceitas suas propostas ao enfrentar os conflitos de interesses concretos. Seriam impostas à força da popularidade do candidato extremista eleito? Isso, de cima para baixo, não seria contraditório com seu credo ideológico contra o Estado?

Simploriamente, dizem: "o país precisa se concentrar em medidas para contribuir com o desenvolvimento, melhorando a produtividade da economia, como concentrar esforços na melhora da educação, focando o ensino fundamental e o ensino médio". De acordo com o sonho neoliberal, o ensino superior será sujeito a mecanismo de mercado. Alguns dos problemas econômicos, sociais, culturais e políticos abordados pela educação são reduzidos a meros problemas administrativos e técnicos solucionáveis por O Mercado.

Para eles, uma escola-modelo deve conseguir competir no mercado frente a outras. O aluno seria um mero consumidor da doutrina do liberalismo, isto é, de "Escola sem Partido" (sic), enquanto o professor se tornaria um funcionário treinado para capacitar os seus alunos a se integrarem, acriticamente, ao mercado de trabalho.

O diagnóstico neoliberal reconhece que a infraestrutura é muito importante: logística, acesso a energia, saneamento. No entanto, não diz se a iniciativa privada, particularmente, concentrará capital e disporá de tecnologia e projetos para iniciar por conta própria rodovias, hidrovias, portos, aeroportos, hidrelétricas, águas e esgotos.

Outro desafio da agenda microeconômica neoliberal, apesar da era neoliberal (1988-2002) e da volta da velha matriz neoliberal (2015-2017), até hoje não foi enfrentado. Eles repetem sem cessar: "é crucial que o processo de abrir e fechar empresas seja fácil". Reafirmam: "daí vem boa parte dos ganhos de produtividade, por possibilitar ideias inovadoras terem mais chances de florescer. Empresas mais eficientes sobrevivem e crescem, as menos eficientes tendem a sumir". Difícil é entender por que, se é assim tão fácil, esse consenso nunca foi implementado?

Economistas acostumados a pensar em equilíbrios mecanicistas têm dificuldades em pensar em dinamismo, isto é, variações ao longo do tempo futuro. Preferem, simploriamente, dizer: "ampliar a abertura comercial é decisivo para o país aproveitar os ganhos de eficiência. Tudo isso vai levar a aumento de produtividade, elevando o ritmo de crescimento. A indústria vai se beneficiar desse processo".

Enquanto os neoliberais pregam a ideologia do *laissez-faire* do século XVIII, os estudiosos de Economia como um sistema complexo defendem, hoje, no século XXI, o ensino superior público e gratuito, além da concessão de incentivos às instituições de pesquisa básica, buscando excelência para o país ingressar na Quarta Revolução Tecnológica. Em decorrência, elevar-se-á o poder de barganha dos trabalhadores especializados de modo a reivindicar conquistas para todos os cidadãos. Por exemplo, para não concentrar os ganhos de produtividade com a automação robótica apenas nas mãos dos acionistas, diminuir a jornada de trabalho semanal para quatro dias úteis de nove horas cada, substituindo trabalho alienante por trabalho criativo, como dito anteriormente.

Projeto de país novo-desenvolvimentista

Quando o país apresenta superávit em seu balanço comercial, sistematicamente, produzido por *commodities* agrícolas ou minerais, possuindo então abundância de recursos naturais *tradables* ou negociáveis no comércio internacional, certos doutores em Economia diagnosticam ele estar infectado pela "doença holandesa". Para esse diagnóstico, eles verificam seu sintoma. Concluem: a taxa de câmbio está, recorrentemente, inferior à taxa de câmbio de "equilíbrio industrial" por disponibilidade de recursos naturais abundantes e/ou de mão de obra barata.

Para a cura, paradoxalmente, se a moeda nacional fosse desvalorizada para o nível necessário que tornasse o setor industrial produtor de bens comercializáveis internacionalmente viável da mesma forma, a produção e a exportação de *commodities,* onde originaram o problema de "excesso de fluxo comercial", receberiam ainda mais incentivo. Os novos-desenvolvimentistas apresentam então o contra-argumento de taxar esse ganho cambial dos exportadores de *commodities* agrícolas. A bancada ruralista no Congresso Nacional aceitaria essa queda de isonomia tributária entre o setor agropecuário e o industrial?

O problema básico para países em desenvolvimento encararem não é uma incapacidade de produzir bens manufaturados, mas sim uma incapacidade de produzi-los em níveis de produtividade tal a lhes permitir serem competitivos nos mercados internacionais. É um problema de diferencial de produtividade entre setor agrícola e setor industrial e dos preços relativos estabelecidos em moeda estrangeira.

Convencionalmente, há a presunção em favor da adoção de uma taxa de câmbio de equilíbrio uniforme para todos os setores. Quebraria essa convenção a adoção de um regime de duas taxas de câmbio. Nesse caso, teríamos um dólar mais caro a ser usado para as exportações industriais, as transações financeiras e também para as importações. Teríamos outra taxa de câmbio para a exportação do setor primário, determinada por aquela taxa nominal menos impostos de exportação sobre *tradables* primários. Essa reforma adequaria a taxa de câmbio nominal à estrutura de custos industriais e melhoraria a possibilidade de exportar bens manufaturados. Entretanto, a arquitetura comercial internacional vê com maus olhos essa "heterodoxia" e impõe uma única taxa de câmbio.

O contra-argumento, para quebra dessa convenção, é fazer uma considerável desvalorização da moeda nacional, de maneira que a nova taxa de câmbio incentive os exportadores capturar mercados em produtos manufaturados. Em contrapartida, haveria a tributação da receita extraordinária ainda mais favorável às *commodities* primárias. Esse seria o argumento político para essa discriminação por meio da aplicação de imposto de exportação sobre esse ganho extraordinário de receitas de exportação pelo setor primário.

Porém, essa medicação artificial para o combate à "doença holandesa" provocaria efeitos colaterais no paciente. Esse dólar mais caro tenderia a gerar uma inflação de custos em preços internos. O aumento dos preços domésticos dos produtos de exportação corresponderia, mais cedo ou mais tarde, a aumento equivalente nos preços locais de alimentos. Dado o baixo nível de renda característico de países em desenvolvimento, os salários nominais na indústria estão estreitamente correlacionados com os preços dos alimentos. Então, essa solução de política cambial, seja pelos insumos importados, seja pelos salários, traria uma correspondente elevação nos custos nominais da produção de manufaturas. E um conflito distributivo inflacionário. Logo, neutralizaria qualquer efeito inicialmente benéfico sobre as receitas dos exportadores de manufaturados.

Não existe uma única taxa de câmbio capaz de assegurar o equilíbrio entre os custos internos de produção e os preços competitivos para ganhar mercados estrangeiros. Nem há nenhuma maneira de sair desse dilema, exceto por algum sistema dual de taxas de câmbio, ou algum sistema de impostos e subsídios combinados de modo a produzir efeito similar ao das taxas de câmbio duplo. O desafio seria a arrecadação do imposto de exportação cobrir o custo dos subsídios aos alimentos.

Se para o novo-desenvolvimentismo as taxas de câmbio duplas são uma condição necessária, para o neoliberalismo qualquer uso de desvalorização cambial para proporcionar eliminar desequilíbrios não só é apenas ineficaz, como acaba impedindo o desenvolvimento dentro da vocação agrícola natural do país. A realidade do mercado acabaria impondo seu retorno para o objetivo de adoção de uma única taxa de câmbio, estimulante da eficiência. Para os neoliberais, "o comércio livre é precondição para restabelecer a confiança dos investidores e promover empréstimos e investimentos vindos do exterior".

Sob o ponto de vista de uma terceira corrente de pensamento, o social-desenvolvimentismo, o primeiro efeito visível seria produzir forte impacto inflacionário, engolindo o estímulo às exportações oferecidas pela desvalorização, dentro de prazo relativamente curto. Se fosse adotada a restrição monetária para combater a inflação, a política de juro induziria também uma recessão.

Não obstante a oposição esperada ao imposto por parte da "bancada ruralista" no Congresso Nacional, o pagamento de imposto sobre exportação se daria por meio da depreciação cambial. Esta elevaria a receita bruta, descontado o imposto, e determinaria a receita líquida dos exportadores de *commodities*. Quem pagaria o ônus da desvalorização cambial, de fato, seriam os consumidores e os tomadores de empréstimos externos. No curto prazo, veriam os preços aumentar. O economista novo-desenvolvimentista alega esse custo ser transitório. Em pouco tempo, todos se beneficiariam com o aumento dos investimentos na indústria e com a aceleração do crescimento proporcionada pela neutralização da doença holandesa.

Haveria, então, outro dilema: entre a razão técnica e a razão política. Os tecnocratas teriam a capacidade de impor uma solução técnica sem ela ter viabilidade política em um regime democrático? O curto calendário político de um presidente pretendente à reeleição ou a eleição do(a) sucessor(a) impõe a necessidade de os técnicos se ajustarem e não proporem algo prejudicial ao poder aquisitivo do povo, em curto prazo. Sem cacife político, dificilmente, isso será contrabalançado com a promessa de, no futuro, depois do sacrifício, "dias melhores haverão de vir".

Paulo Gala, formado na Escola de Economia de São Paulo (EESP) da FGV, diretor-geral da Fator Administração de Recursos (FAR) e autor do livro *Complexidade econômica*, atualiza o pensamento novo-desenvolvimentista. Ele se pergunta: quais foram os negócios mais prósperos no país da última década? E responde: shopping centers, construção de prédios comerciais e residenciais, lojas de varejo de todo tipo: cabeleireiros, restaurantes, vestuário, concessionárias de automóveis etc.

Reconhece ter havido também grandes obras de infraestrutura, petróleo, etanol, café e minério de ferro. Esses negócios prosperaram graças ao *boom* de crédito, redução do desemprego, transferências de renda pelo Estado e elevados preços de *commodities* em dólar no mercado mundial por conta da descomunal expansão da economia chinesa.

Da mesma forma, os preços dos serviços domésticos aumentaram fortemente, contribuindo para a apreciação do câmbio real. Essa combinação de alta de preços de serviços, alta de preço de *commodities* em dólares e apreciação cambial aumentou muito a rentabilidade das atividades de importação em geral, serviços, varejo, construção civil e produção de *commodities*. A produção doméstica de manufaturas e bens industriais perdeu muita rentabilidade e regrediu em relação aos patamares observados nos anos 1990.

Até 2007, a indústria brasileira conseguiu ainda acompanhar o *boom* de demanda, aumentando a produção, ainda na esteira da desvalorização cambial de 2002. A partir da crise de 2008, a indústria brasileira sucumbiu à concorrência internacional, aos aumentos de custo de produção em reais, principalmente salários, e à forte apreciação do câmbio nominal e real.

A expansão do PIB observada após 2008 foi toda baseada em serviços não sofisticados e construção civil, sintoma típico de "doença holandesa", segundo diagnóstico de doutor novo-desenvolvimentista. A demanda por bens industriais foi totalmente suprida por importações. Sem estímulos para produzir domesticamente, o empresário industrial brasileiro passou a ser importador, montador ou simplesmente encerrou seu negócio.

Houve enorme perda de complexidade produtiva da economia brasileira. A produtividade total da economia caiu e vai continuar caindo até as manufaturas domésticas se recuperarem. A grande maioria dos empregos gerados no Brasil dos últimos anos foi em setores com baixa produtividade intrínseca: construção civil, serviços não sofisticados em geral (lojas, restaurantes, cabeleireiros, serviços médicos, *call centers*, telecom etc.), serviços de transporte (motoristas de ônibus, caminhões, pilotos de avião), entre outros.

As comparações internacionais mostram o grande diferencial de produtividade entre países justamente no setor de bens transacionáveis e não em serviços não sofisticados. Até na construção civil, mesmo com o auxílio de máquinas mais sofisticadas, a produtividade entre trabalhadores dos diversos países não é muito distinta.

O *boom* de crédito, *commodities* e consumo observado no Brasil, na era social-desenvolvimentista (2003-2014), segundo Gala, estimulou os setores com baixos ganhos potenciais de produtividade e desestimulou os setores potencialmente com grandes em economias de escala e retornos crescentes: as *manufaturas complexas*. Houve desindustrialização e "reprimarização da pauta exportadora", com avanço das *commodities*. Em 2014, por exemplo, cinco produtos responderam por quase 50% das exportações brasileiras: ferro, soja, açúcar, petróleo e carnes.

Como resolver esse problema nos próximos anos? Para os novos-desenvolvimentistas, como os salários nominais não vão cair, só existem dois caminhos: desvalorização da moeda nacional e aumento de produtividade.

Sem rentabilidade para se investir em *tradables* industriais não há inovação. Daí vem a importância de uma taxa de câmbio de equilíbrio industrial, ou seja, uma taxa de modo a permitir as indústrias de bens comercializáveis, utilizando o estado da arte em tecnologia, tornarem-se competitivas no mercado global. O aumento de produtividade poderá vir pelo aumento do investimento em infraestrutura e pela sofisticação tecnológica do tecido produtivo brasileiro, ou seja, aumento da complexidade econômica: novos mercados e novos produtos, especialmente de natureza industrial.

Um Sistema Nacional de Inovação compõe-se do envolvimento e integração entre três principais agentes, cujas atividades geram e difundem novas tecnologias:

1. o Estado, responsável por aplicar e fomentar políticas públicas de ciência e tecnologia;
2. as universidades e os institutos de pesquisa responsáveis por criar e disseminar o conhecimento; e
3. as empresas responsáveis pelo investimento na transformação do conhecimento em produtos.

Nesse Sistema, o investimento público e a ação do Estado como fomentador, financiador e aglutinador são sempre essenciais. A educação produtiva relevante do país é um conhecimento tácito que está nas empresas e nas atividades e, portanto, não se aprende na escola. Se não existe o parque produtivo, onde as pessoas possam buscar esses conhecimentos, fica difícil aprender as habilidades úteis para gerar produtos complexos. Esse tipo de conhecimento não é ensinado na escola nem na faculdade.

Projeto de país social-desenvolvimentista

Uma abordagem histórico-estruturalista mantém-se como método para a interpretação do Brasil por parte dos economistas social-desenvolvimentistas. Tem como suporte a ideia de sequências reativas. Adéqua-se aos elementos centrais do conceito de *dependência da trajetória*.

Eventos iniciais contingentes têm um impacto causal fundamental sobre o resultado final, não por meio do mecanismo de retornos crescentes, mas através da cadeia causal por eles desencadeada. Além disso, as conexões causais entre os eventos constrangem os atores de modo que eles permanecem na mesma trajetória de acordo com a ideia de *lock-in*. Sistemas de trajetórias dependentes se tornam assim *locked-in* ("bloqueados"), entre os quais as seleções de eventos contingentes não poderiam ocorrer para seguir *atratores* idealizados como ótimos.

O que é o país para os sociais-desenvolvimentistas? Comecemos por analisar sua histórica inserção internacional. Em termos de renda *per capita* por paridade de poder de compra, em 2016, ficou em 107º. lugar com US$ 15.200. Desde 1900, a renda *per capita* brasileira cresceu mais de 21 vezes, enquanto a norte-americana cresceu 14 vezes, mas aquela representava apenas 26,5% dessa da maior potência econômica no ano passado. Melhorou a posição relativa em relação à maior potência em 1900, a Inglaterra, quando a renda *per capita* brasileira era apenas 15,3% da inglesa.

Graças ao Estado desenvolvimentista, até 1980, quando passou a sofrer um gradual desmanche, a economia brasileira tinha o maior crescimento no mundo. Depois de "duas décadas perdidas", na era neoliberal (1988-2002), terminou o século XX com o terceiro crescimento médio anual, abaixo de Taiwan e Coreia do Sul.

A vasta maioria da população brasileira de 209 milhões de pessoas mora ao longo, ou relativamente perto, da costa Atlântica ao leste do país. Cerca de 87 milhões de pessoas (42% do total) moram no Sudeste, sendo 45 milhões no estado de São Paulo e 21,5 milhões na região metropolitana de São Paulo. A população urbana representa 86,2% do total. Esse grau de urbanização fica somente abaixo do Japão (94,3%), entre as grandes populações, sendo Tóquio a maior aglomeração urbana do mundo com 38,2 milhões de habitantes.

Sem entender esse fenômeno da urbanização não se compreenderá a estrutura produtiva da economia brasileira. A abordagem estruturalista dos sociais-desenvolvimentistas não se restringe a um único fator de produção, dado pela capacitação tecnológica, e à política econômica de curto prazo, focada especialmente em política cambial, colocando como objetivo estratégico competir internacionalmente no mercado externo. Levamos em consideração também os demais fatores de produção – população ou trabalho; empreendimento ou capital; recursos naturais ou território – como essenciais ou estratégicos para o desenvolvimento, colocando focando mais o mercado interno. Senão, analisemos os seguintes dados.

A economia brasileira se situava, em 2016, em 7º lugar no *ranking* dos maiores PIBs, considerando a paridade de poder de compra e desconsiderando a União Europeia em 2º lugar. Em termos de posicionamento relativo não estava longe do 5º lugar, tanto em população quanto em território, desconsiderando a União Europeia no *ranking* de populações e a Antártida no *ranking* de território. Na comparação de renda *per capita* por paridade de poder de compra, entre os países selecionados, com US$ 15.200, situava-se em 107º lugar, acima apenas da Índia e abaixo dos dois latino-americanos destacados: Argentina e México.

Em síntese, para tirar esse atraso geoeconômico, de acordo com os sociais-desenvolvimentistas, é necessário colocar prioridade em maior ritmo do crescimento da renda e sua melhor distribuição. O grande trunfo brasileiro estará na mobilidade social. Este ampliará seu mercado interno, cujo potencial é ser o 5º maior em número de consumidores. Com isso atrairá maiores investimentos diretos estrangeiros, para gerar mais empregos, em um processo retroalimentador positivo. Necessita entrar novamente em um ciclo virtuoso.

Como já faziam os economistas latino-americanos, teóricos do desenvolvimento, agora os estudiosos de Complexidade fazem uma abordagem estruturalista com uma metodologia mais atual e uma ampla sustentação empírica a partir da utilização de *big data*. O *Atlas da complexidade econômica*, elaborado pelo grupo de pesquisa do MIT, liderado por Cesar Hidalgo, representa a riqueza (e a pobreza) das nações a partir da ótica de domínio de conhecimento e tecnologia.

A partir da análise da diversidade da pauta exportadora de uma determinada economia, de forma indireta, se mede a sofisticação tecnológica de seu tecido produtivo. O desenvolvimento econômico é tratado nessa perspectiva como o domínio de técnicas de produção mais sofisticadas. Isso levaria a maior valor adicionado por trabalhador.

A criação de produtos complexos requer grandes redes de relacionamentos, com interações internacionais entre as firmas de fornecedores e produtores integrados ao processo produtivo. São os componentes de um sistema econômico complexo. Extrativismos, em geral, não estão inseridos em redes de cadeia produtiva global. São produzidos em países pobres da África e América Latina exportadores de *commodities*.

Nessa perspectiva, a chave para o desenvolvimento econômico está na aquisição da capacidade de produzir e exportar bens e serviços complexos. É só isso? Essa é uma longa e velha discussão entre economistas estruturalistas. Ela se atualiza agora com o debate entre novos-desenvolvimentistas e sociais-desenvolvimentistas.

De acordo com a consulta ao *Atlas da complexidade econômica*, realizada pelos primeiros, o Brasil de hoje é um país de complexidade bem menor em relação aos anos 1990. Esse diagnóstico é realizado a partir da análise da pauta exportadora do país, medindo de forma indireta a sofisticação tecnológica de seu tecido produtivo.

Em 1995, o índice estava em 0,67693, posição 29ª de um *ranking* com 125 países. Em 2012, o Brasil despencou para 56º lugar em um *ranking* de 144 países com índice próximo de zero. Nesse diagnóstico novo-desenvolvimentista, o Brasil teria se tornado um país mais comum, com pauta exportadora de baixa complexidade, devido à desindustrialização, à doença holandesa e à "reprimarização" da pauta exportadora. Houve regressão da complexidade econômica brasileira.

Na visão social-desenvolvimentista, os vínculos entre complexidade econômica, instituições e desigualdade de renda tornam relevante essa concepção de desenvolvimento. A estrutura produtiva de um país pode limitar seu alcance de bem-estar por meio da desigualdade de renda elevada pela emergência de algumas castas profissionais. Ela influencia as escolhas ocupacionais, as oportunidades de aprendizagem e o poder de barganha de seus trabalhadores e sindicatos.

A inovação tecnológica e a industrialização fornecem novos empregos e oportunidades de aprendizado para os trabalhadores, contribuindo para a emergência de novas frações na classe média de renda. Sem a massificação do ensino superior, para fechar o leque salarial, podem até elevar a desigualdade social.

A análise da associação entre a complexidade econômica e a evolução de instituições sugere que os países exportadores de produtos mais complexos tendem a ter níveis significativamente mais baixos de desigualdade de renda do que os países exportadores apenas de produtos simples. O problema é essa correlação poder ser espúria, isto é, complexidade, instituições e desigualdade podem variar ao mesmo tempo ou em conjunto com outros fatores econômicos, políticos e sociais relacionados. As interações entre todos esses componentes podem ser bem mais complexas e circunstanciadas, histórica e estruturalmente, e não automáticas.

O social-desenvolvimentismo destaca interações entre diversos outros componentes para a emergência da economia brasileira contemporânea, entre os quais, as próprias políticas públicas desenvolvimentistas. Por exemplo, depois dos anos 1990, a produtividade (e competitividade) em agroindústria deriva muito da recuperação da Embrapa e do Banco do Brasil. Para a matriz energética diversificada, com "fontes limpas" como hidrelétricas e o biocombustível, e a extração do pré-sal, as empresas estatais foram (e são) imprescindíveis. Os financiamentos dos outros bancos públicos (BNDES e Caixa) são fundamentais para investimentos em infraestrutura, inclusive urbana. A nova classe média surgiu da política de salário mínimo real, formalização do mercado de trabalho, crédito para consumo, massificação do ensino superior etc. O bônus demográfico é fruto da elevação da escolaridade, esperança de vida, igualdade de gêneros com inserção das mulheres no mercado de trabalho etc.

O Brasil se tornou uma das maiores plataformas mundiais do agronegócio. Cerca de 80% da produção brasileira de alimentos é consumida internamente e 20% deles são embarcados para mais de 209 países em todos os continentes, demonstrando mais uma vez a importância do seu grande mercado interno. O desempenho das exportações do setor e a oferta crescente de empregos na cadeia produtiva devem ser atribuídos também ao desenvolvimento científico-tecnológico e à modernização da atividade rural. Ambos os fatores foram obtidos por intermédio de pesquisas e da expansão da indústria de máquinas e implementos. Em média anual, o agronegócio adiciona 20% do valor agregado total na economia brasileira. Não se pode negar que sua cadeia produtiva é complexa e com alta produtividade.

A diversificação e a sofisticação da pauta exportadora brasileira não se confundem com as de países pobres da África e América Latina exportadores de poucas *commodities*. Aliás, talvez a maior divergência entre os projetos de país por parte das duas correntes desenvolvimentistas, embora sejam aliadas em bons propósitos, se refere aos "novos" imaginarem "o que deveria ser" (um modelo *à la* Ásia "*hacia afuera*"), privilegiando tecnologia para exportação, e os "sociais" registrarem "o que é": uma visão "*desde adentro*" para mostrarem a viabilidade de criação de um Estado de Bem-Estar Social.

A elaboração de uma estratégia para o desenvolvimento do Brasil deve partir da análise da especificidade de sua inserção internacional. Segundo dados do *World Factbook* da CIA, sua estrutura produtiva é mais próxima da norte-americana em relação a qualquer outro grande país em PIB, área e população, considerando a União Europeia como um todo. Haja vista o consumo familiar aqui atingir 64% do PIB e lá, no país do consumismo, 69%.

A *absorção interna* (soma de consumo, gasto governamental e investimentos) atinge o mesmo patamar da média mundial: 99,5% do PIB. O Brasil e os Estados Unidos têm menores *graus de abertura externa* [(exportação + importação)/PIB] ou são mais autossuficientes. A brasileira é apenas dois pontos percentuais menor se comparada à norte-americana: 24,6% contra 26,6% do PIB. A do Japão não está tão distante (31,3%), mas as dos demais países do Bric – China, 36,8%, Índia, 39,9%, e Rússia, 46,6% – e a média europeia (84,4%) são muito superiores por definição, ou seja, por causa do comércio entre países de blocos comerciais regionais.

Quanto à estrutura produtiva, talvez devido aos distintos graus de urbanização, chama a atenção o grande peso dos serviços, tanto no mundo ocidental (Europa, 71%, Brasil, 73,3%, e Estados Unidos, 80,2%), quanto no Japão (69,4%). O país euroasiático (Rússia com 62,1%) está em uma posição intermediária, mas bem acima dos dois outros grandes países emergentes: Índia (46,2%) e China (51,6%). O peso da indústria chinesa (40%) é um caso à parte: 10 pontos percentuais acima da média mundial e quase o dobro da participação da indústria no PIB dos Estados Unidos (19%) e do Brasil (21%). O grau de urbanização da Índia ainda está em 33,5% de sua população de 1,282 bilhão de pessoas. Talvez por isso sua agricultura gera 17,4% do PIB, quase três vezes maior se comparada à média mundial (6,4%). A brasileira está próxima dessa média com 5,8%.

É um falso debate colocar como alternativos o crescimento voltado para o *mercado externo* ou o direcionado para o *mercado interno*, quando ambos são complementares. Até mesmo pela localização geoeconômica no hemisfério sul e com vizinhos mais pobres – latino-americanos e africanos – comparando aos dos países do norte, eles negociam entre si com custos de transporte muito inferiores. Não se devem tratar desiguais como iguais. Nem todos os países têm a necessidade de seguir uma mesma estratégia em busca de maior complexidade tecnológica. É um ideal, mas não um destino inexorável, a não ser à custa de uma condenação a eterno subdesenvolvimento.

Exemplo disso é a maneira de tratar a tecnologia dominada pela Petrobras para extração de petróleo em águas profundas, abaixo da camada do pré-sal. Os sociais-desenvolvimentistas viram-na como uma oportunidade, os novos-desenvolvimentistas como uma desgraça pela provável contaminação da chamada "doença holandesa".

Segundo estimativas do Instituto Alberto Luiz Coimbra de Pós-Graduação e Pesquisa em Engenharia, da UFRJ, o país tem potencial para expandir suas reservas em 55 bilhões de barris de petróleo equivalente com a exploração das reservas do pré-sal. Nesse cenário, o Brasil pode se tornar a nação com o maior aumento de reservas até 2020, passando da 15ª para a 8ª colocação no *ranking* mundial de reservas de petróleo.

O Brasil já está autossuficiente em petróleo, e na próxima década poderá se tornar um grande exportador. Em vez de encarar isso como uma fatalidade no sentido de apreciar a moeda nacional e tirar competitividade das exportações industriais no estado da arte tecnológica, os sociais-desenvolvimentistas acham o país capaz de se prevenir com uma vacina contra doença holandesa *à la* Noruega. Ela usou seu Fundo Social de Riqueza Soberana (FSRS) para resolver seu problema de déficit previdenciário. Aqui, a herança legal deixada pelo governo de hegemonia trabalhista foi usar o FSRS para educação (75%) e saúde (25%), ou seja, para melhorar o bem-estar social de sua população.

O governo social-desenvolvimentista se distinguiu, durante 13 anos, pela adoção de políticas sociais ativas – Programa Bolsa Família, salário mínimo real, formalização do mercado de trabalho, o "tripé" Pronatec-ProUni-Fies, Ciência sem Fronteiras, Farmácia Popular, Mais Médicos, Minha Casa Minha Vida etc. Isso ocorreu não apenas por razão de justiça social, já suficiente para justificá-las, mas também foram adotadas com a finalidade estratégica de mobilidade social. Antes do recente retrocesso social com enorme desemprego e perda de renda, o Brasil tinha se tornado o quinto maior mercado interno nacional em número de consumidores.

O controle do capital estrangeiro, atraído pela dimensão desse mercado e pela paridade entre taxas de juros externa-interna, se deu tanto pelo Imposto sobre Operações Financeiras (IOF) quanto pelas regras do regime automotivo. Este condicionava o usufruto do mercado interno ao investimento direto estrangeiro com transferência de tecnologia para a gradual nacionalização dos produtos.

O projeto social-desenvolvimentista era, em 2035, o Brasil se tornar o sexto maior produtor de petróleo do mundo, segundo previsões de entidades como a Agência Internacional de Energia. Já se tinham prospectados 27,4 bilhões de barris de petróleo equivalente, entre reservas provadas e volumes potencialmente recuperáveis, sendo a contribuição do pré-sal da ordem de 57%. Partiu-se de reservas estimadas em 8 bilhões de barris de petróleo equivalente, provados em 2003, quando não existia o pré-sal. Chegou-se a 16 bilhões de barris provados. Em 2017, mais da metade da produção brasileira total de petróleo foi extraída na camada do pré-sal em águas profundas.

A Petrobras estava investindo para produzir 4 milhões de barris de petróleo por dia (BPD) no período 2020-2030. O Brasil, como um todo, estaria produzindo além de 5 milhões BPD e exportando cerca de 1,8 milhão BPD na próxima década.

Para descobrir as reservas de petróleo na camada do pré-sal e operar com eficiência em águas ultraprofundas, a Petrobras desenvolveu tecnologia própria, atuando em parceria com universidades e centros de pesquisa. Contratou, internamente, sondas de perfuração, plataformas de produção, navios etc., com recursos que movimentam toda a cadeia da indústria nacional de energia. Por isso, os investimentos na área do pré-sal chegariam a US$ 82 bilhões até 2018.

A miopia dos investidores de O Mercado levou-os a enxergar apenas "de perto", isto é, em curto prazo e não em longo prazo. A desvalorização das ações levou, no final de 2013, a Petrobras a ter 288 mil acionistas ou 16% a menos dos 344.179 do fim de 2008. Era 27% abaixo do recorde de quase 400 mil investidores alcançado pela empresa no fim de 2010, quando realizou uma imensa capitalização de R$ 120 bilhões. Qual era a justificativa espalhada entre os poucos especuladores em ações? "O Governo" estava congelando o preço da gasolina para compensar a elevação dos preços de alimentos devido à seca.

A empresa com controle majoritário estatal tinha deixado de atuar em função da distribuição de dividendos para seus acionistas minoritários. A prioridade era atender ao povo brasileiro, seu controlador em última instância.

Na construção da usina hidrelétrica de Belo Monte, no rio Xingu (PA), também não se recorreu ao endividamento externo do país – como ocorreu no caso de Itaipu nos anos 1970. Pelo contrário, o BNDES concedeu empréstimo de R$ 22,5 bilhões para o projeto, o maior da história do banco. O valor financiado correspondeu a 78% do total a ser investido na hidrelétrica (R$ 28,9 bilhões).

A usina, construída na região amazônica, com 11,2 mil megawatts (MW) de capacidade instalada, representaria 33% da expansão de capacidade prevista no país entre 2015-2019. Isso a tornaria a terceira maior usina hidrelétrica do mundo, atrás da chinesa Três Gargantas (22,5 mil MW) e da binacional Itaipu (14 mil MW).

Todas essas iniciativas contavam com o apoio estratégico do BNDES sob o comando do governo social-desenvolvimentista. Associava capitais de origem privada nacional e estrangeira, estatal e trabalhista, para dar competitividade internacional às grandes empresas brasileiras, trazendo divisas para o país. O antigo "tripé" na origem de capital industrial evoluiu para um "quadripé" no financiamento da infraestrutura brasileira. Os fundos de pensão, junto com a BNDES Participações (BNDESPar), passaram a ser o braço financeiro desse novo modelo de gestão empresarial.

Os neoliberais custaram a entender as mudanças processadas na forma de o Estado brasileiro intervir (e regular) nas estratégias empresariais, livrando-se da falácia ideológica do "livre mercado". O BNDES apoiava algumas "empresas vencedoras", não só emprestando recursos, como também se associando para dividir riscos. Elas tinham mais condições de enfrentar a competição internacional.

A crítica neoliberal era: "o Banco de Desenvolvimento passou a apoiar, basicamente, setores produtores de *commodities* em vez de incentivar empresas de tecnologia de ponta". Os defensores do livre mercado (e da antiga "vocação agrícola" do país) não perceberam a aposta profunda em investimentos em educação (e "tecnologia de ponta") só ter condições de ser feita com o Fundo Social de Riqueza Soberana a ser gerado com a extração e a exportação de petróleo de águas profundas na camada do pré-sal. Isso ocorreria na próxima década, caso não tivesse ocorrido o retrocesso político.

PARTE III
ARTE DE TOMADA DE DECISÕES ECONÔMICAS PRÁTICAS (O JULGAR)

Escolha do regime de política econômica

Seleção da equipe econômica ou programa governamental

Quais são os problemas da proposta de criação de um conselho econômico do presidente no Brasil? Os apoiadores dessa proposta a defendem com o argumento de os membros desse *staff* serem economistas de reputação, sem filiação partidária. Muitos seriam oriundos da academia para onde voltariam depois de dois anos no conselho para não se incorporarem à burocracia. Assim constituído, ele deveria ser uma agência neutra. Seria uma garantia institucional para o "programa de governo" escolhido nas urnas ser efetivamente implementado de forma técnica e não partidária.

Primeiro, essa proposta é típica de um membro da casta dos sábios professores acadêmicos, no caso, a subcasta composta por economistas ortodoxos. Essa casta se volta para si como se fosse dotada de um saber técnico neutro e, enfaticamente, "sem filiação partidária". O critério de seleção dos membros do conselho não é objetivo e incontroverso. O viés de autovalidação influencia a escolha de colegas com pensamento econômico parecido com o do ministro da Fazenda, principal nome da equipe de governo.

Na prática, o risco é uma reserva de mercado de trabalho. A exigência de uma quarentena no tempo correspondente à participação no conselho evitaria o típico carreirismo, ou seja, um *upgrade* financeiro na carreira profissional com prestação de consultorias às empresas beneficiárias de políticas governamentais?

Segundo, há a contradição entre dizer, em um parágrafo, "o programa de governo escolhido nas urnas será efetivamente implementado de forma técnica e não partidária" e, em outro, afirmar ser a função do conselho "formular e recomendar política econômica nacional para promover emprego, produção e poder de compra sob regime de livre competição".

Ora, está aí justamente a antiga e polêmica contradição entre a equipe responsável pela política econômica seguir regras programadas ou agir de maneira discricionária. Nesse caso, o conselho econômico estaria livre de condições, de restrições. Seria arbitrário, discricional, ilimitado ou dependente só da discrição da autoridade máxima: o presidente da República.

Terceiro – e maior problema – é a ênfase em camuflar como não partidária a escolha apriorística de "política econômica nacional para promover emprego, produção e poder de compra sob regime de livre competição". E se o programa neoliberal for o vencedor nas urnas e suas prioridades forem a privatização de empresas estatais, o ajuste fiscal (corte de gastos públicos) e o corte de impostos progressivos incidentes sobre ricos e empresas? E se for o programa novo-desenvolvimentista, em que a maior prioridade será dar um choque cambial, pretensamente favorável aos industriais? Ele não se reverterá em choque inflacionário sobre o real poder aquisitivo da população e choque de custos, inclusive para os industriais importadores de insumos, máquinas e equipamentos?

Na eventualidade da vitória do programa social-desenvolvimentista, como ocorreu em 2002, 2006, 2010 e 2014, de fato, a política econômica visará, principalmente, promover emprego, produção e poder de compra. Mas seus apoiadores não serão ingênuos de achar tudo isso viável "sob regime de livre competição". Aceitarão o intervencionismo governamental, no mercado oligopolizado, através de planejamento indicativo, e adotarão políticas sociais ativas compensatórias em busca de igualdade de oportunidades, além de políticas fiscais progressivas visando à igualdade de resultados.

Nesse sentido, o conselho econômico do presidente não é a solução para o falso problema de "o povo brasileiro já ter se manifestado, de maneira plebiscitária, favorável ao sistema presidencialista". Não é esse presidencialismo "um foco alimentador do clientelismo e da corrupção no país", devido à relação entre Poder Executivo e Congresso. O problema maior está na fragmentação partidária. Esta obriga, na prática política, comprar (literalmente) o apoio de uma base governista de coalizão partidária.

O eleitor brasileiro prefere escolher diretamente o presidente, chefe do Poder Executivo nacional, a delegar a escolha ao Congresso Nacional, em um sistema parlamentarista. Tem razão para desconfiar do mercenarismo de deputados e senadores. Muitos agem ou servem apenas por interesse financeiro. A dúvida real é se, em uma eleição direta, a maioria julga quem dirigirá os destinos do país segundo sua personalidade carismática ou sua história pessoal, ou se a escolha é realizada por suas ideias, suas propostas, enfim, o seu "programa de governo".

Afinal, como é elaborado esse programa de governo? E como é debatido e divulgado?

Em princípio, o lógico seria a escolha inicial, dentro de cada partido, de uma comissão de sábios especialistas nas diversas áreas ministeriais e/ou de políticas públicas para diagnosticar problemas e propor soluções. Para evitar o viés de autoridade, pois em relação às opiniões de especialistas somos muito menos cautelosos se comparado a outras opiniões, inclusive a nossa, o trabalho de cada qual deve ser consolidado por um pequeno comitê de redação e submetido à crítica dos líderes das diversas tendências partidárias para lhe dar coesão, coerência e um eixo estratégico prioritário. Os pontos controversos entre eles deveriam ser submetidos à plenária do partido. O candidato do partido, escolhido seja por aclamação, seja por eleição primária, deveria ser obrigado, caso eleito, a implementar tal programa governamental.

Em país praticamente bipartidário, como nos Estados Unidos, embora com forte perfil distrital de cada congressista, aí estaria clara a disputa entre dois programas antagônicos de governo: o democrata e o republicano. Na Inglaterra, a tradição se dá em disputa parlamentarista entre conservadores, liberais e trabalhistas. Em outros países europeus, antes se dava principalmente entre democratas-cristãos e sociais-democratas. Recentemente, os extremistas passaram a ter capacidade de representação parlamentar, seja os de esquerda e verdes, seja a populista de direita ou mesmo a fascista xenófoba.

Quanto menor hegemonia partidária houver, em um sistema fragmentado como o brasileiro, mais as alianças partidárias deixam de se dar em termos programáticos e ideológicos. Passam a se dar por conveniências pessoais, carreiristas ou regionalistas, senão (literalmente) paroquiais.

Resultado: o escolhido pelos partidos deixa de ser um *programa de governo* e passa a ser mera *plataforma eleitoral*. Essa é mais uma peça publicitária e não um programa político, ideológico ou administrativo, anunciado publicamente por candidato a cargo eletivo. Na prática, ele não se compromete sob o ônus de perder o apoio político (e financeiro em futuras campanhas) de seu partido. Exemplos disso, na história política recente do Brasil, estão frescos na memória: os estelionatos eleitorais após a eleição da bancada do PMDB em 1986, do Collor (1990), do Fernando Henrique Cardoso (PSDB) em 1998 e da Dilma (PT) em 2014.

Uma velha tática política, nos Congressos do Partido Comunista da China (PCCH), durante a Revolução Cultural chinesa, denominava-se "brandir as bandeiras vermelhas do adversário". Significa se apropriar da bandeira de luta da oposição, radicalizá-la até o ponto de a caricaturar, esvaziando o discurso oposicionista, e adequando-a à estratégia de se manter no poder.

Durante a campanha eleitoral, a situação pratica a economia positiva: destaca só *o que é* positivo. A oposição, ao contrário, pratica a economia normativa: *o que deveria ser*, destacando só o que há de negativo na conjuntura. Esta faz profecia especulativa quanto ao futuro antevisto como desgraçado, caso o eleitor não mude os rumos do desgoverno presente. Aquela faz profecia reversa sobre o passado desastroso, supostamente conduzido ao atual presente glorioso, obviamente, graças às façanhas governamentais.

Depois da eleição, a oposição, seja no Congresso Nacional, seja de seus representantes na imprensa, paradoxalmente, cobra coerência com as ideias do programa eleitoral difundidas durante a campanha às eleições. Mas campanha é desconstrução do adversário, governo é construção da nação. Logo, é comum o "estelionato eleitoral".

Política econômica e suas circunstâncias

Os economistas keynesianos fiscalistas tendem a optar pela política fiscal e defender a fixação do câmbio como política econômica ótima para obter crescimento econômico, estabilização da inflação e equilíbrio do balanço de pagamentos. Por sua vez, os economistas monetaristas preferem a política monetária para conservar o poder aquisitivo da moeda nacional e a flexibilidade do câmbio para as livres forças de mercado ajustarem sua paridade com a moeda hegemônica, isto é, o dólar.

A expansão monetária não é eficaz para ter efeito positivo sobre renda, inflação e balanço de pagamentos, quando se adota regime de câmbio fixo. Nesse caso, ao defender a cotação oficial do dólar, o Banco Central aceita as forças de mercado determinarem o nível de reservas internacionais. Um ataque especulativo, isto é, questionamento de sua capacidade de manutenção dessa cotação, pode obrigá-lo a fazer uma maxidesvalorização cambial para defendê-las, ou seja, encarecer a fuga e/ou o repatriamento de capitais.

A expansão fiscal tem efeito nulo sobre a produção, o nível geral dos preços e as reservas cambiais quando se adota o regime de câmbio flexível. Nesse caso, a própria depreciação do valor da moeda nacional pelas forças de mercado passa a ser um mecanismo de defesa contra os ataques especulativos. Encarece a fuga de capital em dólares. Em contrapartida, a moeda estrangeira pode ser objeto de uma bolha especulativa. A especulação cambial a transforma em um ativo, isto é, uma forma de acumulação de riqueza.

A fixação do câmbio cria dilemas para a política econômica enfrentar a contradição entre seus objetivos internos e externos. Por exemplo, o dilema de um país estruturalmente deficitário no balanço de transações correntes, devido à sua alta propensão a importar, está entre ou diminuir o desemprego ou buscar o equilíbrio externo. Nesse caso, tornam-se dois objetivos conflitantes. Quando se dá prioridade ao combate do desemprego, através do crescimento econômico, agrava-se o déficit externo. E vice-versa: agrava o desemprego com a recessão para cortar importação e equilibrar o balanço de pagamentos.

A solução aparente para esse dilema seria oscilar o câmbio oficial, adotando uma política com periódicas valorizações e desvalorizações da moeda nacional. Porém, essa ambiguidade no anúncio da taxa de câmbio oficial pode sofrer duras críticas, inclusive de vazamento de informações privilegiadas, tornando-se o símbolo do fracasso do regime cambial. Assim, a economia suportaria todos os inconvenientes do regime de câmbio administrado para, enfim, dado o insucesso na tentativa de defesa da paridade oficial, acabar renunciando à sua principal vantagem: a redução da incerteza cambial.

O desequilíbrio do balanço de transações correntes fica sem resolução espontânea, a não ser em regime de câmbio flexível. Nesse regime, é possível o alcance simultâneo de metas internas e externas, desaparecendo o dilema.

Daí a boa política, para o emprego e o balanço de pagamentos, é diminuir a mobilidade do capital e adotar um regime de câmbio flexível. Evidentemente, isso é uma conclusão teórica, porém, a política econômica refere-se ao nível menos abstrato de reflexão, o da tomada de decisões práticas, embora tenha como pré-requisito o conhecimento da teoria da consistência entre os instrumentos. Logo, é necessário datar e localizar a economia em foco. Política econômica refere-se ao aqui e agora, ou seja, à determinada conjuntura. Ela não existe em abstrato, ela é ótima de acordo com suas adequações às circunstâncias, inclusive políticas.

Com um regime de câmbio flexível, a margem de manobra econômica torna-se maior, embora assuma risco de provocar inflação. Dependendo do grau de mobilidade de capital – uma determinante-chave –, as variações da taxa de câmbio restabelecem, quase automaticamente, o equilíbrio de balanço de pagamentos. A política monetária é tão mais eficaz e a política fiscal tão menos eficaz quanto mais forte for a mobilidade de capital.

Nesse regime cambial flexível, uma elevação dos gastos governamentais aumenta a demanda por moeda em relação à oferta monetária, ou melhor, há necessidade de abrir espaço no mercado financeiro para o endividamento público. Em consequência, os juros domésticos ficam acima dos internacionais. Com uma forte mobilidade de capital, essa diferença atrai a entrada líquida de capital estrangeiro, resultando em superávit do balanço de pagamentos.

A consequente apreciação da moeda nacional deteriora a competitividade-preço dos produtos nacionais, caindo então a demanda estrangeira por eles. Esse efeito depressivo limita ou anula o efeito expansionista inicial da política fiscal. Contrariamente, a política monetária expansiva, via queda da taxa de juros básica, provoca depreciação da moeda nacional e um efeito estimulante sobre a demanda estrangeira, que reforça o estímulo inicial da política monetária sobre o nível de atividades.

Em economia com abertura comercial e financeira, o "efeito esvaziamento (*crowding-out*)" financeiro, provocado por expansão dos gastos públicos, é limitado pelo afluxo de capital estrangeiro. De certa forma, há sua substituição por espécie de *crowding-out* cambial, devido à queda da taxa de câmbio ou apreciação da moeda nacional, e consequente perda de mercado, tanto interno quanto externo, dos produtos nacionais.

Essas conclusões são válidas se a flutuação cambial garantir o equilíbrio do balanço de pagamentos. Se não for o caso, isto é, se o câmbio for estabilizado, para controle da inflação, uma restrição externa absoluta à entrada de capital limitaria o sucesso da política econômica. Para a busca simultânea do equilíbrio interno (nível de preços e emprego) e externo (balanço de pagamentos), há a necessidade de combinar os instrumentos.

De acordo com a análise anterior, é possível a dedução de uma regra de atribuição de funções aos instrumentos de política econômica. É conveniente atribuir à política monetária a busca do equilíbrio externo, expresso no balanço de pagamentos, e à política fiscal a busca do equilíbrio interno, no combate ao desemprego e à inflação.

Nas circunstâncias atuais do Brasil, essa divisão de trabalho tem de estar coordenada, o Ministério da Fazenda fazendo política fiscal restritiva para combater a inflação e o Banco Central do Brasil elevando a taxa de juros básica, ambas as políticas em dosagem certa, sob o risco de provocarem uma desastrosa Grande Depressão para a sociedade. Controlado o nível geral de preços, voltarão o afrouxamento da política fiscal e o da política monetária de maneira combinada. Tanto em sociedade aberta, democrática, quanto em economia aberta, não se pode fazer exatamente o desejado. O poder tem limites dados pelas circunstâncias conjunturais do aqui e agora.

É um erro colocar toda a ênfase no ajuste fiscal com a única finalidade de demonstrar a solvabilidade (capacidade de pagamento) governamental quanto ao resgate de títulos de dívida pública. Se, em simultâneo, de maneira descoordenada, a autoridade monetária combate a inflação com overdose de juros durante um tempo excessivo, o ganho vai para os rentistas do capital financeiro e a perda para os trabalhadores sem ocupação.

Estado da arte da política econômica

Com base na experiência internacional, quais são as alternativas para a gestão da política econômica brasileira em cenário pós-crise? Qual é o estado da arte desse debate mundial?

De acordo com a suposição dos economistas ortodoxos, só há uma Ciência Econômica integrada por vários Teoremas de Validez Universal. Os economistas social-desenvolvimentistas, porém, filiam-se à tradição latino-americana. Esta rechaça essa tese da monoeconomia. Os países em desenvolvimento possuem características econômicas distintas dos países industrializados avançados. A sabedoria econômica convencional, inspirada nestes últimos países, necessita ser adequada, em alguns aspectos importantes, quando se aplica a países com atraso econômico.

Embora seja um instrumento de intervenção na realidade, a política econômica não está isolada do resto do mundo. Ela tem limites sociais e políticos. Portanto, não existe algo considerado uma Teoria Econômica Pura da Política Econômica. Essa proposição fica clara se consideramos um correto método de análise dela.

No nível mais elevado de abstração, estão as teorias puras. Revelam a consistência no uso dos instrumentos de política econômica. No nível intermediário de abstração, o analista deve reincorporar todos os conhecimentos das ciências afins e todos os conflitos de interesse antes abstraídos. Neste âmbito dos conflitos sociais e políticos entre interesses antagônicos, via eleições democráticas, se estabelece a definição do regime macroeconômico.

No caso brasileiro, os eleitores escolheram, nas quatro últimas eleições, um projeto social-desenvolvimentista de país. Optaram por um futuro com manutenção de renda real, geração de empregos formais e políticas públicas para melhorar a qualidade de vida.

No nível mais baixo de abstração, quando (e onde) há a necessidade de se contextualizar, ou seja, datar e localizar os eventos, é preciso captar os imperativos dessa conjuntura na prática da arte de tomadas de decisões práticas. O chamado vício ricardiano, cometido recorrentemente por economistas ortodoxos, é saltar, diretamente, do abstrato para o concreto, por exemplo, da idealização da ordem espontânea ao tateio dos preços relativos de referência – câmbio, juro e fisco – para obter o imaginário equilíbrio geral.

Os economistas ortodoxos só discursam, retoricamente, em torno da economia normativa: "o que deveria ser" de acordo com o credo neoliberal deles. É erro *à la* Greenspan, ex-presidente do Federal Reserve: ao desregulamentar o sistema financeiro norte-americano provocou a Grande Depressão mundial. Seus efeitos em longo prazo ainda vivenciamos. Dar total liberdade às forças de O Mercado, não implica este, racional e automaticamente, alcançar uma ordem espontânea mais cedo ou mais tarde.

Crentes na premissa racionalista de seus modelinhos, construídos de acordo com o método racional-dedutivo, idealizam "o que a realidade deveria ser" e não percebem "o que é". Em outras palavras, não praticam uma economia positiva pela carência de sensibilidade em face do evidente em fatos e números estatísticos. O conhecimento do método histórico-indutivo tornaria sua formação doutrinária muito mais fecunda.

Exemplo dessa alienação "autista", isto é, com perda da relação com os dados e as exigências do mundo circundante, foi a insistência em uma trindade impossível, durante o primeiro mandato de FHC (1995-1998). Seu verdadeiro alvo era assegurar a reeleição do presidente. Esse objetivo foi alcançado à custa do déficit do balanço de pagamentos brasileiro, devido à sobrevalorização da moeda nacional no regime de banda cambial.

Houve imensa elevação da dívida pública: a externa, pela necessidade de contrabalançar o déficit no balanço de transações correntes, e a interna, pelo oferecimento de *hedge* cambial com a finalidade de evitar a fuga do capital estrangeiro. A desnacionalização da economia brasileira foi consequência direta do neoliberalismo. Este combina a abertura comercial e financeira com o trivial desestatização-privatização-desnacionalização.

O conhecimento dessa trindade impossível, de antemão, imporia aos economistas a pesquisa prévia de "o que é", em vez da pregação de "o que deveria ser". Reconheceriam não ser possível conciliar plena abertura comercial e financeira, taxa de câmbio estabilizada e regulação via política monetária.

Os responsáveis pela política econômica não poderiam alcançar, simultaneamente, esses três objetivos. Eles teriam de ou restringir a mobilidade de capital (contrariando o Fundo Monetário Internacional a quem recorreram), ou aceitar a taxa de juros interna acompanhar a taxa de juros internacional (contrariando seus financiadores rentistas patrimonialistas), ou adotar o regime de câmbio flutuante. Restou este ser adotado, somente após a reeleição de FHC, dado o compromisso com seus apoiadores, seja os exportadores do agronegócio, seja os industriais paulistas competidores com a invasão de importações.

Daí se instalou, na inteligência midiática, a cobrança do único regime de política econômica inteligível por ela. Este moto-perpétuo é tal como uma gangorra infantil sustentada por um tripé: ora sobe a taxa de inflação, ora sobe a taxa de juro. Quando esta sobe demasiadamente, a taxa de câmbio cai, ou seja, a moeda nacional aprecia. Para contrapor à elevação dos encargos financeiros da dívida pública, o neoliberal ou eleva a carga tributária ou prega o corte de gastos públicos, inclusive os sociais, para demonstrar aos rentistas a solvabilidade governamental, isto é, a capacidade de pagamento de sua dívida. E jura jamais haver aqui, nesta terra abençoada, a "eutanásia dos rentistas": a inflação nunca ultrapassará o juro prefixado.

No entanto, é equivocado (e politicamente inoportuno em momento de "tensão pré-eleitoral") estigmatizar instrumentos de política econômica. Seus usos não são ideológicos, tipo de "direita" ou de "esquerda". Elevar gastos públicos ou taxa de câmbio não é ser desenvolvimentista, assim como a receita única de cortar gastos públicos e elevar taxa de juros não é ser neoliberal, mas simplesmente ter perda da relação com os dados e exigências do mundo circundante. Não se pode analisar a política econômica de curto prazo com maniqueísmo ideológico. Por definição, se a conjuntura se altera, o uso desses instrumentos tem de se alterar. A arte da economia é discricionária e não baseada em regras únicas universais.

Por exemplo, o Escritório de Avaliação Independente (IEO, na sigla em inglês), órgão atuante como auditor do Fundo Monetário Internacional, avalia o FMI ter feito um alerta "no momento adequado" sobre a importância de um estímulo fiscal global coordenado em 2008. Porém, a exigência do Fundo de um aperto das contas públicas de algumas economias avançadas, em 2010 e 2011, foi precipitada. "O mix recomendado de políticas não foi apropriado, uma vez que a expansão monetária é relativamente ineficaz para estimular a demanda privada depois de uma crise financeira", criticou o IEO.

Em setembro de 2011, explodiu a bolha de *commodities*. Em 2012, a política fiscal teria sido mais eficiente para incentivar a demanda, contribuindo para a política monetária ser menos expansionista. "A combinação de políticas perseguida pelos países avançados teve impactos desestabilizadores nos mercados emergentes, exacerbando a volatilidade nos fluxos de capitais e nas taxas de câmbio". Evidentemente, tinha de se circunstanciar a política econômica de acordo com o contexto e não adotar sempre as mesmas ações.

O contra-argumento em defesa de "erros cometidos no passado por adoção de receita prematura" é essa avaliação *a posteriori* se beneficiar de uma visão retrospectiva da situação. Constitui "a fácil sabedoria *ex-post*". Porém, a dedução correta é o gradualismo do ajuste fiscal estar condicionado às condições específicas e variáveis dos países.

O FMI propõe, agora, em vez da política de austeridade, uma retomada em três velocidades. Reduções de despesas generalizadas não é a estratégia mais adequada. O ideal seria haver menos aperto no curto prazo e a definição de um plano de consolidação fiscal para o médio e o longo prazo, disse Olivier Jean Blanchard. Ele é autor de manual de macroeconomia keynesiana muito utilizado nos cursos de graduação em Ciência Econômica e foi economista-chefe do Fundo Monetário Internacional, entre 1º de setembro de 2008 e setembro de 2015. Assumiu logo antes da explosão da crise sistêmica mundial.

Outro debate diz respeito à revisão do papel dos bancos centrais no mundo pós-crise. Para Olivier Blanchard, a "caixa de ferramentas" da política econômica pós-crise inclui as tradicionais políticas fiscal e monetária, mas também a acumulação de reservas, as medidas macroprudenciais e os controles de capital. Blanchard deixa claro o papel do Banco Central de ir além da visão estrita de perseguir um único objetivo, a meta de inflação, com somente um instrumento, a taxa básica de juros. Alô, alô, Brasil, fala Planeta Terra...

Isso vai além do paradigma "um objetivo, um instrumento" prevalecente antes da crise. No entanto, o economista ortodoxo continua assumindo o papel de cético em relação ao conceito ampliado do papel dos Bancos Centrais e da política econômica. Levanta dúvidas sobre a capacidade de algum governo saber acima dos agentes do mercado na hora de decidir. Ao contrário dele, O Mercado anteciparia se determinado movimento de ativos ou de expansão de crédito tem características de bolha. Os acadêmicos neoliberais se tornaram mais ideólogos em vez de serem práticos. Na crise, o pragmatismo torna-se dominante, exceto entre professores de Economia sem relação com os dados e as exigências do mundo circundante.

Os fundamentalistas do livre mercado temem a nova abordagem multifuncional dos Bancos Centrais ser uma fachada para políticas de desvalorização competitiva. Afinal, controles de capital e acumulação de reservas também fazem parte da caixa de ferramentas pregada pelo ex-economista-chefe do FMI.

A tendência contemporânea é abrir o leque de atribuições e instrumentos dos Bancos Centrais. Há quase um consenso a respeito de a estabilidade financeira ter passado por *upgrade* em termos de prioridade. Hoje, figura lado a lado com o controle da inflação e a expansão do emprego entre os objetivos primordiais da ação da autoridade monetária. Requer-se dela uma atuação mais proativa. Não se trata mais de apenas fazer o monitoramento microprudencial, isto é, a fiscalização individual das instituições financeiras, e o Banco Central estar preparado para atuar como emprestador de última instância em caso de uma crise sistêmica. A regulação macroprudencial preventiva passou a ser peça-chave.

Idealmente, a autoridade monetária e as autoridades econômicas em geral devem se prevenir ao desinflar o acúmulo de riscos sistêmicos. Em vez de assistir, passivamente, ao inflar de bolhas de ativos, devem exigir os bancos desenvolverem colchões de resistência a choques. Esses colchões, naturalmente, não podem ser infláveis como bolhas. Têm de ser sim reguláveis de acordo com os indicadores da instabilidade financeira.

A lista de instrumentos para impor a resistência dos bancos a choques inclui, entre outros, requerimentos de capital contra excesso de alavancagem financeira, provisões dinâmicas, razão ajustável e anticíclica entre crédito e colateral. Antes da crise global, havia regulação financeira de menos. Agora, a dúvida é se está demais.

Isso não é um novo "consenso de Washington", ou seja, um arcabouço consensual sobre a atuação do Banco Central e da política econômica em geral? Por enquanto, há muito mais dúvidas diante de poucas certezas. Qual é o papel da política monetária tradicional na contenção de bolhas especulativas? Eleva-se apenas a taxa básica? Usam-se só as medidas macroprudenciais? Combinam-se as duas abordagens? Acionar a taxa básica para controlar a inflação e a regulação macroprudencial para combater instabilidades financeiras tem a preferência das mentes "Tico e Teco" de economistas adeptos das regras de combinação de instrumentos de política econômica.

A regra de Tinbergen afirma: "a condição necessária, mas não suficiente, para a política econômica ser eficaz, é existir tantos instrumentos independentes quanto objetivos a atender". A regra de Mundell é a da atribuição dos instrumentos: é conveniente atribuir à política monetária a busca do equilíbrio externo, isto é, no balanço de pagamentos, e à política fiscal a busca do equilíbrio interno no combate ao desemprego e à inflação. Cada qual tem a eficácia relativamente mais forte nesses objetivos.

Definir o momento de agir diz respeito à arte da economia, ou seja, à habilidade da equipe econômica em tomar decisões cruciais no tempo correto. E qual é esse, havendo diferenças entre bolhas de ativo, bolhas de crédito, e mesmo entre essas bolhas e as instabilidades financeiras?

Idealmente, a política econômica deveria evitar o "excesso" de crédito. Como definir esse limite entre o necessário e o excessivo? A intervenção de política econômica nessas situações deve ser discricionária ou se apoiar em regras baseadas em indicadores atuantes como "gatilhos" automáticos para se acionar diferentes instrumentos contra a excessiva alavancagem financeira?

Isso significaria, na prática, frear subitamente "o enriquecimento abusivo", com base em maximização da rentabilidade patrimonial com o uso de capital de terceiros. O Banco Central tem independência em relação a O Mercado suficiente para o contrariar justamente quando ele está feliz da vida?

Manipular apenas a taxa básica de juro ou mesmo comprar ativos de posse dos bancos em política de afrouxamento quantitativo é mais palatável, politicamente, porque atinge a economia de forma mais generalizada. Não compromete a sustentação social e política da autonomia dos Bancos Centrais. O contrário ocorre caso eles forem manipular todos os múltiplos instrumentos e objetivos disponíveis.

Já a regulação macroprudencial diferencia o porte e o grau de internacionalização dos bancos sujeitos às restrições. Congressistas norte-americanos questionam até se deve existir "banco grande demais para falir". Esquecem-se de os próprios clientes depositantes, prudentemente, escolherem esses bancos. Trata-se do debate sobre *o que fazer* com as instituições financeiras sistemicamente importantes (SIFIs, na sigla em inglês): regulá-las mais duramente, inibir o surgimento de novas e o crescimento das existentes, desmembrá-las etc.

Saindo do "bê-á-bá" limitado do regime de metas, é necessária a coordenação entre os instrumentos de política econômica do Banco Central e do Ministério da Fazenda. Os neoliberais temem, então, o risco da influência política na ação anti-inflacionária. Esta privilegia a preservação da riqueza, evitando a "eutanásia do rentista", em desfavor do emprego de trabalhadores.

Alguns analistas estrangeiros veem um problema de definição de o que é microprudencial e de o que é macroprudencial. Para alguns, o Banco Central deveria ser o responsável apenas por esta regulação financeira. Seria conveniente ter agências independentes para a fiscalização de entidades individuais não representativas de risco sistêmico. Isso ocorre na Inglaterra. Não ocorre no Brasil. Aqui se concentra a autoridade regulatória no Banco Central conforme é a tendência predominante pós-crise. A política monetária e a macroprudencial têm de ser coordenadas entre si.

Se tudo isso tornar as crises sistêmicas muito improváveis, os participantes de mercado se sentiriam tão seguros a ponto de tomar riscos cada vez maiores e afrouxar os procedimentos de cautela. Esse "risco moral" é exatamente o tipo de comportamento provocador de novas crises. Ressurgiria a mesma tendência ao excesso puxado pelo sucesso e pela memória curta. Isso sempre ocorreu nas mais diferentes bolhas ao longo da história econômica.

Em determinada conjuntura recessiva, o fraco crescimento econômico resultante de um ajuste fiscal prematuro torna ainda mais difícil para países altamente endividados reduzir a relação dívida/PIB e colocar o endividamento em uma trajetória sustentável de queda. Não se pode depender demais da política monetária expansionista nem usar a política fiscal em situação de "armadilha de liquidez". Oferta de crédito é dirigida pela demanda. Se esta não é ativada, não há como efetivar aquela. O gasto público é autônomo em face da demanda presente e multiplica renda para a demanda futura.

Todo esse receituário keynesiano de política econômica deveria ser universalmente conhecido por economistas de diferentes matizes. Na realidade, o modo de sua condução varia de acordo com a abordagem de cumprir determinada regra, ou a de adotar a discricionariedade, ou mesmo a de achar relevante seu anúncio ter credibilidade. Por isso, economistas novo-clássicos dão glamour ao anúncio de "pacote", acompanhando-o de uma série de adjetivos: transparente, eficiente, consistente, robusto, eficaz etc.

A política monetarista de regra busca atingir certa taxa de crescimento estável em algum agregado monetário, para não perturbar o livre funcionamento das forças de mercado. A regulação macroprudencial de arbítrio pós-keynesiano propõe atitude passiva quanto à oferta de moeda, porém com rígida fiscalização administrativa sobre a atuação dos bancos e/ou controles financeiros seletivos. A sinalização para o mercado dita com credibilidade novo-clássica busca alcançar uma meta no índice geral de preços com o uso discricionário do instrumento da taxa de juros básica.

Tudo isso é muito conhecido por economistas bem formados. Porém, muitas vezes, eles não se atentam para a política econômica não ser a aplicação direta da teoria econômica. Requer serem ultrapassadas as fronteiras estreitas do conhecimento econômico. É necessário levar em consideração, igualmente, a esfera da política e dos conflitos de interesses sociais.

A política econômica bem-sucedida existe apenas quando uma visão multidisciplinar combina as ações econômicas e as ações políticas. Esse relacionamento entre o apoio ao governo e as variáveis econômicas em bom estado é chamado de "função de popularidade". A relação direcional inversa, chamada de "função política", parte de ações do governo e afeta a economia.

Em síntese, não existe algo a ser considerado uma Teoria Econômica Pura da Política Econômica. As experiências históricas concretas das sociedades democráticas, no mundo ocidental, sugerem uma Prática Multidisciplinar da Política Econômica Democrática.

Variáveis-metas e variáveis-instrumentos da política econômica em curto prazo

Como se esboça uma teoria econômica? Observa-se se há alguma regularidade no comportamento dos agentes econômicos. Então, aprende-se com essa repetição. Se um ato dá resultado positivo, é racional repeti-lo. Se der negativo, não se repete a mesma ação e busca-se alternativa.

Os teóricos analisam as séries estatísticas temporais. Cruzam as informações. Buscam correlação, isto é, captar interdependência de movimento entre duas ou mais variáveis. Regressão é o processo pelo qual se obtém uma função de certo tipo mais representativa da dependência entre duas variáveis.

Por exemplo, como se observa certa regularidade estatística do quociente entre séries temporais de meios de pagamento (MP) e base monetária (BM), deduz-se o multiplicador monetário pela divisão daquelas por esta (k = MP / BM). Daí, como se observou também uma regularidade entre MP e Índice Geral dos Preços (IGP), qualquer "gênio da profissão" pensa com seus "2 neurônio" (sem S): se eu ("Banco Central") controlar a BM, eu controlo a inflação! *I'm the king of the world!*

Essa onipotência seria verdadeira se o economista lidasse com cobaias de laboratório e não com seres humanos. Estes possuem o mau hábito de pensar. Possuem um *self*, uma "alma", uma autodeterminação. Quando sentem a autoridade monetária não estar lhes oferecendo a quantidade de moeda desejada, prejudicando-lhes com a alta da taxa de juros, eles mudam seu comportamento-padrão. Quebram a regularidade anterior da demanda por papel-moeda, alteram a velocidade de circulação da moeda, fazem inovação financeira fora do controle do Banco Central, enfim, atrapalham a teoria dos economistas.

O economista, obsessivo com a reconquista do poder de controle macroeconômico, reage. Arbitra, em seu modelo, o Banco Central apenas controlar uma "variável exógena": a oferta de moeda. Por quê? Porque ela não seria resultante do jogo de forças de mercado. Ele abstrai a autoridade monetária nessa sua "economia de mercado". Ideologicamente, ordena: O Estado está fora de O Mercado. Porém, a dura realidade lhe impõe outra derrota. Em última instância, o Banco Central tem de atuar como emprestador para a salvaguarda do mercado financeiro. Não consegue manter o controle quando seu efeito ultrapassa o limite fatal, ameaçando a bancarrota do sistema bancário.

Da mesma forma absolutista, "por justa causa" dispensa o regime de câmbio flexível e busca estabilizar a cotação do dólar, para evitar um choque cambial inflacionário. A decorrente sobrevalorização da moeda nacional, além do justificável pelos fundamentos macroeconômicos, instiga a reação das forças de O Mercado. Este (*God*) reage com seguidos ataques especulativos. Testa a capacidade de defesa da cotação oficial, cuja arma limitada é a dimensão das reservas cambiais. Se estas se esgotam, a autoridade monetária prostra-se e rende-se à verdade: ela não pode se colocar, arbitrariamente, como superior, ou seja, como fosse exógena a O Mercado.

A metodologia científica ressalta que, fora das condições ideais de laboratório, a correlação entre uma variável independente e uma dependente é, em geral, afetada por outras. Elas se denominam *variáveis intervenientes*.

- *Variável endógena* é determinada por forças operativas dentro do sistema em estudo e no qual está inserida.
- *Variável exógena*, por sua vez, é determinada por forças externas ao modelo em consideração.

As políticas econômicas baseadas em regras diferem-se em relação às variáveis propostas como metas. Há regras referentes ao uso de variáveis-instrumentos da política, tais como os preços básicos TJKCW, isto é, Tarifas-Juros-Capital-Câmbio-Salário. Elas alteram os preços relativos para o alcance dos resultados desejáveis para variáveis-meta como a inflação, o desemprego e o equilíbrio do balanço de pagamentos.

Porém, podem surgir desvios advindos dos choques no multiplicador da moeda, na demanda por moeda, na demanda por bens e serviços etc. Choques provocam variações de preços relativos. As regras para as variáveis-meta, por exemplo, meta inflacionária, podem levar a melhores resultados, mas sua implementação com sucesso é difícil.

É um espanto alguém não dimensionar sua fala ao dizer "ter havido continuidade da política econômica do governo FHC após 2002". Isso é equivocado não só por se ter usado política de crédito e alcançado resultados tão distintos, como também por não reconhecer a irracionalidade de continuar algo econômica e politicamente fracassado, reconhecido pelo eleitorado ao rejeitar a volta da velha matriz neoliberal por quatro vezes seguidas.

Instrumentos de política econômica

Por que a taxa de juros é tão elevada no Brasil?

Um colega de profissão dirigiu-me duas perguntas aparentemente simples:

1. Por que a taxa real básica de juros no Brasil é tão elevada?
2. Por que, apesar de a taxa nominal básica de juros ser tão elevada, a taxa da inflação permaneceu elevada durante muito tempo?

De imediato, em vez de dizer clichês a respeito, respondi-lhe não se pode tratar questões complexas com simples palavras. Fui buscar evidências empíricas para tentar dar respostas mais consistentes.

O Brasil aparece nos primeiros lugares dos *rankings* internacionais, seja em taxa de juros nominal, seja em taxa de juros real, há pelo menos 20 anos, desde o fim do regime de alta inflação. Quanto à taxa de juros nominal, a média da Selic do período 1995-2002 (24,6%) é bem superior à do período 2003-2015 (13,2%). Distinguindo por mandatos governamentais, percebe-se um progressivo declínio: 1995-98: 33,6% a.a.; 1999-2002: 19,7% a.a.; 2003-06: 16,3% a.a.; 2007-10: 11,0% a.a.; 2011-2014: 9,9%; 2015-2018: 12,1%.

Quanto à taxa de juro real, a média anual na primeira era neoliberal (1995-2002) foi 15,1%. Na era social-desenvolvimentista (2003-2015) foi 6,6%.

Entre meados de 2011 e 2013, houve um "laboratório" para os economistas brasileiros experimentarem um período de menor "banda de juros". Entre 2000 e 2002, a taxa de juros real tinha estado entre 12% e 24% a.a.; entre 2003 e 2006, ficou entre 8% e 14% a.a.; em 2007 e 2008, oscilou entre 6% e 10% a.a.; entre 2009 e 2011, flutuou entre 4%

e 8%. Depois, durante a chamada "Cruzada da Dilma", a taxa de juro real anual esperada para os próximos 12 meses (swap pré-DI *versus* expectativa da inflação) variou de 2% a 6% a.a. Logo, os limites das flutuações caíram gradativamente nesses anos.

No triênio 2015-2017, os juros reais *ex-post* variaram da média de 2,9% (com Selic média de 252 dias em 13,9% e IPCA anual de 10,7%) em 2015 à de 7,3% em 2016, caindo um pouco para 6,9% em 2017. A média dessas médias foi 5,7%. Mesmo com essa tendência gradual de queda dos limites de flutuação, o Brasil não saiu dos primeiros lugares dos *rankings* internacionais.

No debate entre os economistas a respeito da razão desse "fenômeno do país tropical", surgiram as seguintes hipóteses explicativas. Foram levantadas em um nível intermediário de abstração ou no nível mais concreto de causas imediatas.

Hipótese 1: *a taxa real básica de juros no Brasil é elevada por causa da dívida pública.*

Durante a "Cruzada da Dilma" contra os altos juros, os gastos com os encargos financeiros do endividamento público caíram de 2011 para 2012, em valores correntes, de R$ 236,7 bilhões para R$ 206,8 bilhões. Mas, no ano seguinte, com a retomada da escalada dos juros, esses encargos voltaram a se elevar para R$ 248,9 bilhões (5,14% do PIB) e, em 2014, alcançaram R$ 311,4 bilhões (6,07% do PIB). Essa correlação entre política de juro e gasto com a dívida pública despertou a imaginação criativa de alguns colegas para inverter a relação causa-efeito.

Um economista neoliberal foi logo denunciando "a nova matriz macroeconômica" como ilusória, pois a "taxa de juros implícita" não caiu no período, pelo contrário, ela se elevou com a atuação anticíclica dos bancos públicos, capitalizados pelo Tesouro Nacional. Essa *taxa de juros implícita* seria o resultado da diferença entre os juros pagos sobre os passivos do setor público, cuja *proxy* é a Selic, e os juros recebidos pelos ativos, isto é, as remunerações das reservas cambiais e dos créditos do BNDES ao setor privado. Esses juros recebidos são bem mais baixos.

Outros colegas novo-desenvolvimentistas partiram para o ataque a essa suposta causa primária, invertendo a realidade de causalidade do diagnóstico, que correlacionava juros altos a encargos elevados. A receita seria, antes, buscar a queda da relação dívida/PIB, seja via superávit primário para resgatar títulos de dívida pública, seja via crescimento do PIB com incentivos aos investimentos, apesar dos apertos na política fiscal e monetária. Atacando o efeito, supostamente, resolveria a causa. Possibilitaria a redução da taxa básica de juros, devido à melhoria do poder de barganha da Secretaria do Tesouro Nacional (STN) em face dos carregadores da dívida pública nos leilões primários. Eles focam esses leilões como determinantes do juro alto em vez de responsabilizar os leilões secundários (*open-market*), realizados pelo Banco Central para colocar a Selic-mercado no nível da Selic-meta.

Os fiscalistas propuseram o gradual alongamento do prazo médio da dívida pública, reduzindo então o risco de refinanciamento. Com a consequente redução da Selic se criaria um círculo virtuoso, dada a menor necessidade de emissão de novos títulos curtos, gerando novas ampliações no prazo da dívida pública federal.

Pronunciaram-se ainda os acadêmicos mais voluntaristas. Propuseram uma radical mudança da composição da dívida pública com eliminação das Letras Financeiras do Tesouro (LFTs). Esta atitude restauraria o "efeito (perda de) riqueza", isto é, a perda de capital com o aumento dos juros e consequente "marcação a mercado" dos títulos prefixados. Supostamente, isso reduziria a pressão para elevar a taxa de juros básica. Entusiasmados com a *eutanásia dos rentistas*, destacaram ainda outra vantagem da eliminação das LFTs: tornar a curva a termo da taxa de juros "normal" no Brasil. As aplicações pós-fixadas tornavam tal curva invertida. O custo com Selic em curto prazo era maior se comparado à Taxa de Juros de Longo Prazo (TJLP). Essa prefixação da dívida pública traria ainda o efeito colateral de favorecer o desenvolvimento do mercado de títulos privados de longo prazo como as debêntures pós-fixadas (em % de Certificado de Depósito Interbancário – CDI).

Esses diagnósticos e receitas equivocadas ameaçaram sim uma "eutanásia de rentistas-trabalhadores" de fundos de investimentos de renda fixa, fundos de pensão e FGTS. Alongar e mudar composição da dívida pública em favor de títulos prefixados são atitudes contraditórias em si mesmas. Historicamente, as LFTs (Letras Financeiras do Tesouro) pós-fixadas apresentam um prazo médio bastante inferior ao prazo médio de outros títulos, como as LTNs (Letras do Tesouro Nacional) prefixadas e as Notas do Tesouro Nacional série F (NTN-Fs) corrigidas por IPCA (índice de preços) e juro prefixado. Eliminar LFTs implica aumentar o risco sistêmico no momento de reversão da política monetária de tendência de baixa para a de alta nos juros e/ou elevar o custo para o Tesouro compensar esse risco de perda de valor de mercado dos títulos prefixados, no caso de ocorrer essa reversão. Ao fim e ao cabo, essa política acaba saindo cara, pois provoca excesso de liquidez e aumento de operações compromissadas para enxugá-la.

Hipótese 2: *a taxa real básica de juros no Brasil é elevada por causa do histórico de alta e volátil taxa de inflação.*

Dada a memória inflacionária, por causa do trauma social de convivência em regime de alta inflação durante três décadas (1964-1994), não é surpreendente haver uma forte correlação entre inflação alta e taxas de juros altas. A taxa de juros sempre foi elevada em nome de controle da demanda agregada para puxar a inflação para baixo. A estratégia monetarista não servia para o combate ao elevado patamar da inflação *inercial*, muito menos para a *acelerada*, resultante de tentativas e erros com choques de estabilização via realinhamentos forçados de preços relativos, seguidos de congelamentos de preços.

Após o Plano Real, em 1994, com a troca de moedas e queda da taxa de inflação, elevou-se a taxa de juros a níveis muito altos em reação a qualquer leve ameaça de retomada do processo inflacionário. Entre 2005 e 2014, todas as taxas anuais de inflação ficaram abaixo do limite superior da meta. As expectativas inflacionárias tinham sido domadas, configurando uma tendência declinante nas taxas de juros reais.

Outros fatores podem estar associados com altas taxas de juros reais. A política monetária as eleva, por exemplo, devido à inércia inflacionária causada pela indexação de "preços-administrados" da economia, destacadamente, os de serviços de utilidade pública privatizados. Isso criou uma rigidez na taxa de inflação brasileira em face das elevações na taxa de juros Selic. Requer uma enorme redução da demanda agregada de maneira que a inflação em "preços livres" seja reduzida de forma compensatória. Daí surge o fenômeno de estagflação ou um oscilante crescimento "*stop-and-go*" com curtos "voos de galinha".

Houve choques inflacionários com quebra de oferta de alimentos de janeiro a março de 2013, março e abril de 2014, janeiro, março e maio de 2015, de novembro de 2015 a abril de 2016, e choques inflacionários de preços monitorados (mudança de preços relativos das tarifas) de janeiro a março, maio a julho, outubro a dezembro de 2015. Choques deflacionários ocorreram em 2017, independentemente da política de juros depressiva do Banco Central do Brasil.

Em 17 de abril de 2013, quando depois de um ciclo de baixa da taxa de juro básica, a partir de 31 de agosto de 2011, de 12,5% a.a. a 7,25% a.a., em 10 de outubro de 2012, e permanência nesse patamar por quatro reuniões, os membros do Comitê de Política Monetária (Copom) resolvem retomar o ciclo de alta da Selic. Por quê? Talvez pelo início de campanha midiática de falso alarmismo econômico em ano pré-eleitoral.

Em janeiro daquele ano, a taxa mensal do IPCA atingiu 0,86%, depois de se elevar desde o registro de 0,08% em junho de 2012. Em junho/julho do ano anterior, antes do ciclo de baixa da Selic, as taxas tinham alcançado 0,15% ou 0,16% ao mês. Por que houve aquela pequena e curta alta da inflação? Devido à quebra de oferta de alimentos em função de uma longa seca que se iniciou em 2012.

De acordo com os dados de ocorrência de desastres disponíveis no *Atlas brasileiro de desastres naturais*, entre 1991 e 2012, foram registradas 19.517 ocorrências de estiagem e seca em todo o Brasil, estando a maior parte de registros concentrada no ano de 2012 (2.489 registros).

No ano de 2014, São Paulo enfrentou o pior período de estiagem desde 1964 e o Nordeste estava no segundo ano de uma seca gravíssima, a pior dos últimos 50 anos, com cerca de 1.400 municípios afetados. O *Relatório de inflação do Banco Central do Brasil*, em março de 2014, reconheceu que

> [...] em linhas gerais, condições climáticas atípicas observadas em janeiro e fevereiro impactaram negativamente a produção de grãos e de produtos pecuários. Em oposição, beneficiaram a produção de alguns produtos *in natura*. Os aumentos de preços desses produtos em fevereiro foram inferiores à média dos sete anos anteriores. Além disso, a escassez de chuvas contribuiu para que o Operador Nacional do Sistema (ONS) determinasse o acionamento de grande parte do parque termoelétrico. (p. 28)

A energia elétrica tem peso significativo no IPCA.

Bê-á-bá da política monetária: não se enfrenta choque de quebra de oferta, causa acidental e passageira de inflação, com elevação da taxa de juro básica para controle da demanda agregada. Dependendo de seu grau, provoca profunda e longa depressão.

No entanto, no ano fatídico de 2013, a "Revolta dos 20 centavos" explodiu o armário onde tinha se colocado a direita no Brasil, desde a vergonhosa ditadura militar, ou seja, por quase 30 anos. As manifestações políticas assustaram a presidenta e ela abriu mão da coordenação exigida antes entre a política fiscal e a política monetária. A autoridade monetária brasileira foi liberalizada para atender à casta dos mercadores rentistas. O novo ciclo de alta da taxa de juro básica durou 42 meses até o dia 19 de outubro de 2016. Ficou no patamar de 14,25% desde o final de julho de 2015. A taxa de inflação caiu, de fato, só com a desinflação de alimentos a partir de setembro de 2016, quando a estiagem findou.

Além desse, outro fenômeno afetava o mecanismo de transmissão da política monetária no Brasil. Durante o regime de alta inflação, havia uma relativamente baixa relação crédito/PIB em comparação com outras economias emergentes. O crédito indexado provocava risco de fragilidade financeira para o tomador. Isso reduzia o impacto do canal do crédito em face de um aumento da taxa de juros. Entretanto, essa relação na economia brasileira deixou de ser inferior à dos demais países emergentes e a taxa de juros não caiu do topo do *ranking* internacional...

Hipótese 3: *a taxa real básica de juros no Brasil é elevada por causa da esterilização do impacto monetário da ampliação das reservas cambiais em situação de escassez de poupança.*

Se o Banco Central intervém para evitar a apreciação excessiva da moeda, a necessidade de esterilizar os recursos monetários emitidos para a compra de reservas internacionais restabelece a pressão sobre a necessidade de financiamento do setor público. Segundo os defensores dessa hipótese, o financiamento externo aliviaria a restrição de poupança interna para o financiamento público se a moeda pudesse flutuar livremente e não houvesse intervenção esterilizadora para evitar a sua apreciação.

O acúmulo de reservas cambiais por parte do Banco Central teria impedido, então, a moeda nacional ser ainda mais apreciada, o que ampliaria o recurso à "poupança externa" (déficit no balanço de transações correntes). Segundo os adeptos neoclássicos da hipótese de juros serem determinados por poupança e investimento, isso abriria espaço para a redução da taxa de juros. Evidentemente, a competição com produtos importados mais baratos frearia a inflação brasileira à custa da queda da produção nacional e da elevação do desemprego no país, estratégia de difícil viabilidade política.

Em curto prazo, de acordo com essa visão ortodoxa, haveria apenas uma alternativa para elevar a "poupança doméstica": reduzir a despesa pública, ou melhor, reduzir as necessidades de financiamento do setor público (governo central, estaduais e municipais) até produzir um superávit capaz de cobrir o investimento governamental. Por coisas como tais, certa vez desabafou o ex-presidente José Sarney diante de seus assessores econômicos: "Para sugerir controlar a inflação por meio do corte dos gastos públicos, eu não preciso de economistas brilhantes..."

Pela Teoria Neoclássica dos Fundos de Empréstimos, juros é a compensação pela "espera" (abstenção do consumo) ao deixar de gastar dinheiro no presente. Essa renúncia de parte do consumo presente (poupança) ocorre para se adquirir condições de aumentar o consumo futuro (investimento). Então, a taxa de juros é determinada pela poupança (oferta de fundos) e pelo investimento (demanda de fundos).

Essa sabedoria convencional reza a poupança e o investimento se equilibrarem por meio da taxa de juros. Os economistas neoclássicos tratam a taxa de juros como um *fenômeno real*. A oferta de poupança é motivada, individualmente, pela parcimônia ou um desejo de consumo futuro. A demanda de capital é função da ganância. Ela, por exemplo, incentiva a adoção de inovação tecnológica para aumentar a produtividade.

Segundo a *Doutrina da Poupança Forçada*, quando o governo estimula o crédito para os bancos públicos irem além da poupança, para uma atuação anticíclica, isso provoca o desequilíbrio entre investimento e poupança prévia. Com a demanda agregada superior à oferta agregada, o impacto é inflacionário. A corrosão do poder aquisitivo de todas as rendas, inclusive o salário real, resulta em futura queda do consumo. Ao fim e ao cabo, forçosamente, isso elevaria a poupança necessária ao investimento.

A interpretação ortodoxa de um déficit na conta corrente é ser ele decorrente de a nação estar gastando (absorvendo) além das possibilidades de seus produtos ou renda. Portanto, está desacumulando ativos líquidos internacionais e/ou tornando-se devedora líquida do resto do mundo. Para essa *Abordagem do Balanço de Pagamentos por Absorção*, o excesso de gastos (ou "insuficiência de poupança"), correspondente a esse déficit externo, dependeria então de escolhas privadas e/ou governamentais.

Na realidade, variáveis exógenas, tais como os preços básicos (taxa de juros e taxa de câmbio), fixados de maneira discricionária, são explicações melhores para o déficit público ("despoupança do governo") e o déficit na conta corrente ("poupança externa"), se comparadas a qualquer abordagem pelo excesso de gastos não financeiros internos, privados ou públicos. Na economia brasileira, entre 1999 e 2011, a (dis)paridade entre taxa de juros interna e externa, confrontando uma expectativa de apreciação da moeda nacional com o influxo de dólares, dados os termos de troca favoráveis, foi o fator explicativo para a elevação do cupom cambial.

Com a explosão da "bolha de *commodities*", no último trimestre de 2011, os termos de troca inverteram-se para tendência de queda. A relação entre os preços dos produtos exportados e os preços dos produtos importados indica o poder aquisitivo internacional de um país. Desde então, caiu o poder relativo de compra externa. Os ortodoxos classificam esse fenômeno incontrolável, dependente de decisões de demanda externa, como "aumento voluntário do uso da poupança externa".

Empiricamente, não se verifica nenhuma relação positiva entre os níveis de poupança bruta (tanto interna, quanto externa), resíduo contábil constatado *ex-post* e a taxa de juros no Brasil. Observa-se, desde 2003, uma tendência de queda dessa taxa, seja nominal, seja real, enquanto a taxa de crescimento econômico sofreu o *stop-and-go* e a taxa de poupança se elevou de 13,6% do PIB em 2001 até o pico de 19,3%, mantido em 2007 e 2008, ficando no patamar de um ponto percentual abaixo até 2013, e caindo até 13,9% em 2016. No ano de 2017, elevou-se para 14,8%. Quase se encontrou com a taxa de investimento, que caiu do patamar entre 20,5% e 20,9% do PIB, de 2010 a 2013, para 15,6% em 2017.

Hipótese 4: *a taxa real básica de juros no Brasil é elevada por causa da fragilidade das instituições políticas e econômicas brasileiras.*

Este é o problema apontado como principal, pois é aquele que mais incomoda o analista. Daí ele pensa ser "a causa de todos os males".

Segura-Ubiergo (2012: 8) lembra-se da *incerteza jurisdicional*. Esse é um termo vagamente definido, referente à fraqueza dos direitos de propriedade e das instituições responsáveis por garantir o cumprimento dos contratos. O termo foi criado, em 2004, por Pérsio Arida, Edmar Bacha e André Lara-Resende. Estavam incomodados com o fenômeno de certos juízes quererem fazer "justiça social por decisões judiciais". Eles o descrevem como uma espécie de *viés contra o credor*, o risco de mudança no valor do contrato de dívida, no momento de sua execução, com interpretação desfavorável em seu julgamento pela justiça.

O problema dessa hipótese surge quando se compara o Brasil com muitos outros países emergentes. Não têm melhores instituições de defesa do direito de propriedade e de garantia de cumprimento de contratos. Mesmo assim, possuem taxas de juros muito mais baixas se comparadas às daqui. Ademais, evidências empíricas não dão sustentação a essa hipótese: a taxa de juros caiu, a partir do segundo semestre de 2003, sem alteração das "cabeças dos juízes".

Outra fragilidade institucional apontada por Segura-Ubiergo é "a falta de completa independência do Banco Central". Esse argumento é citado por muitos economistas com viés de admiração por instituições estrangeiras. Tentam transformar seu desejo de mimetismo em realidade. É um argumento difícil de se testar, empiricamente, sem cair em correlação espúria – tipo "países com Banco Central independente, mas também com baixa inflação por causa das finanças públicas controladas e do bom ambiente de negócios, têm taxa de juros baixa". Ou, então, recorre-se à arbitrariedade ao definir algum número cabalístico injustificável racionalmente. Não é fácil quantificar e testar qual deve ser o nível crítico de independência do Banco Central.

Hipótese 5: *a taxa real básica de juros no Brasil é elevada por causa da overdose necessária para sobrepor-se ao sistema de crédito brasileiro.*

A taxa de juros básica Selic não atinge as principais linhas de empréstimo, seja às pessoas jurídicas, por exemplo, pelo BNDES e pelos demais créditos direcionados, seja às pessoas físicas, como no caso do crédito imobiliário e do consignado. Mesmo em crédito com recursos livres, o juro, para os consumidores brasileiros, importa menos "se a prestação cabe no bolso". O prazo do financiamento determina seu tamanho.

Talvez devido à fé conformista, os devedores aceitam "os justos pagarem pelos pecadores". É espécie de "aval solidário" sem ter consciência disso. A avaliação de risco bancário observa, por exemplo, que 40% dos clientes da carteira de crédito rotativo não pagam a dívida nos cartões de crédito após 90 dias de atraso. Como se espera que de cada 100 clientes tomadores desse crédito 40 fiquem inadimplentes, o preço dessa inadimplência é acrescido ao preço do uso do cartão para os demais 60 clientes suportarem os "recursos de terceiros" alocados para o produto.

Além disso, os varejistas brasileiros acrescentam o custo de venda a prazo com cartões em "parcelamentos sem juros" nos preços à vista. Em outras palavras, os preços a prazo são marcados como preços à vista quer o cliente consumidor faça uso ou não de cartões de crédito. Os preços são inflados no Brasil.

Economistas neoliberais costumam responsabilizar a segmentação do mercado de crédito pelo juro alto. O problema estaria em os empréstimos à infraestrutura, à habitação e à agricultura serem realizados com taxa de juros abaixo das taxas de mercado, respectivamente, pelo BNDES, Caixa e Banco do Brasil. Acusam essa prática de "puxar para cima" a taxa de juros real de equilíbrio no mercado de crédito livre.

No caso de bancos privados, supõem espécie de "subsídio cruzado", ou seja, as taxas do crédito livre são altas para compensar baixas taxas do crédito direcionado com recursos de poupança ou repasses do BNDES. No caso de bancos públicos, dizem, eles oferecem crédito direcionado com taxas subsidiadas, fomentando a demanda agregada. Logo, a taxa de juros controlada pelo Banco Central, para efeito de política monetária, precisará ficar ainda mais alta, para conter a demanda por crédito com base em recursos livres em um nível consistente com a meta de inflação. Sob esse ponto de vista neoliberal, a hipótese se resume a sugerir que a taxa de juros (básica) seja alta porque existem (outras) taxas de juros baixas.

Hipótese 6: *a taxa real básica de juros no Brasil é elevada por causa da necessidade de regular a expectativa dos investidores quanto à taxa de câmbio.*

O *cupom cambial* é a expectativa de depreciação da moeda nacional, provocada pela saída líquida de capital. É uma perda cambial previamente antecipada.

Não são somente os fluxos de entrada e saída de capital, muitas vezes por fatores alheios a aspectos domésticos, tais como as mudanças nos ciclos de liquidez internacional, os fatores determinantes da taxa de câmbio. Pode-se estabelecer uma certa hierarquia, no tempo, entre eles:

1. as taxas de juros constituem o principal fator em curto prazo;
2. a conta das transações correntes age igualmente em curto e médio prazo;
3. a paridade dos poderes de compra atua somente em longo prazo.

A mobilidade de capitais, provocada por fluxos financeiros, em curto prazo, é superior à determinada por fluxos comerciais de bens e serviços. Os administradores de portfólio reagem imediatamente a diferenciais de juros entre os países. Os fluxos de trocas comerciais adaptam-se mais lentamente às flutuações das taxas de câmbio. A flutuação cambial, em longo prazo, após alinhamentos de juros e ajustes comerciais, reflete a diferença entre as taxas de inflação. Ganhar nichos de mercado, na economia mundial, fazer os contratos de exportação ou de importação, executar o ciclo de produção, efetuar os embarques das mercadorias etc., tudo isso leva mais tempo se comparado ao de "cliques" no mouse dos operadores de mesas de câmbio dos bancos.

A fórmula da *paridade não coberta das taxas de juros* (sem cobertura do risco cambial no mercado de futuros) é: $i - (i^* + ê) = 0$ ou $ê = i - i^*$. O asterisco expressa "estrangeiro": i^* é o juro externo. O acento circunflexo (^) sobre uma variável significa ela ser uma expectativa. Assim, $ê$ expressa o percentual da variação antecipada da taxa de câmbio: $ê = (e_t - e_0) / e_0$. Quando $i > i^* \Rightarrow (i - i^*) > 0$, os investidores estrangeiros antecipam, se o movimento de capitais for massificado, uma *apreciação* da moeda nacional ($ê < 0$), na hora da entrada, e uma *depreciação* ($ê > 0$), quando houver o repatriamento do capital. A reconversão cambial pode anular a vantagem das aplicações em juro interno no mercado nacional.

É possível calcular como bancos aplicam em cupom cambial, obtendo um retorno superior ao da taxa com a qual se financiam no exterior, no chamado "*carry trade*". O grau de elevação da taxa de juros interna (i) em relação à taxa de juros internacional (i^*) representa o custo de oportunidade para o capital. Provoca influxo ou refluxo de capitais. Estima-se, então, a rentabilidade, em dólares, caso houvesse o retorno de todo o capital acumulado até então na cotação de cada fim de ano. Mas há a dúvida referente a quando se deve repatriar o capital.

A interpretação econômica da estatística disponível sobre fluxo de entrada e saída de capital revela, em 2001 e 2002 (fim do governo FHC), ter ocorrido uma fuga de capital estrangeiro em carteira. Está expressa pelo déficit no saldo líquido entre ingressos e retornos. A moeda nacional se depreciou em 2002 até o maior nível da série temporal de 2001 a maio de 2015. Elevando-se a taxa de juros interna, até meados de 2003, houve entrada líquida de capital estrangeiro. Com inédito superávit no balanço de transações correntes em cinco anos seguidos, a taxa de câmbio foi caindo, isto é, a moeda nacional se apreciando, até o sobressalto no último trimestre de 2008. Nesse ano, houve repatriamento de capital por parte dos investidores estrangeiros mesmo com a elevação da taxa de juros over-Selic. A partir de 2008, a taxa de juros norte-americana do *Federal Funds* foi praticamente zerada.

O capital externo, caso se retirasse em 2008, realizando logo o lucro, teria obtido uma rentabilidade superior aos dois anos anteriores e aos dois anos posteriores. Com a nova elevação do juro interno, no primeiro semestre do governo Dilma, em 2011, teria elevado também a rentabilidade anual do capital caso tivesse sido retirado. Após a queda da taxa de juros ("Cruzada da Dilma"), entre 2011 e 2012, diminui relativamente a entrada líquida de capital, e a taxa de câmbio vai se elevando, ou seja, a moeda nacional se deprecia.

Em função da taxa de depreciação (ê), não compensada pela elevação da taxa de juros, há a perda da rentabilidade para o investidor estrangeiro nos anos de 2012 e 2013. Dada essa insatisfação, manifesta-se a condenação da "nova matriz macroeconômica" para o retorno da "velha matriz neoliberal". A pressão midiática de O Mercado resulta na elevação contínua da taxa de juros básica (over-Selic) – e a reversão do cupom cambial em 2015 para patamar acima da média da rentabilidade do "capital-motel" (entra e sai), hipoteticamente, de 12,7% a.a. em toda a série temporal de 2001 a meados de 2016.

Com base na história econômica brasileira recente, surge uma dependência de trajetória: "a história importa". Há uma sequência contumaz: choque cambial > choque inflacionário > choque de juros. O sentido inverso também ocorre: apreciação da moeda nacional ou queda da taxa de câmbio > queda da taxa de inflação > queda da taxa de juro.

Os choques de juros na economia brasileira decorreram então de reversões de fluxos de capital na época do câmbio fixo ou de depreciações cambiais no período de câmbio flutuante. Os juros altos dos últimos

20 anos teriam sido frutos da fragilidade das contas externas e consequentes depreciações da moeda nacional. Os choques de juros foram reativos aos contágios das crises mexicana (1995), asiática (1997), russa (1998), brasileira (janeiro de 1999), atentado terrorista de 11 de setembro, apagão energético interno e crise argentina (2001), fuga de capitais devido à antecipação súbita da "marcação a mercado" (2002), crise sistêmica mundial (2008), decisão do Federal Reserve de reduzir os estímulos monetários (2013).

A trajetória da Selic em todos esses anos, talvez com a exceção do ciclo de alta de 2004-2005, sempre dependeu da dinâmica das contas externas, do sentido dos fluxos de capital e da taxa de câmbio. Os cortes foram feitos em momentos de apreciação da moeda nacional. Esta reduziu a inflação, independentemente do nível de atividade. A exceção teria sido o movimento de corte de juros feito em 2011. Segundo adepto dessa hipótese, acabou inflando a "bolha de crédito direcionado" e pressionando o preço dos bens não negociáveis (serviços) em uma economia com pleno emprego, expansão fiscal e câmbio em rota de depreciação gradual.

A história recente mostra que não faz sentido discutir juro "neutro" no Brasil. Quem tenta adivinhar *ex-ante* qual é essa hipotética taxa de juro natural, somente constatada *ex-post*, em caso de equilíbrio monetário, não observa a volátil dinâmica externa, muito dependente de *booms* de *commodities* e fluxos de capitais. Durante as ondas de apreciação da moeda nacional, nunca há pressão inflacionária. No final das contas, esse suposto "juro neutro" depende mesmo é da trajetória do câmbio.

Porém, à primeira vista, além da taxa de câmbio, há outros fatores componentes das variações da taxa de inflação. Esta ficou estável, abaixo do teto da meta (6,5% a.a.), entre 2005 e 2014. Enquanto isso, a taxa de juros oscilou, determinando um *stop-and-go*, permitindo, como dissemos antes, só "voos de galinha" com curtas decolagens da economia brasileira. Arbitrada de modo discricionário pelo Copom, a taxa de juros disparatada no Brasil demonstra ter um conflito de interesses por trás. De maneira sistemática:

1. beneficia a renda do capital financeiro e prejudica a renda do trabalho;

2. aumenta o desemprego para diminuir o custo unitário do trabalho;
3. evita a "eutanásia dos rentistas" (comprados em títulos prefixados), de imediato, mas reprime apenas temporariamente o conflito distributivo; ele reaparece mais adiante sob forma de mais inflação.

Hipótese 7: *a taxa real básica de juros no Brasil é elevada por causa da dependência de trajetória do resultado não operacional ou da renda do capital financeiro.*

Concluindo a busca de respostas à pergunta aparentemente simples – *por que a taxa real básica de juros no Brasil é tão elevada?* –, apresento agora a minha hipótese. Não há possibilidade real de um definitivo realinhamento dos preços relativos básicos TJKCW, mas um processo contínuo, dinâmico e complexo de busca de um idealizado "equilíbrio geral estável" com perene estabilização inflacionária. Essa é a eterna responsabilidade dos *policy-makers*.

A adoção de política de juros reais elevados em longo prazo, dado o arcabouço mental ortodoxo da autoridade monetária, levou à mudança comportamental dos agentes econômicos. Ao contrário do diagnóstico do monetarista Milton Friedman – uma economia inflacionária é viciada em política keynesiana de "dinheiro farto e barato" –, na economia brasileira o vício é em "dinheiro farto, mas caro", isto é, em juro alto. Todos os investidores brasileiros, seja PF, seja PJ, viciaram-se nessa droga inebriante. Ela produz o efeito-riqueza: a agradável sensação de enriquecimento sem fazer força.

Os agentes econômicos teriam, então, se viciado em operar com juros elevados, tornando-se dependentes dessa droga, cuja desintoxicação é penosa, mas imprescindível para se levar uma vida normal. Porém, isso não ocorrerá enquanto seu abastecimento for providenciado pelo *pool* Copom-Mercado.

O setor produtivo, estrategicamente, opera com elevados recursos líquidos em caixa para autofinanciamento. A receita financeira de curto prazo pode ter contribuído para a viabilidade de muitos negócios. No entanto, exigia das empresas não apenas a gestão do caixa, mas também a gestão estratégica para se prevenirem, no caso de perderem essa fonte de receita não operacional. Isso, de fato, ocorreu entre 2012-2013, durante a chamada "Cruzada da Dilma" contra os juros disparatados.

Segundo economistas heterodoxos, os juros altos têm explicação simples: são resultado do equívoco do Banco Central. Um equívoco resistente às mudanças de governo sem ter ocorrido mudança substantiva de sua diretoria, basicamente composta por membros ortodoxos, jamais por desenvolvimentistas. Assim, não se alteraram nem o "mapa mental" de seus diretores adeptos da mesma corrente de pensamento econômico, nem seus interesses individuais, pois eles se beneficiam do aumento da renda de seu capital.

Seria a Hipótese do Duplo Equilíbrio, segundo a ironia neoliberal: "existiria determinada taxa de juros, mais baixa do que a efetivamente praticada pelo Banco Central. Ela teria igualmente sido capaz de manter a inflação dentro das metas. Seria possível atingir o segundo equilíbrio pela mera redução, brusca ou gradual, da taxa de juros". O irônico neoliberal se equivoca por imaginar "equilíbrios" serem possíveis em uma economia de mercado historicamente atrasada e globalizada. Está sujeita à volatilidade das cotações das *commodities* e a periódicos choques inflacionários de alterações de preços relativos, seja por quebras de oferta, seja por mudanças cambiais. Sofre também por realinhamento discricionário de preços relativos básicos, como ocorreu em 2015 com o choque tarifário.

É possível obter um "reequilíbrio estável" entre TJKCW sem elevar a taxa de inflação? Ora, esses preços básicos nunca estiveram em equilíbrio estável, embora "perverso", nem jamais alcançarão outro equilíbrio, dessa feita "estático e saudável". Os juros elevados aguçam o conflito distributivo, a não ser em caso de os demais recebedores de renda (salários, lucros, aluguéis etc.) se conformarem com a perda de posição relativa, *status* social e/ou padrão de vida.

Na verdade, há argumentos teóricos e evidências empíricas suficientes para comprovar a inexistência dessas relações macroeconômicas como condicionantes da taxa de juros básica. Falseiam os sentidos de determinação apontados pelos economistas renomados – e relembrados nas citadas hipóteses a respeito das possíveis causas dos juros elevados na economia brasileira. Fixação da taxa de juros básica é um contínuo processo experimental de tentativa e erro, na vã esperança de superar o fracasso da experiência real.

Porém, resta ainda a pergunta-chave a ser respondida. Afinal, a restrição à queda da taxa de juros é fruto apenas do conservadorismo ortodoxo dos diretores do Banco Central do Brasil? Ou é provocada pela falta de vontade pessoal de "confrontar O Mercado"? Ou, inconscientemente, é efeito de seus próprios interesses como "rentistas"?

Provavelmente, as respostas às duas primeiras questões seriam positivas – ou "parte da verdade". Mas, para responder à última pergunta, é necessário analisar quem são os "rentistas" de fato relevantes na economia brasileira. Os próprios membros da casta dos sábios tecnocratas não se encontram entre eles?

É possível aprimorar essa hipótese. A funcionalidade do arranjo financeiro encontrado na economia brasileira não teria sido eficaz, e por isso foi mantida, para o país tirar seu atraso histórico no desenvolvimento socioeconômico?

Afinal, mesmo com altíssima taxa de juros real, no mercado de dinheiro em curto prazo, houve financiamento subsidiado do desenvolvimento – e o Brasil entrou no RIC, constituindo o Bric, agrupamento dos grandes países emergentes. Ao mesmo tempo, tal arranjo serviu para o enriquecimento pessoal de membros das castas dos guerreiros, comerciantes, sábios e mesmo dos trabalhadores organizados.

A política monetária de juro alto propiciou altos rendimentos também para as carteiras de ativos dos grandes fundos parafiscais, compostas predominantemente por títulos de dívida pública. Esses recursos de origem (e destino, em última instância) trabalhista foram fundamentais para financiar o denominado capitalismo de Estado neocorporativista no Brasil na era social-desenvolvimentista (2003-2014).

O FGTS é *funding* para a Caixa fomentar o desenvolvimento urbano. O Fundo de Amparo ao Trabalhador (FAT – PIS-Pasep) é *funding* para o BNDES financiar a infraestrutura logística. Os três fundos de desenvolvimento regionais, isto é, o Fundo de Desenvolvimento do Nordeste (FDNE), o Fundo de Desenvolvimento da Amazônia (FDA) e o Fundo de Desenvolvimento do Centro-Oeste (FDCO), são, respectivamente, *funding* para o Banco do Nordeste do Brasil, o Basa e o Banco do Brasil. Este financia o desenvolvimento agrícola. Os ganhos na carteira de títulos compensaram, para os bancos públicos, o juro abaixo do mercado no crédito direcionado e, pelo menos em parte, eventuais perdas na carteira de empréstimos.

Semelhantemente, as Entidades Fechadas de Previdência Complementar (EFPC) capitalizam seu portfólio com altos juros para obterem condições financeiras de se associarem a empreendimentos prioritários para o desenvolvimento nacional. Mesmo os Fundos de Investimento Financeiro (FIFs) cumprem a tarefa de carregamento dos títulos de dívida pública e privada. Também as carteiras próprias de bancos privados são capitalizadas pelos juros elevadíssimos. Com o carregamento de seus próprios debêntures, propiciam *funding* para *leasing* ou financiamento de veículos.

O capitalismo de Estado neocorporativo brasileiro colocou o Tesouro Nacional no centro das tomadas de decisões financeiras direcionadas. Ele cuidava da centralização fiscal e da concentração de capital necessárias para o "salto de etapas" na emergência da economia brasileira. Arrecadava tributos dos contribuintes e se endividava junto aos investidores para capitalização dos bancos públicos. Executava, como emprestador em última instância, a política financeira desenvolvimentista.

O Tesouro Nacional oferecia aos investidores a segurança do risco soberano, liquidez e rendimento real, para captar em longo prazo, tanto no mercado financeiro doméstico, quanto no internacional, via títulos de dívida pública. Depois, fazia a realocação de recursos em prazos adequados às prioridades nacionais. Ele supria a ausência de um forte mercado de capitais.

A realidade econômica brasileira é complexa. Não é possível ser tratada em termos de "equilíbrios" a serem obtidos por ação discricionária da autoridade monetária. Não há "centro de gravidade" para o qual as forças livres de mercado convergiriam, "automaticamente". Há histórico de agudo desbalanceamento dessas forças e incompatibilidade de seus planos.

Na verdade, a autoridade monetária arbitra esse conflito distributivo: se elevar demasiadamente a taxa de juro estará beneficiando os rendimentos do capital financeiro em desfavor dos rendimentos do trabalho pela perda do poder de barganha trabalhista, provocando o desemprego massivo. Se diminuir excessivamente a taxa de juro, até um limite jamais alcançado na economia brasileira, haveria o risco de estimular o pleno emprego e a "inflação verdadeira". Esta ameaçaria o poder aquisitivo dos salários reais e, pior para os diretores do Banco Central, a eutanásia dos rentistas.

Lembremos: *juro*, em inglês, é *"interest"*. Significa tanto *"the state of wanting to know or learn about something or someone"*, quanto *"money paid regularly at a particular rate for the use of money lent, or for delaying the repayment of a debt"*. Em espanhol, juro é *"interés"*. Em francês, *"intérêt"*. Pode ser tanto *"recherche par une personne de ce qui lui est profitable, de son avantage personnel, souvent de façon égoïste, par exemple, agir par intérêt"*, quanto *"revenu tiré d'un capital"*, por exemplo, *"un taux d'intérêt"*.

No Brasil, há "conflito de interesses" por parte dos fixadores da taxa de juros básica ao elevarem-na de maneira desmesurada, devido à ausência de "mandato dual", quando as decisões do Banco Central seriam orientadas para o combate tanto da inflação como do desemprego. Essa ação discricionária da autoridade monetária não pode ultrapassar certa dosagem. Quando os membros do Copom adotam a overdose, eles ganham com ela, capitalizando sua riqueza pessoal, e não arriscam sua vida profissional por isso.

Se tivessem de responder pelo desemprego dos outros com os seus, talvez se parecessem mais comedidos como os membros dos demais Bancos Centrais no mundo. Eles não são demitidos ao agravar a desocupação. São indiferentes a isso em face da comodidade da política monetária brasileira: "instrumento único (juro) e meta única (inflação)".

Questiono a governança dessa política monetária. Decisão "técnica" – tipo "certo ou errado" – pode ser tomada por maioria de votos? Se não é por consenso técnico, é uma decisão política, isto é, coletiva, atendendo a certos interesses (do capital) e não a outros (do trabalho). Em relação às opiniões de especialistas, somos muito menos cautelosos se as compararmos com outras opiniões, inclusive a nossa.

A decisão "política" é neutra, imparcial, sábia? Desconfio dessa pretensa neutralidade dos sábios tecnocratas. Eles têm apenas um mapa mental sem análise de caminhos alternativos. Por suas filiações teóricas monolíticas, eles apresentam controvérsias entre si? Não sofrem do viés heurístico de autovalidação ilusória?

Não têm a ilusão do controle? Acreditam em poder controlar ou influenciar algo sobre o qual, objetivamente, não têm nenhum poder absoluto: a complexidade dos múltiplos componentes da taxa de inflação.

Não percebem o erro de pensamento de grupo? Um grupo de pessoas inteligentes toma decisões absurdas porque cada um ajusta sua própria opinião ao suposto consenso. Cada membro pensa em adotar comportamento correto quando se comporta como os outros. Assim, quanto mais pessoas acharem uma ideia correta, mais correta essa ideia será. Naturalmente, isso é uma irracionalidade. A "prova social" é um erro de pensamento. A opinião predominante não necessariamente é a opinião correta.

Por que cada membro do Copom não assume ter conflito de interesses em seus julgamentos benéficos a si próprio, devendo por isso se declarar eticamente impedido de fixar a disparatada taxa de juros em relação às do resto do mundo? Por que não nomear uma composição plural do Copom também com economistas desenvolvimentistas?

Política de crédito de bancos públicos: instrumento de política econômica

Para distinguirmos bem qual é o papel dos bancos públicos na visão neoliberal, vamos aos fatos.

Primeiro, no período 1994-2002, com privatização dos bancos estaduais e sem adoção de política de crédito, a relação crédito/PIB decresceu de 36,6% para 24,7%. Na era social-desenvolvimentista (2003-2014), ela se elevou até 58,9%, considerando o "PIB velho". Em face do "PIB novo", em relação ao pico de 2015 (54% do PIB), caiu sete pontos percentuais com a volta da velha matriz neoliberal. A relação crédito/PIB alcançou 47,1% no fim de 2017. Conclusão: os neoliberais não tinham (nem têm) uma política de crédito estratégica para alavancar o crescimento. Ao contrário, em época de crise mundial, a atuação anticíclica dos bancos públicos evitou a transformação de uma recessão em profunda depressão.

Segundo, o crédito a pessoas físicas em 2002 era apenas 5,1% do PIB. Graças à inovação financeira proposta pelo Luiz Marinho, na época presidente da CUT, adotou-se *o crédito consignado*. Com desconto em folha de pagamento, seja de servidores públicos estáveis, seja de aposentados pelo INSS, a baixíssima inadimplência propiciou baixar bastante a taxa de juros cobrada antes em crédito pessoal. A Caixa Econômica Federal teve papel-chave para lançar esse produto financeiro, inicialmente sob desconfiança dos demais grandes bancos. Depois, o Banco do Brasil tornou-se o maior emprestador dele, devido aos clientes funcionários públicos e aposentados. Os empréstimos sob consignação passaram a predominar sobre as demais modalidades de crédito, inclusive sobre o crédito direto aos consumidores.

Terceiro, não se deduz disso o "modelo de consumo" ter sido predominante, como equivocadamente a oposição ao governo de hegemonia trabalhista alardeava. O crédito a pessoas jurídicas era de 16,2% do PIB em 2002. Quase dobrou ao atingir 30% do PIB no ano de 2014, quando se encerrou aquela era social-desenvolvimentista. O crédito a pessoas físicas estava em 26,4% do PIB.

Quarto, vale registrar: o crédito habitacional em 2002 estava em apenas 1,7% do PIB. Em 2013, chegou a 8,4% do PIB, multiplicando essa relação em mais de quatro vezes. O crédito rural quase dobrou no mesmo período: de 2,4% a 4,5% do PIB. A média anual de contratos de financiamento imobiliário por governo até 2013 foi a seguinte: FHC, 181,6 mil; Lula, 474 mil; Dilma, 1,095 milhão. Em outras palavras, durante os oito anos do governo FHC, foram financiadas 1.452.555 unidades habitacionais (UH); apenas nos três primeiros anos do governo Dilma financiaram-se 3.286.495 UH: superou-se o dobro de todo o governo FHC.

A grande diferença em relação à primeira era neoliberal (1988-2002) foi a política de crédito de bancos públicos ser utilizada como instrumento de política econômica.

A taxa real de juros básicos (Selic) no Brasil chegou a cair para cerca de 2% a.a., durante a "Cruzada da Dilma", mas em seguida retomou sua elevação para ficar em torno de 4% a.a., flutuando nessa faixa entre 2% e 6% a.a. até antes do golpe de 2016. Era uma faixa de juros bastante inferior à banda de 12% a 24% a.a., ocorrida no período anterior a 2002.

No entanto, o custo da dívida pública ainda não tinha caído de maneira suficiente. Pagava-se cerca de 4,5% do PIB na forma de juros sobre a dívida pública. Por quê? Porque o governo emitiu títulos públicos para, via operações compromissadas, esterilizar o impacto monetário da aquisição de reservas internacionais em dólares, além de emprestar recursos aos bancos públicos. Assim, a dívida bruta do setor público subiu mesmo com tendência de queda da taxa real de juro.

Essa política foi adotada porque, caso ocorresse um choque cambial, como de fato ocorreu em 2015, o real se depreciaria e se elevaram as reservas em reais. Isso propiciaria a queda da dívida líquida. O governo teria espaço fiscal para enfrentar a crise internacional.

Diferentemente da era neoliberal, em contexto de crise externa, após seu início em setembro de 2008, o Brasil não recorreu à solicitação de recursos ao FMI. Pelo contrário, grandes obras de infraestrutura energética (Belo Monte, pré-sal etc.) foram financiadas, praticamente, sem expressivo endividamento externo. Porém, a política de acumulação de reservas era muito cara. Emitiam-se títulos pagando em torno da Selic, no mercado interno, e aplicavam-se recebendo 2% a.a. de juros em ativos estrangeiros.

O resultado primário e a acumulação de reservas internacionais conseguiram promover a redução gradual da dívida líquida. Esta dívida atingiu já 33,8% do PIB no fim da era social-desenvolvimentista. Porém, a esterilização e o custo financeiro das reservas internacionais, juntamente com a expansão dos créditos da União às instituições financeiras oficiais, elevaram a dívida bruta do setor público. O FMI, com métrica de cálculo distinta, contabilizava 10 pontos percentuais a mais e assustava os financiadores estrangeiros.

A maior parte dos ativos do setor público, suportados pelo endividamento bruto, consistia em reservas internacionais. Elas eram necessárias, talvez não no mesmo volume do passado, em caso de não haver um forte ingresso de capitais no Brasil. Constituíam um seguro para mitigar o risco do seguinte processo: fuga de capital, em consequência, choque cambial, e, depois, choque inflacionário. Davam autonomia à política macroeconômica. Em segundo lugar, apareciam os créditos a instituições financeiras oficiais, que aumentaram de 0,5% do PIB, em 2006, para 9,5% do PIB. Essas operações foram necessárias para combater a crise de 2008-2009, espécie de "QE" – *Quantitative Easing* brasileiro, mas passaram a ser reduzidas.

Isso ocorreu para combater os efeitos da crise de 2008. Houve uma contração muito forte da oferta de crédito privado. Para manter a economia crescendo e elevar o investimento, a União tomou recursos a taxas de mercado (+/- 10% a.a.) e emprestou esses recursos a uma taxa subsidiada ao BNDES (2,5% a 5% a.a.). Com essa captação de títulos de dívida pública, o BNDES teve capacidade de atender à demanda de crédito, sustentando o nível de atividade da economia. A taxa de desocupação chegou a 6,2% no 4º trimestre de 2013 e 6,5% no 4º trimestre de 2014.

Assim como no caso das reservas internacionais, os empréstimos da União aos bancos públicos foram corretos, mas com um grande custo financeiro. Diferentemente do caso das reservas internacionais, deixou de ser tão necessário continuar aumentando os empréstimos da União para os bancos públicos repassarem aos industriais. A intenção do governo Dilma, antes do golpe, era diminuindo seus aportes no BNDES, reduzindo o custo financeiro da dívida pública, e abrir espaço fiscal para aumentar outros gastos, como os gastos sociais.

Programava-se, então, uma redução gradual e seletiva dos créditos concedidos a instituições financeiras oficiais, com eliminação de empréstimos com TJLP abaixo do custo de captação da União. Era possível adotar um novo modelo para o BNDES com captação no mercado de capitais via debêntures e incentivos creditícios explícitos, via equalização de taxa de juro no Orçamento Geral da União (OGU), aprovados pelo Congresso Nacional.

O governo encerraria, então, a atuação antidepressiva dos bancos públicos, com o objetivo de reduzir os sucessivos aportes do Tesouro Nacional. No período, manteve-se a solidez do sistema financeiro doméstico. O papel atribuído às instituições financeiras públicas federais, logo após a crise financeira global de 2008, quando as instituições privadas se retraíram, foi que elas as substituíssem no provimento à economia de crédito.

A participação dos bancos públicos na concessão de crédito era dividida (49,9%) com os bancos privados em janeiro de 2000. Com a reestruturação patrimonial das instituições financeiras públicas federais, ela caiu bastante. No início de 2009 estava em 36,3%. Saltou para 56% em 2016. Caiu para 54,2% em 2017.

Com a normalização dessa situação, a orientação governamental era que essas instituições públicas retornassem às suas vocações naturais. Tratava-se, portanto, de um reposicionamento dos bancos públicos na expansão do crédito ao investimento, abrindo espaço para o aumento da participação do financiamento privado nos investimentos da infraestrutura no Brasil. Já se avaliava não ser mais possível uma expansão necessária à economia brasileira em longo prazo ser feita sem a criação de outros instrumentos de captação nos mercados de capitais, inclusive externos, via o sistema financeiro privado.

Política habitacional: redistribuição de riqueza

Resumo a história da política habitacional brasileira da seguinte forma.

Era uma vez, em uma economia inflacionária (como sempre foi a brasileira), a incapacidade de financiamento em longo prazo.

Durante a Ditadura Militar, a reforma do Sistema Financeiro Habitacional (SFH), com implantação da correção monetária nos financiamentos tentou dar uma solução de mercado para um problema eminentemente social: a incapacidade de os mutuários de baixa renda pagarem o endividamento em longo prazo caso sofressem desemprego.

No final do Regime Militar, foi necessário o perdão da dívida dos mutuários pelo descasamento dos contratos. Passivos e ativos tinham correção monetária de acordo com a elevação da taxa de inflação, porém surgiu a incapacidade de pagamento das prestações sem a reposição inflacionária dos salários e com o desemprego. Foi "a crise do *subprime* brasileiro", *avant la lettre*. Representou o fim do Banco Nacional de Habitação (BNH) e empurrou o problema da inadimplência para o Fundo de Compensação de Variações Salariais (FCVS) e a Caixa.

Por causa disso, o SFH "andou de lado" até 2005, quando houve profunda reforma na vice-presidência de desenvolvimento urbano da Caixa, em que pesem o "Margaridaço" de Collor (concessão forçada de crédito imobiliário sem avaliação de risco), a implantação do Sistema Financeiro Imobiliário (SFI) e a criação da Empresa Gestora de Ativos (Emgea) no governo FHC.

No final de 2004, levei ao então presidente da Caixa, Jorge Mattoso, um estudo da minha equipe para esta instituição financeira pública federal voltar a financiar com recursos de depósitos de poupança. Não os usava para financiamento habitacional desde o "Margaridaço" de 1991. A Caixa ficou sobreaplicada com saldo de empréstimos imobiliários acima dos 65% obrigatórios do saldo da poupança. Os recursos "baratos" da poupança eram utilizados na Tesouraria para ganhar Selic. Conseguiríamos alguma engenharia financeira para compensar essa perda financeira, mas não poderíamos deixar de competir na retomada do crédito do Sistema Brasileiro de Poupança e Empréstimo (SBPE).

Foi importante também, para a retomada do financiamento habitacional e da indústria da construção civil, a agenda microeconômica em 2004. Entre outras medidas, houve a adoção da alienação fiduciária, a instituição do Patrimônio de Afetação, do Regime Tributário Especial (RET) nas incorporações imobiliárias e do "incontroverso judiciário", isto é, o pagamento daquilo sem dúvida, tal como os juros da dívida, como obrigação dos mutuários.

Finalmente, o primeiro governo Dilma quebrou todos os recordes históricos com o programa Minha Casa Minha Vida (MCMV), realizando, em média anual, 956.250 contratos anuais. O MCMV atingiu em 2014 3,825 milhões de unidades habitacionais contratadas e 2,132 milhões de unidades entregues, sendo 1,711 milhão e 694,5 mil, respectivamente, na faixa até R$ 1,6 mil de renda. Nessa faixa, o valor da prestação mensal era de R$ 80,00.

Por que não conceder, diretamente, "a fundo perdido", as habitações de interesse social?

Primeiro, há uma cultura de (falsa) isonomia de direitos no país. Levaria a outros cidadãos de renda mais elevada reivindicar "o mesmo direito", sem o Orçamento Geral da União (OGU) ter condições de lhes atender, sem sacrificar outras prioridades.

Segundo, a alienação fiduciária não só leva a uma baixíssima inadimplência, como também impede a residência ser objeto de comércio antes de o mutuário receber seu título de propriedade.

Terceiro, o *leasing* residencial leva à melhor manutenção da residência. Caso não tenha inadimplência, no futuro será propriedade do morador.

Em 2001, antes do *boom* recente do financiamento imobiliário, havia a seguinte segmentação na construção habitacional: em percentuais da quantidade de unidades habitacionais, 73% era autofinanciamento, 6% financiamento privado e 21% financiamento público. Cerca de 77% eram construções autogeridas e 23% construídas via incorporadoras. Em termos de valor, estes últimos percentuais eram, respectivamente, 67% e 33%.

Por esse grande valor de autoconstrução (67%) e autofinanciamento (92%), quase 75% dos domicílios brasileiros são propriedades dos próprios residentes. E cerca de um quarto dos bens e direitos declarados à Secretaria da Receita Federal, em valores históricos, é moradia: casas e apartamentos. Os ativos imobiliários representam 40% do total de bens.

No programa MCMV, o FGTS é usado como parte do *funding* para a construção de habitações de interesse social. A falta de habitação em condições adequadas atinge mais as famílias de baixa renda: 91% do déficit habitacional está no estrato até três salários mínimos. É necessário o OGU dar um subsídio social para a equalização dos juros (e não oneração do fundo de origem e destino trabalhista) cobrados de famílias com baixíssima capacidade de pagamento de crédito imobiliário.

Por que a necessidade de subsídio social? A questão-chave, em todas as economias de mercado, é: pode-se atender à demanda social de acabar com déficit habitacional, composto de habitações precárias e ônus excessivo com aluguel (acima de 30% da renda das famílias), através do crédito imobiliário?

Para o devedor não entrar em fragilidade financeira, tem de haver uma diferença sustentável entre o custo da dívida, isto é, o Passivo Oneroso e a Vida Ordinária (P.O.V.O.), dada a baixa renda recebida pelo povo e/ou o desemprego recorrente. Justifica-se, então, a cobrança apenas de R$ 80,00 para famílias com renda até R$ 1.600,00. Mas é imprescindível, para o equilíbrio da operação bancária, o subsídio do Tesouro Nacional de parte do custo financeiro da operação para o mutuário de baixa renda. Faz a equalização da taxa de juros em operação com o FGTS.

Para outras faixas, o subsídio social em complemento ao financiamento do FGTS permite a aquisição de imóvel superior ao suportado pela renda, e melhora, substancialmente, a garantia do empréstimo. Mas o Fundo Garantidor contra Perda Temporária de Renda, instituído no programa MCMV, pode ser acionado sem burocracia e cobre até 36 prestações no caso de perda de emprego ou de renda. Ele fundamenta o sucesso desse programa de redistribuição da riqueza.

Outra inovação financeira a ser estudada seria fazer aqui apenas a securitização dos créditos concedidos pelo SBPE com recursos da poupança, para a classe média, com o originador compartilhando do risco do crédito vendido. Não cabe vender para investidores institucionais o crédito imobiliário concedido com recursos do FGTS, evitando assim uma "crise do *subprime*". Porém, aquela securitização do crédito elevaria a rotação do capital e alavancaria a capacidade de a Caixa elevar todos os empréstimos imobiliários.

Finalmente, o ajuste fiscal e a decorrente restrição orçamentária não deveriam ser entraves à política habitacional. O MCMV foi o maior programa de distribuição da riqueza imobiliária já realizado no Brasil. Encarado como política de governo, e não como política de Estado, está abandonado.

Em defesa do social-desenvolvimentismo no BNDES

O BNDES, em 2002, tinha financiado apenas R$ 38,1 bilhões. Em 2008, iniciou uma atuação anticíclica, atingindo R$ 121,4 bilhões e chegou a alcançar desembolsos de R$ 190,4 bilhões em 2013 e R$ 186,0 em 2014. No ano de 2016, o banco reduziu em 35% o volume de desembolsos em relação a 2015, para R$ 88,3 bilhões, até então a maior queda anual da série histórica da instituição, desde 1995. Em 2017, reduziu para R$ 70,8 bilhões.

Não ficou nisso. Os desembolsos do BNDES representavam 15,2% dos investimentos em 2014. Naquele ano, as liberações somaram R$ 187,8 bilhões, lideradas pela infraestrutura. No ano seguinte, o governo reduziu subsídios ao banco. Desde então, essa proporção recuou paulatinamente: 11% (2015), 6% (2016) e 5,3% (2017), ou seja, dez pontos percentuais a menos em três anos. A taxa de investimento despencou do patamar de 20% em 2014 para 15,6% do PIB em 2017. É responsabilidade da ortodoxia a existência do desemprego de 13,7 milhões de desocupados no primeiro trimestre de 2018.

O crédito com recursos livres equivalia a 27,5% do PIB em 2008. Pouco se afastou desse patamar. Só chegou a 30,8% do PIB em 2014. A demanda por esse crédito se guia por expectativas do mercado. O crédito com recursos direcionados equivalia a 13,2% do PIB em 2008. Quase alcançou o nível com recursos livres. Atingiu 28,1% do PIB em 2014. Ele se orienta por decisões de política pública.

Com isso, os desembolsos do BNDES saíram de 2,4% do PIB em 2007 para 4,3% do PIB em 2010 e mantiveram o patamar em torno de 3,4% do

PIB daí até 2014. A atuação anticíclica do BNDES adiou a Grande Depressão, expandindo PIB, receita tributária, capacidade produtiva e emprego. Financiou grandes projetos de hidrelétricas na região Norte, novas fontes de energia, eólica e solar, novas tecnologias em telecomunicações, construção e ampliação de aeroportos e portos, obras relacionadas à Copa do Mundo de 2014 e às Olimpíadas de 2016, investimentos em saneamento e mobilidade urbana.

No período 2009-2014, a relação entre os desembolsos para ativos fixos do BNDES e a Formação Bruta de Capital Fixo (FBCF) ficou entre 10,2% e 12,2%. A relação entre o investimento total e a FBCF, total correspondente aos desembolsos do BNDES acrescidos dos investimentos realizados com outras fontes de recursos (contrapartidas), ficou entre 18,1% e 21,4%.

Então, não funcionou a atuação anticíclica do BNDES? Parou por quê? Por que parou?

Para responder a essa intrigante questão, é necessário refletir a respeito das respostas a três outras questões:

1. Por que os economistas neoliberais abominam o crédito direcionado?
2. Por que os economistas neoliberais abominam a TJLP subsidiada abaixo da taxa de juro do mercado?
3. Por que os economistas neoliberais abominam a "política dos vencedores"?

A respeito da primeira questão, lembremos das duas Leis dos Economistas: primeira, para cada economista, existe um igual e contrário; segunda, ambos estão errados.

Há também duas Leis da Tropicalização Antropofágica Miscigenada, isto é, da mistura *à la* brasileira. Primeira Lei: "Independentemente dos homens e de suas intenções, sempre que o Banco Central se entrega à austeridade financeira, os bancos públicos escancaram os cofres, com a inevitabilidade quase de uma lei natural". segunda lei: "o comportamento dos bancos públicos é, por definição, o desejado pelo Governo da Ocasião, seja ele monetarista, seja desenvolvimentista, ou, quase sempre, apenas pragmático".

Não se deve interpretar essas leis no sentido negativo, tipo "os bancos públicos inviabilizam a política monetária". Primeiro, a dosagem de suas operações é instrumento básico de política de crédito. Segundo, o direcionamento setorial do crédito dá-lhes flexibilidade. Portanto, o crédito direcionado, tão atacado pelos neoliberais, é melhor para o Brasil.

É uma sabedoria desenvolvimentista controlar crédito ao consumo enquanto libera o crédito ao investimento para ampliar a capacidade produtiva, de acordo com o planejamento estratégico. Eleva a oferta agregada. Concedido a setores prioritários, o crédito se torna um "amortecedor" de recessão provocada pela ânsia de controle monetário geral por parte do Banco Central do Brasil (BCB).

Aí está o problema: os neoliberais abominam o que classificam como "jabuticaba". Essa sabedoria é uma instituição nacional por ter se tornado um modo coletivo de pensar, tanto da casta dos sábios-tecnocratas, quanto da casta dos mercadores-industriais. Ela não se encontra na cartilha norte-americana na qual os PhDeuses se formaram. A subcasta dos financistas, seus empregadores, não aprecia a concorrência dos bancos públicos, ocupando o vácuo deixado pelos bancos privados. E almeja obter oportunidades de lucros no mercado de capitais, mesmo que o investimento esteja em declínio.

Os neoliberais acusam: a elevação dos repasses do Tesouro Nacional (TN) para o BNDES de 6% do seu *funding* total em 2007 para 54% em 2014 permitiu a este operar com uma "conta movimento" no TN para subsidiar juros. Os sociais-desenvolvimentistas acharam adequado o TN oferecer risco soberano aos investidores institucionais, fundos e bancos, abrindo espaço para captar em longo prazo, e repassar *funding* ao BNDES. O BNDES reciclava os recursos em crédito direcionado para setores prioritários para a estratégia de desenvolvimento nacional. Os valores-meta dessa corrente de pensamento são o nacionalismo, a expansão da cadeia produtiva e do emprego e o combate à desigualdade regional.

O projeto neoliberal é o BNDES adotar apenas a função de originador de operações. Entra com parte pequena do financiamento e com isso dá um "selo de qualidade" ao empreendimento para as devedoras emitirem debêntures. Assim, evitam-se "externalidades", isto é, a ocupação de espaço reservado pelos idólatras da livre-iniciativa para o setor privado. Pretensamente, dessa forma se fomentaria o mercado de capitais. Os valores-meta dessa corrente são microeconômicos: as externalidades, os riscos, os custos e o lucro do banco.

Os neoliberais acusam o repasse do Tesouro Nacional ao BNDES como uma das causas da "despoupança" do setor público, isto é, *o déficit primário*. Na verdade, esse resultado *primário* é diminuto em relação ao resultado *nominal*. Foi -1,85% do PIB em 2015 e -2,47% em 2016, enquanto o nominal atingiu, respectivamente, -10,22% e -8,93%. Nesse déficit nominal, os juros representaram 82% em 2015 e 72% em 2016.

Na verdade, para a evolução da dívida bruta de 52,6% do PIB em janeiro de 2014 para 69,5% em dezembro de 2016, as operações compromissadas com médias diárias de R$ 1,1 trilhão tiveram maior parcela de responsabilidade. Se a autoridade monetária trocasse Operações Compromissadas por Depósitos Remunerados no Banco Central, a dívida bruta diminuiria o equivalente a 18% do PIB, voltando ao patamar de janeiro de 2014.

As estatísticas provam que o mercado de capitais atua pró-ciclo de expansão e o BNDES contra o ciclo depressivo. Os desembolsos do BNDES superaram as emissões primárias daquele só em 2009, quando houve pequena depressão, e nos anos (2011-2016) de expectativas pessimistas dos emissores de ações e/ou debêntures.

Quanto à pergunta a respeito da razão dos economistas neoliberais abominarem a TJLP subsidiada abaixo da taxa de juro do mercado, a resposta é porque eles impõem uma terapia equivocada a partir de um diagnóstico errado. Para eles, "as causas das altíssimas taxas de juros de empréstimos com recursos livres seriam as baixíssimas taxas de juros de empréstimos com recursos direcionados".

Esse é o "modelo gangorra" dos neoliberais: para eles, o juro brasileiro fica no "céu" não por causa do arbítrio do Copom sobre a Selic (referência para o custo de captação de *funding*), nem por razão do *spread* bancário (devido à avaliação superestimada do risco de perda dos créditos), mas por causa do "inferno" do crédito direcionado dos bancos públicos. Este concorre com os bancos privados e expande a demanda agregada, contrabalançando o impacto recessivo da política de juros.

Sem considerar a concorrência desses com "seus" bancos privados, cujo eufemismo é "externalidades", poderia se apontar que a explicação teórica de os economistas neoliberais abominarem a TJLP subsidiada esteja na Doutrina da Poupança Forçada.

Essa doutrina prega que os bancos podem apenas agir como intermediários financeiros neutros, canalizando exatamente a poupança preexistente para o investimento. Caso isso não ocorra assim, o crédito financiará investimento em demasia, que se desequilibrará com a poupança preexistente, provocando expansão da demanda agregada além da oferta agregada disponível. De acordo com esse modelo mental estático-comparativo, com base na Lei de Say, tal desequilíbrio provocaria inflação, corroendo o poder aquisitivo dos salários reais. Forçaria uma queda do consumo até o nível de poupança necessário àquele nível de investimento financiado pelo "excesso de crédito".

O economista ortodoxo necessita aprender a lidar com a variável tempo, adotando um método dinâmico em vez de um método estático-comparativo entre equilíbrios. Dessa forma, pensaria de maneira dinâmica para entender a geração de "poupança *ex-post*" e regular a demanda agregada sem deixar de direcionar o crédito para investimento em infraestrutura e capacidade produtiva, aumentando a oferta agregada.

Com a substituição da Taxa de Juro de Longo Prazo (TJLP) pela Taxa de Longo Prazo (TLP), esta última flutuará como uma taxa de mercado de maneira que a política monetária inibirá a política de crédito. Assim, o Banco Central do Brasil regulará o BNDES.

O argumento é eliminar o subsídio do Tesouro Nacional com a TLP acompanhando a taxa de juros de um título da dívida pública de longo prazo: a Nota do Tesouro Nacional Série B (NTN-B) de cinco anos. Com isso, o financiamento em longo prazo se submeterá à volatilidade da taxa de juro em curto prazo. Provoca o chamado "efeito riqueza". Na verdade, é um efeito empobrecimento. Com a taxa de juros do BNDES sendo indexada por IPCA e mais um juro prefixado, se houver a elevação da Selic acima desse juro, haverá marcação a mercado (MtM) em seus empréstimos e perda de capital com Provisões para Devedores Duvidosos. Diminuirá seu poder de alavancagem financeira pela queda contábil de seu capital próprio.

Finalmente, a última questão é: por que os economistas neoliberais abominam a "política dos vencedores"?

Eu faria outra pergunta para responder: por que as nações fracassam? No livro com este título – e o subtítulo "as origens do poder, da prosperidade e da pobreza" –, Daron Acemoglu e James A. Robinson distinguem as instituições econômicas entre *inclusiva* e *extrativista*. No caso brasileiro, a primeira seria o BNDES, por fomentar a atividade econômica empregadora; a segunda seria o BCB, por espoliar a renda da maioria em favor da minoria.

Juros no Brasil é uma variável determinante de outras variáveis-chave, mas determinada de maneira arbitrária e disparatada em relação ao resto do mundo. No fim do ano do golpe, a taxa de juro real do Brasil (5,8% a.a.) era duas vezes maior em relação à segunda colocada: a da Rússia com 2,9% a.a.

Portanto, a "política dos vencedores" é realizada pelo Banco Central do Brasil.

Não haverá solução unilateral, tanto na área fiscal quanto na tendência à apreciação da moeda nacional, enquanto o juro for uma variável sob o livre-arbítrio do Banco Central, que provoca a disparidade entre a taxa interna e a externa e eleva o cupom cambial. É necessário o mandato dual para limitar seu arbítrio entre duas metas: controle da inflação e expansão do emprego.

Por causa da política de juros disparatados, a riqueza financeira de 112 mil clientes sob gestão de patrimônio especial dos bancos (*Private Banking*) de 2009 a 2017 multiplicou mais de três vezes (3,3) seu valor nominal – de R$ 291 bilhões a R$ 964 bilhões –, acumulando mais R$ 673 bilhões em oito anos. Essa diferença foi propiciada mais por capitalização com juros compostos pagos pelo Tesouro Nacional do que pela entrada de dinheiro novo. Equivale a 10,25% do PIB de 2017 (R$ 6.559,9 bilhões), superando, portanto, o déficit nominal do governo brasileiro.

A riqueza média de cada família dos 56.619 grupos econômicos atingiu, em dezembro de 2017, R$ 17.026.695,60. Eram 117.421 pessoas clientes do *Private Banking*, cuja média *per capita* de riqueza financeira era R$ 8.210.068,70. Enriqueceram mais 10,6%, ou seja, pouco acima da média mensal (10,3% a.a.) da Selic-mercado em 2017.

Os neoliberais dizem amar a ideologia em defesa da igualdade de oportunidades. Porém, prezam mais evitar a eutanásia dos rentistas (taxa de inflação superar taxa de juro prefixada) e capitalizar a própria riqueza financeira. Defendem o Banco Central fazer "política de vencedores".

Debate sobre política cambial e de controle de capital

O método de análise econômica convencional lista três determinantes do câmbio: fundamentos macroeconômicos, forças do mercado e política cambial. O primeiro, por sua vez, se subdivide em três: paridade entre taxas de juros (interna e externa), saldo do balanço de transações correntes (relacionado à diferença entre ritmos de crescimento da economia nacional e outras economias) e paridade entre poderes de compra (doméstico e estrangeiro). Didaticamente, é possível alinhar o pensamento ortodoxo com a ênfase nesses fundamentos e o pensamento heterodoxo com o foco no conflito entre a especulação no mercado de câmbio e a regulação estatal.

De acordo com o economista ortodoxo, o amplo déficit em conta corrente (segundo fundamento) e a inflação alta (terceiro fundamento) estão entre os problemas domésticos alimentadores do pessimismo dos investidores com o país. Essa conjunção de fatores faz com que o Brasil seja o país com mais sofrimento no processo global, quanto ao movimento de depreciação das moedas emergentes, provocada pela expectativa de redução dos estímulos monetários do Federal Reserve, o Banco Central americano.

Para a ortodoxia, com o objetivo de conter a intensidade da depreciação da moeda nacional, as autoridades brasileiras deveriam focar o controle da inflação (terceiro fundamento determinante do poder de compra local em face do externo) e a recuperação da credibilidade fiscal. Com o corte dos gastos governamentais, diminuiriam a absorção interna e, consequentemente, a chamada "poupança externa": o déficit nas transações correntes do balanço de pagamentos – o segundo fundamento.

O Banco Central deveria trabalhar para conter as expectativas de inflação através de seu instrumento principal, a taxa de juros. Assim, além de controlar a demanda agregada, também elevaria o *cupom cambial*, isto é, a diferença entre o juro interno e o juro externo, descontada da variação esperada da taxa de câmbio. Isso corrigiria o primeiro fundamento.

Nem todo movimento de câmbio é um *overshoot*. Quando há uma nova notícia ruim, O Mercado fica nervoso e testa o Banco Central. Economistas ortodoxos consideram normal haver, em um primeiro momento, um "exagero", pois a aversão ao risco aumenta muito, mas em longo prazo, avaliando os novos fundamentos, julga-se ser certa a autorregulação de O Mercado o levar a novo equilíbrio.

Overshoot cambial pode ser traduzido, literalmente, por "acima da linha de tiro". É a metáfora de "acertar na mosca (do alvo)" quando os agentes econômicos retornarem, progressivamente, à "linha de tiro", ou seja, à taxa de câmbio de equilíbrio em longo prazo. É aquela que os fundamentos macroeconômicos apontariam.

Os ortodoxos reconhecem não saberem o patamar exato da estabilidade do real. Isso ainda não estaria determinado. A reação do Banco Central e do governo, o ritmo de desaceleração dos estímulos do Fed e o impacto disso no cenário global são os fatores a ditar o novo valor de equilíbrio do câmbio. Intervenções no mercado cambial, para eles, tendem a ter um efeito no curto prazo, reduzindo a volatilidade da taxa de câmbio, mas são incapazes de conter o processo.

Economista heterodoxo discorda da opinião dos colegas ortodoxos de que o principal motivo para o real estar se depreciando acima das outras moedas emergentes é a incerteza com a política econômica doméstica. Segundo essa opinião discordante, é a grande abertura do mercado brasileiro aos investidores estrangeiros e o peso excessivo do mercado de câmbio futuro em relação ao mercado à vista os fatores a acentuar a depreciação da moeda brasileira.

Essa tendência é efeito de um movimento global provocado pela expectativa de mudança na política monetária do Federal Reserve e do Banco Central do Brasil: elevação dos juros lá e queda dos juros aqui. O principal determinante é o fator externo. O sistema monetário internacional é hierárquico.

No Brasil, ao contrário de outros emergentes, o mercado futuro de câmbio tem mais liquidez e profundidade em relação ao mercado à vista. Isso potencializa a possibilidade de especulação. O mercado é líquido e totalmente aberto para os estrangeiros. Tem um papel fundamental nos movimentos do real. A posição comprada desses investidores, quando cresce muito, deprecia o real.

Para resolver esse problema, a heterodoxia propõe impor um IOF nas posições compradas excessivas, mesmo essa medida não sendo "*market friendly*". Não agrada O Mercado. Ela penalizaria os especuladores e ainda teria impacto fiscal positivo, ao contrário dos *swaps cambiais*, que oneram as contas públicas. Em geral, os mecanismos de gestão de fluxos de capitais e derivativos cambiais ampliam a eficácia da política cambial em regime de flutuação suja, diferentemente do suposto pelos modelos macroeconômicos convencionais.

Nos momentos de aversão ao risco, para a heterodoxia, não são os fundamentos macroeconômicos determinantes do movimento dos ativos, mas os fluxos de capitais. A economia brasileira continua tendo um grau de abertura muito grande. É necessário diminuir a mobilidade do capital. O real torna-se vulnerável em função da capacidade dos estrangeiros de fazer apostas no mercado futuro com facilidade.

Economistas costumam pregar mais *o que deveria ser* em vez de analisar *o que é*. Um casuísmo qualquer, por exemplo, importação de petróleo e derivados antecipada ou postergada, pode afetar tanto o segundo fundamento macroeconômico, quanto as expectativas das forças do mercado de câmbio.

A equipe econômica com viés de ação exacerbado busca ser proativa mesmo quando de nada adianta. Essa atitude parece compensar mais em vez de aprofundar a reflexão. A inação de se aguardar não valerá nenhum reconhecimento de haver prudência na espera.

Pior quando junta a isso a ilusão de controle. É a tendência a acreditar deter o poder de controlar ou influenciar alguma coisa sobre a qual, objetivamente, não tem nenhum poder. Por exemplo, um acidente climático ou uma decisão crucial externa podem alterar o contexto internacional de forma irreversível.

O ataque especulativo à paridade cambial surge do abrupto aumento das decisões privadas de venda da moeda doméstica e dos ativos nela denominados, ou seja, da tentativa de manter-se "comprado" ou "credor" na divisa estrangeira hegemônica. Os países são vítimas de ataques especulativos, realizados por especuladores. Estes tentam à força a mudança na paridade cambial, visando a ganhos financeiros de curto prazo. Ele torna-se o determinante das paridades cambiais à revelia do estado dos fundamentos do país atacado.

O Banco Central busca defender a paridade cambial corrente, para evitar o choque cambial se transformar em choque inflacionário. Atende, então, ao crescimento da demanda privada por divisas estrangeiras via a utilização das reservas cambiais disponíveis. Oferece *hedge* de dívida em dólares, para evitar perdas cambiais aos devedores em moeda estrangeira e também aos investidores não residentes. Mas a contínua fuga de capital conduz à queda de reservas internacionais e à contração da base monetária.

O consequente aumento da taxa de juros doméstica resulta em encarecimento da alavancagem especulativa e atração para aplicação em ativos financeiros domésticos. Mas também tem efeitos deletérios sobre o sistema econômico.

A *interpretação ortodoxa tradicional* afirma que os ataques especulativos contra certas moedas são uma reação racional e preventiva dos agentes privados frente a uma política fiscal e monetária inconsistente com a taxa de câmbio administrada. Por exemplo, a combinação de política de câmbio estabilizado com política fiscal/monetária expansionista leva à queda das reservas internacionais e, em consequência, à falta de sustentação desse regime cambial. Mas essa interpretação não se sai bem quando é testada em face das evidências empíricas de uma crise cambial de origem exógena.

A *interpretação ortodoxa reciclada* aparece na literatura de equilíbrio múltiplo da taxa de câmbio. Seu objetivo é justificar como a definição do nível de equilíbrio da taxa de câmbio poderia depender das expectativas cambiais privadas prevalecentes no mercado. A relação entre a taxa de câmbio e os fundamentos macroeconômicos é "intermediada" por essas expectativas. O alinhamento dessa taxa com os chamados fundamentos macroeconômicos não se mostra suficiente, para explicar a dinâmica cambial, por causa do fenômeno de profecias autorrealizáveis no mercado cambial.

A *abordagem institucionalista* aponta a instabilidade como inerente à ordenação microestrutural do mercado global de câmbio em função de sua organização institucional. Pela interação entre os *market makers*, pelas formas de efetivação das transações no mercado futuro e pelos meios de circulação das informações etc., em contexto internacional de livres fluxos de capitais voláteis e predomínio de regimes de taxas de câmbio flutuantes, torna-se natural a formação de um ambiente propício e estimulante aos ataques especulativos a países com a taxa de câmbio administrada. Portanto, essa interpretação sugere que os ataques especulativos são fenômenos gerados no mercado global. São baseados também em fundamentos microeconômicos negligenciados pela ortodoxia.

Uma dedução lógica dessa tese é os fenômenos de bolhas de ativos, em regime de câmbio flutuante, e ataques especulativos, em regime de câmbio estabilizado, serem fenômenos assemelhados, no mercado de moedas contemporâneo. São epifenômenos – fenômenos cuja presença ou ausência não alteram o tomado em consideração: o fato de serem originados e sustentados pelo mesmo arranjo microestrutural desse mercado.

Ambos são resultados das expectativas prevalecentes entre os agentes privados quanto ao risco cambial (com a depreciação esperada atingindo o cupom cambial) e às possibilidades de ganhos rápidos em apostas contra determinadas paridades cambiais. São frutos do mesmo processo de interação e troca de informações entre os agentes, isto é, os especuladores de O Mercado e os acólitos economistas-chefes de "bancos de negócios".

Globo para sorteio

A combinação idealizada de preços diversos em um equilíbrio geral está entranhada no imaginário dos economistas neoclássicos. Eles acham possível o Banco Central, tal como um "leiloeiro walrasiano", equilibrar todos os preços relativos via tateio.

Outra metáfora profissional sugere que as tarifas e os tributos, a taxa de juros, a taxa de câmbio, a taxa de crescimento da renda e do emprego, a taxa de inflação e a taxa de salário real, todos esses preços básicos interajam uns sobre os outros, como "bolas na tigela". Nenhum desses preços relativos está determinado antes de todo o resto também o estar. Uma "bola adicional na tigela", atrapalhando a configuração prévia, é representada pela expectativa quanto ao curso futuro dessas taxas.

Prefiro referir-me, metaforicamente, a outro objeto: *o globo para sorteio*. Bolas numeradas são colocadas dentro dele e sorteadas uma a uma. Esse instrumento é comum em loterias, bingos, escolhas de confrontos de times em torneios de futebol etc. Ele pode designar melhor a qualidade de interação entre preços relativos, mantendo com o primeiro – bolas na tigela – certa semelhança.

Mas, na economia de mercado capitalista, o globo para sorteio está quase sempre girando. E quando para, nunca a bola representativa dos salários reais dos trabalhadores é sorteada. Ela parece não caber no buraco da escolha...

Por que foi necessário fazer o ajuste fiscal favorável ao capital (financeiro e produtivo)? Porque, em economia de mercado capitalista, o emprego e o salário real são variáveis determinadas pelo capital. Com a condenação midiática à denominada, ironicamente, "nova matriz macroeconômica" (condutora à menor taxa de desemprego), sustentada cotidianamente por sabidos economistas, a nova equipe econômica nomeada em 2015 provocou, de imediato, um choque inflacionário de preços relativos com a política de realinhamento tarifário. Entre o povo brasileiro e os acionistas minoritários de empresas estatais, optou-se pelos interesses (dividendos) destes últimos ao liberalizar os preços administrados.

A tarifa da energia elétrica elevou-se 51,1%, ônibus urbano, 12,8%, taxa de água e esgoto, 12,3%, gasolina, 10%. Os preços administrados elevaram-se 14,9% e foram os responsáveis para aumentar em 50% o patamar da inflação inercial de 6,1% (média anual de 2003-15) para 10,7%. Girou o globo para sorteio...

Em 2013, a redução nas tarifas de energia elétrica (-15,65% no IPCA) repercutiu, principalmente, nos efeitos da prorrogação de concessões de geração de energia hidrelétrica e da redução de encargos setoriais, no contexto da Lei n. 12.783/2013. A alta desses preços em 2014 (17,06% no IPCA), por sua vez, esteve relacionada à escassez de chuvas em diversas regiões do país. Isso reduziu o nível dos reservatórios, exigindo o aumento da produção de energia termoelétrica com maior custo de geração.

Em 2015, ocorreram aumentos ainda maiores ao do ano anterior (50,99% no IPCA), refletindo o início da vigência do sistema de bandeiras tarifárias com aplicação da bandeira vermelha; a necessidade de cobrir despesas do setor elétrico atreladas à Conta de Desenvolvimento Energético (CDE); o aumento da tarifa referente à energia gerada em Itaipu (em parte, por conta da depreciação cambial); e o início do pagamento dos empréstimos tomados pelas distribuidoras de energia junto a um consórcio de bancos em 2014 e 2015.

Para se ter uma ideia do custo da concessão de serviços de utilidade pública à iniciativa (sic) privada, de janeiro de 1995 a maio de 2016, o conjunto dos preços administrados do IPCA avançou 664,1%, enquanto o conjunto dos preços livres aumentou 301,3%. Entre os preços administrados com maior elevação, destacam-se os preços de gás de botijão (1.257,8%) e plano de saúde (820,4%).

Os preços administrados em 2015 subiram 18,1%. Os principais componentes dessa taxa foram: energia elétrica (7,6%), gasolina (3,1%), transporte público (2,1%), plano de saúde e outros. As principais causas dessa alta mais pronunciada dos preços administrados em 2015 foram a elevação dos preços de energia elétrica residencial e da gasolina. Mais da metade da alta de 18,1% dos preços administrados em 2015 pode ser explicada pela contribuição desses dois itens.

Por que não se fez uma reforma tributária estrutural? Porque um ajuste fiscal paliativo tinha menor dificuldade política, em um Congresso Nacional dominado por bancadas conservadoras e fisiológicas, tipo Boi-Bíblia-Bala-Bola (BBBB), em vez de uma perene reforma com progressividade tributária.

Não se sabe *a priori* quanto tempo durará uma grande depressão econômica até a retomada do crescimento sobre um PIB em dólar muito inferior. A curva em *J* representaria, em um gráfico imaginado mentalmente, a acentuação da depressão, durante um certo tempo, seguida de sua diminuição progressiva, devido à retomada da exportação e do investimento público-privado em infraestrutura, inclusive energética e logística.

O efeito preço (realinhamento de preços administrados) e desemprego (queda da demanda doméstica) sobre o Custo Unitário do Trabalho (CUT) real e a relação câmbio/salário é imediato, mas o efeito da depreciação da moeda nacional (competitividade em face de importados) e produtividade (produzir mais com menos empregados) leva mais tempo. A arrecadação fiscal é uma variável dependente dessa evolução da renda.

Carga tributária: o que é e o que deveria ser

Com a Grande Depressão, houve queda de -7,2% em relação ao máximo do PIB em reais constantes atingido em 2014 (R$ 6,755 trilhões), nos dois anos seguintes, e de -31,2% em relação ao máximo do PIB em dólares correntes, alcançado em 2011 (US$ 2,614 trilhões). Consequentemente, todos os indicadores cujo denominador é o PIB se elevaram. Em lugar de os avaliar, a melhor opção é analisar a evolução real da arrecadação líquida, dos benefícios previdenciários pagos e, daí, da necessidade de financiamento.

Há nítida correlação entre a taxa de crescimento do PIB real e a evolução do superávit primário. Quando o PIB caiu para 0,5% no ano de 2014, surgiu um déficit primário de -0,6%. Nos dois anos seguintes, com duas quedas anuais de -3,5%, os déficits primários foram, respectivamente, -1,9% e -2,5% do PIB. Porém, é insuficiente avaliar o expansionismo fiscal a partir de um único indicador, como as despesas em proporção do PIB, principalmente quando as condições cíclicas (ou estruturais) da economia se alteram profundamente.

As receitas/PIB apresentam uma evolução em forma de U invertido, crescendo muito aceleradamente entre 1997 e 2002, impulsionada por aumentos de carga tributária na primeira era neoliberal. Reduz o crescimento e estabiliza-se entre 2003 e 2008 no governo Lula. Cai a partir de 2009, influenciada pelas diversas políticas de desoneração e subsídios adotadas para enfrentamento da crise mundial. Com a volta da velha matriz neoliberal em 2015, e a consequente Grande Depressão, há queda real na arrecadação das receitas federais mais acentuadas em relação ao próprio produto. Ela é pró-cíclica.

Em vez de se adotar uma típica política keynesiana de investimentos públicos em substituição a gastos privados, refreados pelas expectativas negativas diante do desemprego e da capacidade produtiva ociosa, a gestão Mantega seguiu uma política de desoneração fiscal, que diminuiu a arrecadação. Os subsídios creditícios elevavam as despesas fiscais. A carga tributária federal caiu de 23,8% do PIB em 2008 para 21,4% do PIB em 2016.

Os gastos tributários se elevaram em relação à receita de 16,2% em 2011 para 23,3% em 2015, mesmo porque muitos daqueles componentes são rígidos à baixa nominal, por exemplo, os salários. Os gastos tributários em % do PIB sobem de 3,5% em 2011 para 4,6% em 2015. No ano seguinte, caíram para 4,3% – mesmo com a queda do denominador PIB.

A carga tributária em termos do PIB (recalculado pelo IBGE) ficou flutuando pouco em torno da média de 32,5% de 2002 a 2015. Da mesma forma, foi relativamente estável sua distribuição por entes públicos (União 22,5% do PIB, estados 8% e municípios 2%). Apenas as receitas previdenciárias federais se elevaram no período de 5,0% para 6,0% do PIB.

No período 2007-16, as participações relativas dos distintos tipos de base de incidência da arrecadação tributária total foram também muito estáveis: impostos sobre bens e serviços em torno de 50%, folha de salários, 26%, renda, 18%, propriedade, 4%, e transações financeiras, 2%.

Quanto à carga tributária sobre bens e serviços, em 2015, o Brasil com 15,8% do PIB, comparando com todos os países da OCDE, só ficou abaixo da Hungria. Em contrapartida, sua carga tributária sobre lucro, renda e ganho de capital de 5,9% do PIB era a menor entre todos os países. Considerando a carga tributária sobre a propriedade, o Brasil ficou em uma posição inferior à mediana dos demais. Representava 1,4% do PIB. França e Reino Unido arrecadavam mais tributando a propriedade: 4,1% do PIB cada qual. Da mesma forma, aqui a carga tributária sobre a folha de salários, inclusive contribuição previdenciária, com 8,4% do PIB, ficou abaixo da mediana do *ranking*. No topo estava a França com 18,5% do PIB.

Considerando toda carga tributária brasileira (32,4% do PIB), ela estava na média dos países da OCDE, abaixo da dos Estados de Bem-Estar Social europeus e acima da dos Estados de livre mercado não europeus, como os norte-americanos e latino-americanos. Nas quatro últimas eleições democráticas, a maioria da população brasileira escolheu alcançar o modelo europeu – e não ficar no mal-estar social da América.

A estrutura tributária regressiva beneficia a concentração de riqueza. Considerando a tributação exclusiva (13º salário: 31%; rendimentos financeiros: 30%; ganhos de capital: 12%: Programa de Participação nos Lucros e Resultados (PLR): 9% etc.) e os rendimentos isentos (lucros e dividendos: 32%; doações e heranças: 11%; micro e pequenos empresários:

11% etc.), os dados das DIRPFs 2017 – Ano-Calendário 2016, por faixas de salários mínimos mensais, confirmam as isenções tributárias progressivas. Os 680 mil declarantes (2,4% do total) recebedores acima de 40 salários mínimos tinham menos da metade de seus rendimentos totais como tributáveis. No topo, acima de 320 salários mínimos, tributáveis eram apenas 10%, exclusivos 23% e isentos 68%.

O diagnóstico de a estrutura tributária brasileira ser extremamente regressiva é fácil de ser feito por comparação internacional. No Brasil, a carga tributária caiu de 2006 (33,3% do PIB) a 2015 (32,1% do PIB), enquanto a da OCDE se elevou de 34,7% a 35,2% entre esses anos. Neste último ano, a OCDE tem menos de um terço dessa carga incidente sobre bens e serviços (11,4% do PIB). O Brasil tem nessa tributação regressiva quase a metade (15,8%). A outra diferença notável é a carga tributária sobre renda, lucros e ganhos de capital: Brasil com 5,9% do PIB e OCDE com 11,8% do PIB.

Porém, a terapia para alterar essa estrutura tributária regressiva brasileira é difícil de ser adotada. Uma reforma tributária focalizada no ICMS e na tributação do capital é impedida pelas bancadas estaduais no Congresso Nacional, em defesa da participação de suas unidades federativas na arrecadação e de suas riquezas pessoais. Cada deputado ou senador só pensa em seus interesses paroquiais e pessoais, isto é, os de sua casta, dinastia ou clã.

Apesar de ser um tema difícil – a redistribuição da carga tributária de maneira a torná-la progressiva, diminuindo a tributação dos estados por ICMS e elevando o imposto federal sobre renda –, é necessário à nação o enfrentar.

Déficits e endividamento público: o que é e o que deveria ser

Entre 1997 e 2008, o resultado primário superavitário cresceu – puxado pelas receitas – de 0,2% do PIB para 2,7% do PIB, embora no mesmo período a despesa primária tenha crescido de 14,1% do PIB para 16,3% do PIB. Entre 2008 e 2016, em uma conjuntura dominada pela crise econômica internacional (e a decorrente nacional), a despesa cresceu mais 3 p.p. do PIB (sendo 2 p.p. em benefícios sociais e 0,8 p.p. em subsídios), e a receita despencou 2,4 p.p. do PIB.

Quanto às despesas com pessoal e encargos pessoais, em todo os oito anos do governo Lula, cinco ficaram em 4,3% do PIB e nos outros três, quando o PIB menos cresceu, foram 2003 com 4,5%, 2006 com 4,4% e 2009 com 4,6%. Durante o primeiro mandato da Dilma, caíram de 4,1% em 2011 para 3,8% do PIB em 2014. Como reflexo da queda do denominador PIB em -7,2% no biênio 2015-16, o patamar voltou para 4,1% em 2016.

Quanto à previdência social, tem-se de analisar a evolução real da arrecadação líquida, dos benefícios previdenciários pagos e, daí, da necessidade de financiamento. Saindo de um equilíbrio em torno de R$ 116 bilhões no ano de 1995, há "a abertura da boca do jacaré" até 2013, a partir de quando se estabilizam os benefícios previdenciários em R$ 388 bilhões em preços de dezembro de 2014 (deflacionado pelo Índice Nacional de Preços ao Consumidor – INPC) e a arrecadação líquida em R$ 333 bilhões. Logo, as necessidades de financiamento ficam estáveis em R$ 54,5 bilhões em 2013 e 2014, em nível inferior ao patamar alcançado em 2007: R$ 69 bilhões. Antes da volta da velha matriz neoliberal, a situação estava sob controle. Em 2015, a necessidade de financiamento se elevou para R$ 58 bilhões.

Para o *déficit nominal* passar de -5,95% do PIB em 2014 para -10,22% do PIB em 2015, -8,99% do PIB em 2016 e -7,8% do PIB em 2017, os juros nominais foram, sem dúvida, os maiores fatores determinantes. Os encargos financeiros se elevaram de 4,67% do PIB, em 2013, para 5,39% do PIB em 2014 e 8,37% em 2015. Caíram para 6,5% em 2016 e 6,11% em 2017.

Enquanto isso, o INSS ganha maior peso dentro dos *déficits primários* de 2013 (-0,94% do PIB), 2014 (-0,98%), 2015 (-1,43%), 2016 (-2,39%) e 2017 (-2,78%). Obviamente, é um reflexo da queda do PIB em -7,2% no biênio 2015-16 e do aumento da taxa de desocupação das pessoas de 14 anos ou mais de idade de 6,5% no 4º trimestre de 2014 até 13,7% no 1º trimestre de 2017. Um ano após, caiu para 13,1% da força do trabalho com 13,7 milhões de desocupados. Porém, o debate sobre necessidade de reforma da previdência social não contempla essa influência conjuntural depressiva e só focaliza o fim do bônus demográfico com o envelhecimento relativo da população.

Sem dúvida, o maior fator condicionante da Necessidade de Financiamento do Setor Público (NFSP), ou seja, da Dívida Bruta do Governo

Geral (DBGG), no período recente, foram os juros nominais estabelecidos pelo BCB. Até 2013, o efeito do crescimento do PIB nominal sobre a DBGG ainda se contrapôs aos juros. Porém, tornou-se inteiramente desbalanceada essa relação, particularmente, em 2015 (+7,5 do PIB contra -2,0% do PIB), 2016 (+8,2% contra -2,8%) e 2017 (+6,7% contra -3,2%).

A dedução lógica é a economia brasileira necessitar, urgentemente, voltar a crescer seu PIB. Propiciará maior arrecadação fiscal-previdenciária e terá maiores recursos para pagar juros menores.

No cálculo da dívida bruta (DBGG), não se deduzem as reservas internacionais do cálculo. Essa dívida do governo federal, INSS, governos estaduais e municipais ficou em torno de 57% do PIB entre 2003-13. Ela alcançou R$ 4,855 trilhões, em dezembro de 2017, ou 74% do PIB.

Por sua vez, a Dívida Líquida do Setor Público (DLSP) alcançou R$ 3.382,9 bilhões (51,6% do PIB) em dezembro de 2017. No ano, a elevação de 5,4 p.p. na relação DLSP/PIB decorreu da incorporação de juros nominais (aumento de 6,1 p.p.), do déficit primário (aumento de 1,7 p.p.), do reconhecimento de dívidas (aumento de 0,1 p.p.) e do efeito da desvalorização cambial de 1,5% no ano (redução de 0,2 p.p.), do ajuste de paridade da cesta de moedas da dívida externa líquida (redução de 0,2 p.p.), e do efeito do crescimento do PIB nominal (redução de 2,1 p.p.). Os juros determinados de maneira discricionária e disparatada pela diretoria do Banco Central do Brasil constituem a variável-chave determinante do endividamento público.

Um cálculo revelador desse fator condicionante registra-se quando nós descontamos da carga tributária bruta em 2015 de 32,7% do PIB as transferências para a previdência social, assistência social e subsídios (16,6% do PIB): restará 16% do PIB, ou seja, a metade. Se descontarmos mais as despesas com juros (8,4% do PIB), sobrará 7,7% para todas as demais despesas de custeio da máquina pública (federal, estadual e municipal), inclusive saúde, educação e segurança públicas. Em síntese, se o governo aloca metade da carga tributária em gastos previdenciários e sociais, e um quarto para gastos com juros, restará apenas um quarto para cobrir outros gastos fundamentais para o bem-estar social.

Apesar de os juros nominais constituírem o fator condicionante-chave, tanto da DBGG, quanto da DLSP, mesmo gastando menos com juro – cuja taxa, depois de 15 meses em 14,25% a.a., foi gradualmente diminuída a partir de outubro de 2016 até 6,5% a.a. em março de 2018 –, como não há superávit primário, a dívida pública cresce. Então, para pagar o juro sobre o estoque do endividamento, o governo ainda tem de ir ao mercado tomar mais dinheiro emprestado. Déficit primário não cobre o pagamento dos juros. Sem revertê-lo para superávit, a rolagem da dívida pública mantém a trajetória de elevação nominal.

O montante das operações de crédito feitas pelo governo não pode ser superior às despesas de capital (investimentos, inversões financeiras e amortização da dívida). Então, o governo não pode aumentar sua dívida para custear despesas correntes, como salários, aposentadorias etc. Esse princípio constitucional foi chamado de "Regra de Ouro" das finanças públicas.

Quando um governo vê a margem da "Regra de Ouro" se esgotar, como só as despesas de capital podem ser cobertas por operações de crédito, ele passa então a temer o impedimento constitucional de endividamento para cobrir despesas fiscais correntes. Na prática, não pode financiar o déficit nominal (Juros + Primário) com dívida pública, exceto o montante de déficit equivalente a gastos com inversões e investimentos. Essa condição requer: Receitas Financeiras ≥ (Juros + Déficit Primário) - (Inversão Financeira + Investimento).

A Regra de Ouro passou, em 2017 e 2018, a definir as possibilidades de fluxos decorrentes do relacionamento entre o TN e o BCB.

Quanto ao tratamento do resultado contábil do BCB, se o resultado for positivo é transferido ao TN e destinado ao pagamento de dívida, reduzindo a necessidade de emissões para pagamento de dívida, auxiliando no cumprimento da Regra de Ouro. Se o resultado for negativo, o TN deve cobrir, podendo emitir títulos para tanto, sendo neutro para a Regra de Ouro.

No referente ao refinanciamento dos títulos, quando vencem na carteira do BCB, há rolagem, sendo o principal atualizado com correção monetária através da emissão de novos títulos. Isso é neutro para a Regra de Ouro. O pagamento do principal atualizado é registrado como amortização. Os juros reais (encargos), registrados como despesas correntes, impactam a Regra de Ouro.

As emissões diretas para assegurar títulos em montantes adequados à execução da política monetária (Lei n. 11.803/2008), sem contrapartida financeira para o Tesouro Nacional, não afetam a Regra de Ouro.

Finalmente, quanto ao tratamento dos depósitos das disponibilidades financeiras da União, a remuneração da CUT no BCB reduz a necessidade de emissões e auxilia a cumprir a Regra de Ouro.

A remuneração da Conta Única, antes destinada só para a dívida, passou a ser alocada para cobrir outros gastos, sobretudo despesas correntes. Por conta da renegociação dos passivos de estados e municípios com a União, as receitas do retorno dessas operações, totalmente destinadas para o pagamento da dívida, caíram fortemente. Da mesma forma, o contingenciamento de investimentos e inversões financeiras caiu de 2,3% em 2014 para 1,8% do PIB em 2015 e 2016. Exerce pressão sobre a Regra de Ouro.

Deixar de promover ou de ordenar o cancelamento, a amortização ou a constituição de reserva para anular os efeitos de operações de crédito efetuadas em descumprimento à Regra de Ouro é entendido, juridicamente, como *crime de responsabilidade*. Os golpistas estão colhendo agora o que plantaram contra a presidenta Dilma. A vida dá corda para eles próprios se enforcarem. Ou provarem do próprio veneno.

Relacionamento entre o Tesouro Nacional e o Banco Central: o que é e o que deveria ser

Um Banco Central não deve ter como principal preocupação o resultado de seu balanço patrimonial, mas sim pautar sua atuação para assegurar o poder de compra da moeda nacional e um sistema financeiro ofertante de crédito, segurança aos clientes, e um sistema de pagamento contemporâneo. Nesse sentido, a institucionalidade do tratamento a ser dado a resultados positivos ou negativos, em seu balanço patrimonial, garante o BCB ter foco para atuar em suas funções clássicas.

Entretanto, na visão holística desenvolvimentista, a política monetária deve se coordenar com a política fiscal, a política cambial e o controle de entrada e saída de capital. Elas não podem atuar em sentido antagônico, seja na busca da estabilidade inflacionária, seja na perseguição da retomada do crescimento econômico e do emprego.

Avaliando a natureza de um resultado positivo no balanço patrimonial do BCB, os ganhos oriundos do diferencial entre os juros ativos e passivos diferem dos resultantes de oscilação cambial. Sendo o país, atualmente, credor externo em dólares, há ganho em reais quando a moeda nacional se deprecia. E vice-versa.

No primeiro caso, o resultado positivo está ligado a uma decisão anterior de emissão de títulos de dívida pública por parte do Tesouro Nacional. Ela torna coerente a transferência desse resultado ao TN para abatimento dessa dívida pública. No segundo caso, também ocorre a transferência ao TN – igualmente para o abatimento da dívida pública –, porque em períodos futuros de desvalorização das reservas cambiais, com consequente resultado negativo para o BC, poderá este contar com cobertura desse resultado por parte do TN.

Caso não fosse assim, o país se tornando estruturalmente superavitário, por exemplo, devido à futura exportação de petróleo extraído de águas profundas, pela provável contínua apreciação da moeda nacional, a autoridade monetária poderia gerar um patrimônio líquido estruturalmente negativo. Enfraqueceria sua atuação nos demais objetivos, inclusive o de prezar a competitividade nacional pelo câmbio.

O depósito das disponibilidades financeiras da União é outro ponto importante pesquisado no contexto do relacionamento TN-BC. Há consenso sobre a necessidade de centralização das disponibilidades financeiras em uma única conta (CUT) na autoridade monetária, principalmente, para não permitir algum (alguns) banco(s) lucrar(em) com recursos públicos em desfavor dos demais concorrentes.

A melhor prática é remunerar essas disponibilidades da Conta Única do Tesouro Nacional no Banco Central a uma taxa de juros de mercado. Dessa forma, evita-se o custo de oportunidade de perder a remuneração do dinheiro, caso o girasse em bancos comerciais, e, ao mesmo tempo, apropria-se dos subsídios implícitos associados às taxas de administração. Estas seriam pagas se houvesse aplicação desses depósitos em bancos comerciais estatais ou privados. Nesse caso, uma parte extra do "lucro" gerado pelo BCB seria comprometida com maiores despesas administrativas.

Quanto ao melhor instrumento indireto de política monetária, é adequado o uso dos títulos de dívida pública pelo Banco Central para execução da política monetária. O uso exclusivo desses títulos públicos para esses fins não só coordena a autoridade monetária (BCB) com a autoridade econômica (Ministério da Fazenda), como também permite regular o mercado monetário para fixação da taxa de juro de acordo com a meta de inflação.

Logo, no desenho institucional brasileiro entre TN e BCB se verifica uma regra simétrica para o tratamento do resultado do Banco Central, seja positivo ou negativo. Existe uma Conta Única para a centralização das disponibilidades financeiras da União com custódia no BC e com regra de remuneração. E há utilização exclusiva de títulos de dívida pública por parte do BC na condução da política monetária. Porém, economistas ortodoxos não entendem o papel desse lastro, misturam política monetária com política de administração da dívida e fazem propaganda enganosa de seu credo na mídia.

Dito isso, examinemos essa mistura. A partir de 2006 e até o final de 2012, o Banco Central do Brasil vinha mantendo uma trajetória de elevação da proporção das reservas internacionais sobre o PIB. Se no segundo governo FHC e no primeiro governo Lula equivalia à média de 10 meses de importação de bens, a partir do segundo mandato de Lula e do primeiro de Dilma, até 2012, essa média dobra para 20 meses. Com a Grande Depressão e a queda nominal da importação em 2016 e 2017, atinge cerca de 32 meses.

Ao final de novembro de 2012, a autoridade monetária já detinha US$ 378,6 bilhões em reservas internacionais, o equivalente a 16,6% do PIB, o maior valor já registrado. Em dezembro de 2017, as reservas internacionais no *conceito caixa* totalizaram US$ 374,0 bilhões. No *conceito liquidez*, incluindo ativos decorrentes de operações de linhas com recompra, o estoque de reservas atingiu US$ 382,0 bilhões.

Uma auditoria na dívida pública federal, solicitada em 2016 pelo Congresso e realizada pelo Tribunal de Contas da União (TCU), concluiu que o carregamento das reservas internacionais do Brasil custou R$ 691 bilhões entre 2001 e 2016. O montante representa a metade do estoque atual das reservas, de cerca de US$ 381 bilhões ou R$ 1,4 trilhão ao câmbio de 17 de maio de 2018. O custo de manutenção das reservas é calculado com base na diferença entre a remuneração dos títulos do Tesouro dos Estados Unidos e a taxa Selic.

A aplicação em divisas estrangeiras costuma ter remuneração inferior ao custo da dívida externa e/ou da dívida interna, especialmente considerando o custo fiscal quando a parcela de juros é paga a estrangeiros. É necessário otimizar o volume das reservas, de modo a nem se correr riscos nem se incorrer em custos desnecessários.

Outro efeito colateral dessa acumulação de reservas em excesso, incorrendo em custos excessivos, foi a esterilização do impacto monetário derivado da compra dos dólares para as reservas com pagamento em moeda nacional. Houve crescimento de operações compromissadas, lastreadas em títulos de dívida pública, contabilizados dentro da Dívida Bruta do Governo Geral. Saíram de R$ 60,0 bilhões em dezembro de 2006 e atingiram o saldo de R$ 1,148 trilhão em setembro de 2017, equivalente a 17,7% do PIB. Estavam em R$ 1,043 no fim do ano. Uma possível solução é a criação de um instrumento de política monetária alternativo às operações compromissadas: os depósitos diretos dos bancos no Banco Central.

Assim, quando o BCB quiser enxugar a liquidez excessiva, para colocar a Selic-mercado no nível da Selic-meta, de acordo com o regime de meta inflacionária, ele poderá incentivar a elevação do volume de depósitos voluntários com remuneração por juro superior ao obtido pelos bancos no mercado interbancário. Tudo se passaria exatamente como em uma operação compromissada, exceto pelo fato de não haver um título público como colateral da operação.

No limite, a DBGG poderia baixar de 73,9% para 56,2% do PIB, bem mais palatável para as agências internacionais de avaliação de risco. Isso não seria uma "jabuticaba" nacional, pois outros países adotam também essa "contabilidade criativa".

Os créditos concedidos às instituições financeiras oficiais, seja os instrumentos híbridos de capital e dívida (R$ 47 bilhões ou 0,7% do PIB), seja os créditos junto ao BNDES (R$ 429,6 bilhões ou 6,9% do PIB em dezembro de 2017), compõem também a DBGG. A solução aventada pelo governo, temeroso da Regra de Ouro, de fazer adiantamento da receita orçamentária com o pagamento antecipado dos empréstimos por parte do BNDES é uma complacência do TCU. Ele não adotou atitude semelhante em relação ao governo anterior.

O segredo dos grandes países emergentes do Bric é, pelo contrário, capitalizar os bancos públicos para recorrer à alavancagem financeira de políticas públicas. Em termos de custo fiscal e orçamentos governamentais, Instituições Financeiras Públicas Federais (IFPF) podem "fazer mais por menos". São nove vezes mais – quando o Acordo de Basileia exige cobertura de 11% dos ativos ponderados por risco com patrimônio líquido –, se comparar o valor em dinheiro necessário para executar diretamente políticas públicas pelos Ministérios com a mesma quantidade de recursos capitalizados nas IFPF para fazer empréstimos – e tomar depósitos. Essas instituições podem gerar políticas públicas cujo gasto efetivo sai por cerca de 10% do custo fiscal "a fundo perdido".

Economistas neoliberais com formação ortodoxa demonstram desconhecer esse papel multiplicador dos bancos públicos. Na verdade, eles se comportam como contabilistas-fiscalistas. Só se preocupam com o equilíbrio estático e permanente de partidas dobradas. Não possuem uma visão holística e estratégica do desenvolvimento do Brasil.

Bibliografia

ACEMOGLU, Daron; ROBINSON, James A. *Por que as nações fracassam*: as origens do poder, da prosperidade e da pobreza. Rio de Janeiro: Elsevier, 2012.
ARENDT, Hannah. *A condição humana*. Intro. Celso Lafer. Rio de Janeiro: Forense Universitária, 1983.
ARMSTRONG, Karen. *Em nome de Deus*: o fundamentalismo no judaísmo, no cristianismo e no islamismo. São Paulo: Companhia de Bolso, 2009.
BLAUG, Mark. *A metodologia da economia ou como os economistas explicam*. São Paulo: Edusp, 1993.
CHANG, Ha-Joon. *Chutando a escada*: a estratégia do desenvolvimento em perspectiva histórica. São Paulo: Editora Unesp, 2004.
CORTELLA, Mario Sergio; RIBEIRO, Renato Janine. *Política*: para não ser idiota. Campinas: Papirus, 2010.
COSTA, Fernando Nogueira da. *Economia monetária e financeira*: uma abordagem pluralista. São Paulo: Makron Books, 1999.
_____. *Economia em 10 lições*. São Paulo: Makron Books, 2000.
_____ et al. "Economia interdisciplinar". *Reni – Revista de Empreendedorismo, Negócios e Inovação*. UFABC. v. 1, n. 1, semestre 1, 2016.
COSTA, Florência. *Os indianos*. São Paulo: Contexto, 2012. (Coleção Povos & Civilizações).
DEATON, Angus. *A grande saída*: saúde, riqueza e as origens da desigualdade. São Paulo: Intrínseca, 2015.
DEMANT, Peter. *Mundo muçulmano*. São Paulo: Contexto, 2013. (Coleção Povos & Civilizações).
DIAMOND, Jared. *Armas, germes e aços*: os destinos das sociedades humanas. Rio de Janeiro: Record, 2001 [1. ed. 1997].
_____. *Colapso*: como as sociedades escolhem o fracasso ou o sucesso. Rio de Janeiro: Record, 2005.
_____. *O terceiro chimpanzé*: a evolução e o futuro do ser humano. Rio de Janeiro: Record, 2010.
DOBELLI, Rolf. *A arte de pensar claramente*: como evitar as armadilhas do pensamento e tomar decisões de forma mais eficaz. Rio de Janeiro: Objetiva, 2013.
ELIAS, Norbert. *O processo civilizador. v. 1: uma história dos costumes/v. 2: Formação do Estado e costumes*. Rio de Janeiro: Jorge Zahar, 1995.
FERGUSON, Niall. *Civilização*: Ocidente x Oriente. São Paulo: Planeta, 2012.
FREIRE, Gilberto. *Casa-grande & senzala*: formação da família brasileira sob o regime da economia patriarcal. 29. ed. Rio de Janeiro: Record, 1994.
FREY, Bruno. *Política econômica democrática*: uma introdução teórica. São Paulo: Vértice, 1987 [1. ed. 1983].
GALA, Paulo. *Complexidade econômica*: uma nova perspectiva para entender a antiga questão da riqueza das nações. Rio de Janeiro: Cicef-Contraponto, 2017.
GOMPERTZ, Will. *Isso é arte?* Rio de Janeiro: Zahar, 2013.
GREENBLATT, Stephen. *A virada*: o nascimento do mundo moderno. São Paulo: Companhia das Letras, 2012.
HARARI, Yuval Noah. *Sapiens*: uma breve história da humanidade. São Paulo: L&PM, 2015.
HAUSMAN, Daniel H. (Ed.). *The Philosophy of Economics*: An Anthology. 2. ed. Cambridge University Press, 1994 [1. ed. 1984].
HIRATUKA, Célio; SARTI, Fernando. "Transformações na estrutura produtiva global, desindustrialização e desenvolvimento industrial no Brasil". *Revista de Economia Política*. v. 37, n. 1 (146), 2017, pp. 189-207.
HOURANI, Albert. *Uma história dos povos árabes*. São Paulo: Companhia de Bolso, 2006.
KALECKI, Michal. *Teoria da dinâmica econômica*. São Paulo: Abril Cultural, 1976.

Keynes, John Neville. *The Scope and Method of Political Economy*. London/New York: Macmillan, 1904.

Keynnedy, Paul. *Ascensão e queda das grandes potências*: transformação econômica e conflito militar de 1500 a 2000. Rio de Janeiro: Campus, 1989.

Kissinger, Henry. *Sobre a China*. Rio de Janeiro: Objetiva, 2011.

Kitchen, Martin. *História da Alemanha moderna*: de 1800 aos dias de hoje. São Paulo: Cultrix, 2013.

Laclau, Ernesto. *A razão populista*. São Paulo: Três Estrelas, 2013.

Le Goff, Jacques. *A Idade Média e o dinheiro*. Rio de Janeiro: Civilização Brasileira, 2014.

McCraw, Thomas K. *O profeta da inovação*: Joseph Schumpeter e a destruição criativa. Rio de Janeiro: Record, 2012.

Moraes, Reginaldo; Paula e Sílvia, Maitá. *O peso do Estado na pátria do mercado*: os Estados Unidos como país em desenvolvimento. São Paulo: Editora Unesp, 2013.

Mota, Lourenço Dantas (Org.). *Introdução ao Brasil*: um banquete no trópico. São Paulo: Editora Senac, 1999.

Nasar, Sylvia. *A imaginação econômica*: gênios que criaram a economia moderna e mudaram a história. São Paulo: Companhia das Letras, 2012.

Piketty, Thomas. *O capital no século XXI*. Rio de Janeiro: Intrínseca, 2014.

Pinker, Steven. *Os anjos bons da natureza*: por que a violência diminuiu. São Paulo: Companhia das Letras, 2013.

Pinsky, Jaime; Pinsky, Carla Bassanezi (Orgs.). *História da cidadania*. 6. ed. São Paulo: Contexto, 2013.

Priestland, David. *Uma nova história do poder*: comerciante, guerreiro, sábio. São Paulo: Companhia das Letras, 2014.

Ribeiro, Renato Janine. *A boa política*: ensaios sobre a democracia na era da internet. São Paulo: Companhia das Letras, 2017.

Rosdolsky, Roman. *Gênese e estrutura de* O Capital *de Karl Marx*. Rio de Janeiro: Eduerj-Contraponto, 2001.

Santana, Carlos. *Trajetórias de reformas e mudanças institucionais na semiperiferia*: abertura financeira e capacidades estatais no Brasil e Índia. Rio de Janeiro, 2012. Tese (Doutorado) – IESP-UERJ.

Schwarcz, Lilia Moritz; Starling, Heloisa. *Brasil*: uma biografia. São Paulo: Companhia das Letras, 2015.

Segura-Ubiergo, Alex. "O enigma das altas taxas de juros no Brasil. Resumo de The Puzzle of Brazil's High Interest Rates". *IMF Working Paper*. 12/62, 2012.

Taleb, Nassim Nicholas. *A lógica do cisne negro*: o impacto do altamente improvável. Rio de Janeiro: Best Seller, 2015.

_____. *Antifrágil*: coisas que se beneficiam com o caos. Rio de Janeiro: Best Business, 2015.

Wapshott, Nicholas. *Keynes x Hayek*: a origem e a herança do maior duelo econômico da história. Rio de Janeiro: Record, 2016.

Weber, Max. *História geral da economia/A ética protestante e o espírito do capitalismo*. São Paulo: Abril Cultural, 1974. (Coleção Os Pensadores).

Winston, Robert. *Instinto humano*. Rio de Janeiro: Globo, 2006.

Yergin, Daniel. *O petróleo*: uma história mundial de conquistas, poder e dinheiro. Rio de Janeiro: Paz & Terra, 2010.

O autor

Fernando Nogueira da Costa é professor titular do Instituto de Economia da Universidade Estadual de Campinas (IE-Unicamp), onde leciona desde 1985. Participou da direção estratégica de empresa pública como vice-presidente de Finanças e Mercado de Capitais da Caixa Econômica Federal, entre fevereiro de 2003 e junho de 2007. No mesmo período, representou a Caixa como diretor-executivo da Federação Brasileira de Bancos (Febraban). É autor de várias obras da área, além de capítulos em livros e artigos em revistas especializadas e em jornais de circulação nacional. É palestrante com mais de duzentas palestras em universidades, sindicatos, associações patronais, bancos etc. Coordenador da área de Economia na Fapesp de 1996 a 2002. Atualmente, escreve em conhecidos sites como GGN e Brasil Debate. Seu blog *Cultura & Cidadania*, desde 22 de janeiro de 2010, já recebeu mais de 7 milhões de visitas (http://fernandonogueiracosta.wordpress.com/).